映画周遊

消えた女性／ロボットの肖像／ハムレット

岩本憲児
Iwamoto Kenji

論創社

目次

プロローグ——イギリス・フランス・イラン

消えた女性——小説・魔術・映画のミステリー

車輪は回る

消えた女性、といっても私はミステリーを書こうとしているわけではない。ミステリー小説の本場と呼ばれるイギリス、そこからヒッチコックの傑作の一つ、『バルカン超特急』(一九三八)が生まれた。英語の原題は The Lady Vanishes、すなわち「女性消失」または「消える女性」となる。もっとも原語の「レディ」、当時は女性一般を指すのではなく、中産階級以上の教養ある女性を指すのだが、それはさておき、まずこの映画の話から始めよう。

ヒッチコックの人生は前半がイギリス時代、後半がアメリカ時代(ハリウッド時代)にあったことはよく知られている。そのイギリス時代を代表するのが『バルカン超特急』だ。モノクロ映画で、日本での映画公開はひどく遅れて一九七六年、間に戦争(第二次世界大戦)があったからとはいえ、この遅れはまことに不思議、日本へ向かう超特急号はしばらくの間、メビウスの輪の中を走っていたのかもしれない（図1）。

原作の物語は夏のバカンス期が終わろうとする直前、ヨーロッパの高地にある小国のホテルから始まる。映画では季節が冬の終わりに変えられており、列車遅延のために、ホテルに泊まらざるをえないあわただしい客の動きや会話、応対に忙しい支配人の様子など、その喧騒をユーモラスに点描するシーンから始まる。英語のvanishという動詞には「目の前で突然消える、見えなくなる」という意味合いが強いので、暗闇でスクリーンを見つめる映画観客にとっては謎めいた期待感を持たせるぴったりの題名だろう。

この原作小説は、イギリスの女性ミステリー作家、エセル・リナ・ホワイトが一九三六年に発表しており、彼女は当時五十代半ば、ヒッチコックは三十代後半だった。小説の原題はThe Wheel Spins、「車輪は回る」なので、映画題名The Lady Vanishesのほうに観客吸引力があり、映画が大きな評判をとったあと、小説の方が題名を変えて映画と同じにしたという。このホワイトによる別の小説Some Must Watch（一九三三）は『らせん階段』（一九四六）として映画化され、これはドイツ出身のロバート・シオドマクが監督、傑作として映画史に名を残した。ただし、ホワイトはこの映画を見ないまま

図1　『バルカン超特急』1938

一九四四年に他界している。現在の日本では『らせん階段』の書名で翻訳が出ている。

疾走する特急列車の中での事件となれば、アガサ・クリスティの『オリエント急行殺人事件』が最も有名だろう。こちらはホワイトの小説よりも二年早い一九三四年の作。グレアム・グリーンにも『イスタンブール特急』があり、これは一九三二年。後者はベルギーのオステンドからケルン、ウィーン、スボティツァ（現在はセルビア領）、そしてイスタンブールまでを走り続けるオリエント急行内の物語である。しかし、列車内事件を扱うクリスティの長編は『青列車の秘密』がさらに早く一九二八年なので、列車内ミステリーではホワイトやグリーンよりもクリスティが先行していたようだ。いわば走る列車内ミステリーが流行していた時代だった。そのクリスティ自身には一九二六年、十一日間の行方不明という謎の失踪事件があった。クリスティ没後に作られた映画『アガサ　愛の失踪事件』（一九七九）はその失踪理由への一解釈であり、夫の不倫問題を原因としている。一方、家出中の江戸川乱歩を主人公にした小説には久世光彦《てるひこ》の『一九三四年冬——乱歩』（一九九三）があり、まるで乱歩自身が書いたかと思わせる文体がみごとだった。と、私の列車は支線へ逸れていきそうなので、原作者ホワイトが行方不明になるまえに本線へ戻ろう。

ミステリー・ファンの多い日本で、この邦訳が長い間なかったのはそれこそ謎だが、やっと二〇〇三年、『バルカン超特急　消えた女』（近藤三峰訳、小学館）という書名で刊行された。訳文はたいへんこなれた日本語になっており読みやすい。全三十三章の各章は、それぞれの章題を持つ短いエピソードから成り、ゆったりとした描写ながら細部が練られていて、読むごとに次の章へと読者を引っ張っていく。主人公は若いイギリス人女性で、名前はアイリス。彼女は列車待ちをしている間に、日射病のためめまいを感じて、しばし気を失い、ぼんやりした状態で列車へ乗り込む。アイリスは目の前に座る地味なイギリス人女性に誘われて食堂車で一緒にお茶を飲み、座席に戻ってひと眠り。目が覚めるとその女性、ミス・フロイは忽然と姿を消していた……。

　アイリスはミス・フロイの姿が消えてしまったことに疑問を抱き、走る列車内を探し回るが、誰ひとり自分を信じてくれず、まるで別世界の住人のような気分に陥り、ここはどこ？　私はこれからどうなるの？　どこへ連れていかれるの？　と、まるでルイス・キャロルの「アリス」のように自問する。活劇はないのだが、その謎の展開の仕方は無声映画時代の連続活劇風でもある。アメリカを中心に大量に製作された連続活劇映画は、女性が主人公になる場合も多かった。「ヨーロッパ大陸を矢のように走る列車」は、ブカレスト、ザグレブ、トリエステ、ミラノ、バーゼル、カレーという地名が並ぶので、一九三〇年代に路線が増えて全盛を誇った「オリエント急行」の一つをモデルにしていることはたしかだ。

　映画の物語は大筋では原作と同じであるが、二人のライター、シドニー・ギリアットとフランク・ローンダーによる脚色はヒッチコックが目を通す前にほぼできあがっていたという。登場人物や会話が巧みに整理され、あるいはまったく別の逸話が創作されて、さらにヒッチコック風サスペンスとユーモアが加わっている。せりふがとても面白い。これは、せりふをチェックする担当者がいたので、その担当者と脚色者とヒッチコックの三者による作業の成果なのだろう。ユーモアといえば、映画では英国紳士の一人が熱狂的なクリケット・ファンで、どこにいてもクリケットのニュースを知ろうとするのがおかしい。また、アイリスたちがイタリア人奇術師と荷物車内で争う場面では、「女性消失」のトリックがドタバタ風に演じられており、原作にはないエピソードが付け加えられた。「女性消失」のアイデアについて、ウェブサイトをたどっていくと、アメリカのピーター・ボグダノヴィッチ監督がヒッチコックにインタビューしたとき、ヒッチコックは一八八〇年代のパリで実際にあった事件のことが頭にあったかもしれないと語っている。また、ミステリー小説ファンの間では、「人間消失」の古い例はベイジル・トンプスンの『フレイザー夫人の消失』（邦訳あり）*ではないかといわれている。調べてみると、これはトンプスンの短編集（一九二五年）に収められた一編で、原題はThe Vanishing of Mrs. Fraserだから、まさにVanishingという言葉が使われており、内容もヒッチコックの記憶と合致しているる。しかし、私は「人間消失」のテーマは十九世紀の人気魔術ショーに由来するのではないかと推測する。『バルカン超特急』の荷物車内のドタバタ騒動、そこに示された魔術ショー・ポスターの「人間消失」の文字、そしてトリックに使われるブラック・ボックス、原作にはないこれらをヒッチコックははっきり見せている。

このリメイク映画には、『レディ・バニッシュ　暗号を歌う女』（アンソニー・ペイジ監督、一九七九）

があり、これも英語題名はヒッチコック映画と同じ The Lady Vanishes だ。原作よりも、ヒッチコック映画との類似点が多い。第二次世界大戦直前、ナチ党員とドイツ軍がいる地域を列車が驀進し、若いヒロインはイギリス娘ではなく、自己主張の強い、けたたましくも活力あふれるアメリカ女性に変えられ、こちらのバージョンはより連続活劇映画風の度合いが増している。これはこれなりに、ヒッチコック版と比較しながら見るのは楽しいが、私は映画の題名となった「消えた女性」をたどり、過去へ向かう列車に乗り換えることにしよう。

エジプト館の驚異

英語の The Lady Vanishes、この言葉は十九世紀後半のロンドンで魔術の演目の一つとして有名だった。別の言い方に、The Vanishing Lady (Ladies) もあり、考案者は、一八四五年リヨン生まれのフランス人魔術師ボウティエ・ド・コルタである。リヨンで絵画を学んでいたド・コルタはカード遊びに熱中し、その熟練した手さばきが仲間たちを面白がらせ、ハンガリー人興行師ユリウス・ウィド・コルタの目にとまった。以後、二人はヨーロッパ各地を巡業することになる。ド・コルタは「消える鳥籠」を考案し、鳥籠を高く持ち上げたかと思う一瞬、鳥籠を観客の眼前で消してしまった。目の前にあったものが一瞬に消える、これは古来、手品や魔術トリックの定番でもあったが、ド・コルタの名をさらに高めたのは、カナリヤ仮装の女性を籠に入れて布をかけ、その布を取ると、女性が消えている。あるいは「椅子に座り祈る女性」に布をかけ、布を取ると、消えている。「ド・コルタの椅子」とも呼ばれた、そのロンドンでの披露は一八六四年。魔術劇場「エジプト館」Egyptian Hall において、一八七〇-八〇年代ロンドンっ子の話題をさらった。エジプト館での「消える女性」トリックはイギリス人のチャールズ・バートラムが後継者であり、そのほか何人もの奇術師がいくつもの工夫を凝らして多様なヴァリエーションが生まれ、ハンガリー人でアメリカに渡って名を挙げたハリー・フーディニは大きな象まで消してしまった。ただし、この種のトリックの種を明かせば実に簡単な仕掛けが多く、観客の視覚をいかに欺くかにつきてしまう。ド・コルタは大きな繭《まゆ》、またはさなぎ状のものから、蝶と化した女性が現れる奇術も見せており、この場合は「女性の消失」とは逆の「女性の出現」である。

エジプト館がロンドンの中心地ピカデリーに建てられたのは一八一二年、これはイギリスにおけるエジプト様式建築のはしりというべきか、古代エジプトの寺院や信仰の象徴的紋様、ヒエログリフなどをあしらった、まさにオリエンタリズムを表象する建物で、ピカデリーの他の建物の間に忽然と姿を現したとき、ロンドンっ子を驚かせたに違いない。とはいえ、この場違いの建築物は当初、評判はよくなかったらしい。館主のウィリアム・ブロックは南北のアメリカ両大陸やアフリカから集めた民芸品・鳥獣剝製など珍品の収集家で、数万点もあったというコレクションを展示するために建てたのだった。その後、美術館、パノラマ館、水彩画協会展示場（ターナー展でも有名）など転々して、「生ける骸骨、シャムの双生児、親指トム（小人）、二つ頭の鶯」、あるいはアルバート・スミスのジオラマ風「モンブラン登山」などの見世物をやり、十九世後半にはジョン・ネヴィル・マスクリンの魔術ショーや降霊術の場となった。

マスクリンとジョージ・アルフレッド・クックによる魔術ショーは一八七〇年代初頭からエジプト館で興行が行われ、ポスターには「英国ミステリーの本場」ENGLAND'S HOME OF MYSTERYと印され、クックの頭部をマスクリンが切断する、しかしたちまちクックは蘇る衝撃的な演目が呼び物となった。頭部切断という荒業の奇術、これと似た趣向は〈動く写真〉を開発したばかりのエディスン社のキネトスコープにも収められ、『スコットランド女王、メアリーの処刑』(映画は現存、一八九五)として観客を驚かせる。ただし、こちらは映画撮影のトリックであり、奇術を記録したわけではないようだが、撮影された人物たちがどんな連中だったのか判然としない。一八九六年、エジプト館では映画も導入され、「Animated Photographs」(活動写真)という看板が使われたように、写真が動くこと自体が驚異だった。この映画装置はイギリス人、ロバート・ウィリアム・ポールによるものだったが、彼はエジソン社の映画装置キネトスコープのレプリカを作り、プロジェクターも製作、エジプト館の魔術師デイヴィッド・デヴァントやフランスのジョルジュ・メリエスにもこれらの装置を売っている。ともあれ、エジプト館では当時人気の魔術と、新しく誕生したばかりの不思議な動く写真、すなわち映画が出合ったのである。

魔術と映画は必然的に出合ったともいえる。魔術師は観客の面前にあるものを消し、そこにないものを出現させる。映画以前の昔から、幻影（イリュージョン）を見せるのは魔術師の技であり、そこではカメラ・オブスクーラをはじめ視覚装置がいろいろと利用された。時代を遡るが、最も有名なものはベルギー出身のロベルトソンが革命後のパリで興行した幻燈機利用のファンタスマゴリ（英語ではファンタスマゴリア）だろう。故人の幽霊を出現させて観客を怖がらせたファンタスマゴリについては、拙著『幻燈の世紀』（森話社、二〇〇二年）でも取り上げたが、加藤耕一は『「幽霊屋敷」の文化史』（講談社、二〇〇九年）で、ディズニーランドの幽霊屋敷（ホーンテッド・マンション）から説き起こして、ファンタスマゴリアとロベルトソン（同書ではロベールソンと表記）について詳しく述べ、ゴシック・ブームやイギリス人の幽霊好み、古い屋敷や古城の怪異譚好みについて、蘊蓄《うんちく》を傾けた論議を展開している。

魔術師と映画

魔術師と映画といえば、十九世紀末、映画誕生期のフランス人ジョルジュ・メリエスはまさに両者を緊密に結びつけた人物である。裕福な靴工場の息子だったメリエスは貧しい娘と結婚の約束を勝手にしたので、困った父親がメリエスをロンドンへ英語修業に送り出してしまった。恋人と切り離された傷心のメリエスは、ロンドンのエジプト館で魔術に魅了されてしまう。一八八四年のことだから、彼はちょうど魔術ショーが人気を呼んでいたエジプト館に通ったことになる。この時期はジョン・ネヴィル・マスクリンが「消える女性」、「人頭切断術」、さらに評判を呼ぶ「人体浮揚術」を見せていたはずである。もっとも、「人体浮揚術」のヨーロッパにおける端緒は、それこそロベール・ウーダンであり、次いでアメリカのアレグザンダー・ハーマン、そしてマスクリンと、工夫が重ねられて現在の完成形に至る。

ロンドンからパリへ帰ったメリエスは、近代魔術の先駆者、すでに故人となっていたロベール・ウーダンの劇場を買い取り、みずから経営者兼魔術師となり、映画の発明を知るといち早く映画を取り入れて、数々のトリック映画を考案していった。その最初期の一つに『ロベール・ウーダン劇場における婦人の雲隠れ』(一八九六)があり、これは現在、DVDに復元されている。この映像を見ると、カメラは舞台上の一室をフレーム内に収め、右手のドアからまずメリエスが、続いて女性が現れる。メリエスは舞台中央にある椅子を持ち上げて新聞紙のようなものを敷き、その上に再び椅子を置く。次に女性を椅子に座らせて頭からすっぽりと布を被せ、すばやく布を取ると女性は消えている。さらに、メリエスが無人の椅子に向かって両手を振り下ろすと、一瞬のうちに骸骨が腰をおろしており、その骸骨に布を被せて布を取ると、元の女性が再び椅子に座っている。まさに「ド・コルタの椅子」の映画版である(図2)。

メリエスは「消失」と「変身」トリックを多用したが、この応用はカボチャが一瞬で馬車に変わる『シンデレラ』(一八九九)など、ファンタジーやいたずら悪魔ものに多い。大きなトランプ・カードのクイーンやキングが一瞬に人間へ変身したり、さなぎから生まれ出る蝶の女性など。このメリエスについては孫娘マドレーヌ・マルテット・メリエスの著書『魔術師メリエス』

図2　『ロベール・ウーダン劇場における婦人の雲隠れ』1896

（古賀太訳、フィルムアート社、一九九四年）がすこぶる面白く、魔術的映画の製作に八面六臂の活躍をしたその人生が生き生きと描かれている。なお、エリック・バーナウの『魔術師と映画』（山本浩訳、ありな書房、一九八七年）もまた主題どおりの楽しい書物である。この種の「消失」や「変身」トリックはその後、サイレント映画の中で多用され、とりわけ探偵活劇、喜劇、日本の忍術映画など、映画館に集う子供たちはむろん、大人の観客たちをも不思議がらせ楽しませた。

魔術と映画は持ちつ持たれつだったが、メリエスのように魔術師たちはとうとうみずからも映画の中へ入りはじめた。二十世紀への転換期を代表するフーディニの記録映像も、いまではDVDで見られるようになり、フーディニが主演した連続活劇映画までもがDVD化されるようになった。かつてのハリウッドではトニー・カーティス主演の『魔術の恋』（ジョージ・マーシャル監督、一九五三）が製作され、フーディニの人生をドラマ化したが、原題はただHoudiniとそっけない。それはいかに彼の名前がアメリカ社会で知られていたかの証でもある。最近では『奇術師フーディニ　妖しき幻想』（ギリアン・アームストロング監督、二〇〇七）が、イギリスへ渡ったフーディニと、女性占い師の恋をからませながら描いて、なかなか見応えのある作品に仕上がっていた。その原題はDeath Defying Acts、即ち「死へ挑戦する行為」という意味の英語が使われて、もうHoudiniの名前は消えている。フーディニは「脱出王」、つまり縛られた身体と閉鎖空間からの脱出を得意としていたので、「消える」ことが見世物の目玉ではなかった。

私の列車はだんだん支線からさらに別の支線へと迷い込んでいきそうなので、再び「消えた女性」の本線へ戻ってみよう。

海辺に消えた女性たち

女性であれ男性であれ、消えること、不明になることはミステリー小説の主たる構成要素でもあり、枚挙にいとまがないほどだ。たとえば、複数の人物が次々に消えていく（殺されていく）アガサ・クリスティの『そして誰もいなくなった』。これはルネ・クレール監督の同名映画版（一九四五）も秀作である。例外もあるが、殺されてしまった人物たちはもう物語に戻ることはない。ミステリーではないイタリア映画、ミケランジェロ・アントニオーニ監督の『情事』（一九六〇）となると、物語の途中で中心人物の一人である女性がいなくなり、その行方は不明のまま、なぜ消えたのか、どこへ行ったのかは問われないで映画は終わってしまう。「物語の解体か？新しい映画の出現か？」などと、当時の批評や議論の場を賑わせた。

二〇〇九年のベルリン映画祭で銀熊賞（最優秀監督賞）を受賞したイラン映画、『彼女が消えた浜辺』（監督・脚本ともにアスガー・ファルハディ）。この英語題名はAbout Elly（エリーのこと）と、これもそっけない。内容はまさしく女性が姿を消す物語だが、魔術映画ではさらさらない。

物語は、休暇を取った数家族が車で海辺へと三泊の旅をする。現地へ着いてみると、予約が一泊しか取れていないことがわかり、みんなは大騒ぎ。そこで急遽、いまは使われなくなった海辺の古い別荘へ泊まることになる。ここらあたりは「彼女が消えた」という日本語タイトルともども、ヒッチコックの『バルカン超特急』冒頭、ホテルのレセプションにおける喧騒を想起させる。家族以外に二人の男女が同行しており、一人は保育園に勤める若い女性、もう一人はドイツ女性と離婚したあとドイツから一時帰国した男性。二人を結びつけようというのが両人を招いた主婦のねらいである。映画は数家族の群像劇ともいえるほど、各人を矢継ぎ早にカメラの動きと細かい編集でつないでいく。その喧騒や重なる会話には生活のリアリティがあり、別荘に限定したドラマはニキータ・ミハルコフ監督の傑作『機械じかけのピアノのための未完成の戯曲』（一九七六）を想起させる。しかし、後者のロングテイク（長回し撮影）、深い空間撮影とは対照的に、『彼女が消えた浜辺』はモンタージュによる断片のすばやいつなぎが多く、人物たちも『機械じかけ……』の有閑階級に対して、こちらの人物たちは大学出身であるにしても、経済的には中間階層に設定されている（図3）。

映画の後半、口数の少ない、保育園勤めの女性が行方不明となる。その直前、彼女は子供たちが海辺で凧揚げに興じるのを見守り、みずからも凧揚げに参加する、その姿までは観客にも示されている。凧揚げをして走り回る彼女のバスト・ショットまたは顔のアップだけがセンタージュで示され、波の荒々しい音が背後にかぶさる。そのあと、彼女の姿が忽然と消える。アントニオーニの『情事』をも想起させる、途中で姿を消してしまった女性。嘘をめぐるミステリー仕立てでもあり、結末は伏せておこう。誰かが消えること、不明になることは、その人を知る者を不安にさせる。なぜ姿を消したのか、なぜ行方不明になったのか、その人を知る者の関わり方によって、不安、謎、疑惑、悲哀、恐怖、錯乱など、さまざまな感情が押し寄せる。

ここで列車の行く先をヒッチコックへ戻して、もう一つのミステリー映画『レベッカ』(一九四〇)を見てみよう。これは『バルカン超特急』のあと、海のシーンを除けばやや凡庸な『岩窟の野獣』(一九三九、原題はJamaica Inn)を経て、ハリウッドへ渡ったヒッチコックのアメリカ時代第一作である。モノクロ撮影の陰影と、大邸宅、その調度類、衣装美術などの美しさ、海岸の波や霧、古い屋敷が醸し出す謎めいた雰囲気。原作は『岩窟の野獣』と同じダフネ・デュ・モーリアが一九三八年に発表した小説なので、ヒッチコックは『バルカン超特急』に続いてイギリスの女性作家を選んだ。

図3『彼女が消えた浜辺』2009

映画『レベッカ』の物語展開は画面の気品と優雅さの中に、じわじわと重苦しさを増していき、大邸宅の富豪（ローレンス・オリヴィエ）に見染められた若きヒロイン（ジョーン・フォンテーン）の神経を脅かしていく。しかも、彼女の神経を脅かす幻影は不在の女主人、ボートの海難事故で亡くなった故人なのだ。すでに逝ってしまった人、まさしく消え去った女性が現実のヒロインを苦しめる。昨今の騒々しいホラー映画とは異なり、血も暴力も亡霊も見せず、カメラはヒロインともども観客を不安と疑惑が増幅する古い館に閉じ込める。ゴシック小説ならぬゴシック映画の近代版として、また雰囲気描写の巧みなミステリー映画として、イギリスからアメリカへ渡ったヒッチコックはみごと人々の期待に応えた。ちなみに、ヒッチコックはデュ・モーリアの小説をもう一本映画化している。異色作『鳥』The Birds（一九六三）がそれであり、これまたハリウッド時代の代表作の一つとなった。ヒッチコック・ファンであったスペインの映画監督、アレハンドロ・アメナーバルはのちに『アザーズ』（二〇〇一）で好評を博したが、『レベッカ』へのオマージュともいえる作品だ。この作品では妻ではなく、夫が行方不明になっている。なぜか私は、海辺に消えた女性たちばかりに目が向いたようだ。映画は魔術の根っこを持ちながら、もうトリックを使わないで、スクリーン上の「女性を消す」ことができるようになった。

しかし、なぜ女性が多いのか？　これについては興味深い研究書、カレン・ベックマンの『消える女性たち——魔術、映画、そしてフェミニズム』（Karen Beckman, *Vanishing Women: Magic, Film, and Feminism*, 2003）がある。魔術、舞台、写真、映画、さまざまな領域で消える女性たち、とりわけ写真術と映画術をめぐって、ベックマンは消失し出現する女性の身体をフェミニズム研究や精神分析、ジェンダー論などを導入して論じていく。十九世紀後半の大英帝国で、魔術ショー「消える女性」が流行しはじめた社会的背景には何があったのか。ベックマンは当時の男女人口比で女性が増加していたこと、つまり女性の人数が過剰になったことと、就業率や貧困の問題をからめながら、他の要因――膨張していく植民地への女性移民と女性消滅のファンタジーが魔術ショー「消える女性」に視覚化されたという。白人の魔術師が女性たちを消し、魔術師の横に立つ助手はたいていが有色のインド人男性（またはその偽装）だったと。魔術ショーではない『レベッカ』でも〈マンダレー〉という謎の大邸宅が視覚化され、『岩窟の野獣』では原題の〈ジャマイカ・イン〉という怪しげな居酒宿が舞台となっている。マンダレーは現在のミャンマーの大都市だが、かつてビルマ時代にはイギリスの植民地だった。ジャマイカは中米のやはりイギリス植民地だった島国（一九六二年に独立）である。原作に濃厚なロマンティシズム、ミステリー、異国情緒は、大英帝国の植民地主義と切り離せない……。

うーむ、「消える女性」を探していくとなかなか奥行きは深く、長いトンネルに入りそうだ。私はベックマンの本をまだパラパラと覗いたにすぎないので、別の列車に乗り換えてから先を読むことにしよう。その前に、鈍行列車の中でひと眠り。

＊『フレイザー夫人の消失』（田中潤司訳）は北村薫編『北村薫のミステリー館』に収録。新潮文庫、一、〇〇五年。

☆　本文中で言及したように、『バルカン超特急』には、ヒッチコック版と同じ題名（The Lady Vanishes）のリメイクがある。邦題は『レディ・バニッシュ　暗号を歌う女』。監督はアンソニー・ペイジ、出演はエリオット・グールド、シビル・シェパード、アンジェラ・ランズベリほか。イギリス映画、一九七九年。

さらに、イギリスのBBCが制作したテレビ映画もある。カディアムイド・ローレンス監督。出演者はタペンス・ミドルトン、キーリー・ホーズ、ジュリアン・リンド＝タットほか。ヒッチコック版よりも原作に近いが、物語は一直線。二〇一三年。

『アガサと殺人の真相』は、アガサ・クリスティの実際の失踪期間中の出来事をフィクションとして作ったイギリスのテレビ映画。テリー・ローン監督、二〇一八年。

なお、十九世紀イギリスにおいて、男性の人数よりも女性の方が多く、「レディ」階級の「余った女性たち」がいかに家庭教師（ガヴァネス）を探して苦労したか、川本静子著『ガヴァネス（女性家庭教師）――ヴィクトリア時代の余った女たち』（中公新書、一九九四年）が教えてくれる。そういえば、コナン・ドイルの「シャーロック・ホームズ」もの（一八八七－一九一五）には、これらの女性たちが登場する。

I

チェコ・ドイツ・ロシア・アメリカ・日本・インド

――滅亡と再生

ロボットの肖像　良き友か、反乱者か

――チャペック、メトロポリス、アシモフ、そして映画たち

ロボットのイメージ（形象）として長く私たちに親しまれてきたのは、頭から足先まで、あの四角いブリキ板、または鋼鉄や合金で覆われたヒトガタだろう。日本では第二次世界大戦後、一九四〇年代後半から六〇年代まで、このヒトガタ・ロボットがまさにブリキのおもちゃとして大量に製作され輸出に貢献してきたという。また多くの日本人にとっては、手塚治虫の『鉄腕アトム』を先頭に、漫画やテレビで活躍したロボットたち、横山光輝の『鉄人28号』、永井豪の『マジンガーZ』、そして『機動戦士ガンダム』以降のアニメ・ロボット戦士たちなど、これらのイメージが強いだろう。

現代社会でロボットは産業や医療分野に必須の道具として広がり、ヒトガタから離れたものが多い。だが、産業分野への進出を機械による生産自動化作業（オートメーション）の一環として見ると、この傾向はすでに産業革命期から始まっていたことになる。現代のヒトガタ・ロボッ

トはデザインに曲線や丸みが使われ、主に高機能の可塑性樹脂を利用、ペット型ロボットまで登場して久しい。家族や個人を楽しませ、慰め、あるいは補助するロボットである。

ヒトガタ・ロボット・イメージの祖型は古代の神話や伝説、自動人形などにあるかもしれないが、近くは産業革命や近代科学が台頭してきた十九世紀前半、若きメアリー・シェリーの小説『フランケンシュタイン　または近代のプロメテウス』(一八一八年)だろうか。主人公の若い科学者フランケンシュタイン(怪物の名前ではない)は、いくつかの死体から集めた部分を寄せて新たな一つの人体を蘇らせる。シェリーはゴシック・ロマン、つまり恐怖小説を意図しながら、そこに科学と哲学をまぶし、魔術と医学の狭間で人体合成に没頭する主人公を描き出した。ここには、のちにカレル・チャペックが戯曲『ロボット』で示した概念との類似点と相違点がある。類似点は、人間によって新たな人間(ヒトガタの擬似人間)が創造されたこと、そして創造主(人間)が被創造物から逆襲されること。相違点は、『フランケンシュタイン』の主人公は生命を吹き込んだ人間もどき、知性のある怪物により復讐される。一方、チャペックの『ロボット』では、科学＝化学工業によるロボットの大量生産が可能となり、ロボットたちが増殖し、自立化し、むしろ人間たちが滅びていく。チャペックはロボット製造の産業化、それゆえの大量生産と増殖、そして進化のイメージを広めた。

チャペックのロボットはどんな形をしていたのだろうか、人間はロボットに対して、またロボットは人間に対して、どのように向き合ったのだろうか。むろん、想像力が創り出したフィクションの世界の中で。

チャペックの『ロボット』

チェコのカレル・チャペック（一八九〇－一九三八年）が一九二〇年に発表した戯曲『R.U.R.』（チェコ語の発音では、エル・ウー・エル）は「ロボット」の名称を世界中に広めた。この書名は「ロッスム社のユニバーサル・ロボット」の略称であり、戯曲には序幕の前、登場人物を説明する個所に「人間のような服装」「発音はポツンポツンととぎれるようになされ、顔つきは無表情で、じっとのぞきこむようにする」「胸には真鍮の番号をつけている」とある。[*1] 戯曲であり舞台化を前提にしていたのだから、俳優が演じやすいように、ロボット像はより人間に近いかたちにしたのだろう。戯曲では、ロッスム社の社長のせりふで説明がなされ、ロボットは「労働する巨人」であり、背丈が四メートルもあったが、次々に壊れるので、人間なみに小さくしていった。消耗するので、寿命は約三十年。

「ロボット」の語源は、チェコ語のrobota（強制労働）からで、カレルの兄ヨゼフが造語した。戯曲中のロボットの具体的な形象についてはわずかの手がかりがある。初演時の、四か国語を話す秘書ロボット（スラ）と労働ロボット（プリムス）の写真である。[*2] これらの形象は人間とほぼ同じ――なにしろ俳優たちが演じたので――現在なら「ヒューマノイド」または「アンドロイド」と呼ばれるだろう。チャペックの原作戯曲（プラハ初演、一九二一年）が日本で最初に出版されたのは、宇賀伊津緒訳による『人造人間』（春秋社、一九二三年）だった。アメリカでの舞台上演と思われる一葉の写真が付されており、説明はない。その図版（図1）左側に、ロボットらしき二体が立っているが、明らかに俳優たちである。この訳書に続き、鈴木善太郎訳による『ロボット』（金星堂、一九二四年）も刊行された。これには宇賀訳とは別の写真一葉が付されており、説明文に、ニューヨークのギルド・シアターでの上演場面とある。やはり、ロボット役は人間が演じていた（図2）。二種の翻訳の経緯や訳者たちについて、また日本最初の上演、築地小劇場の『人造人間』（土方与志演出、一九二四年六月、七月に再演）や第二回公演（一九二六年六月）については、井上晴樹が労作『日本ロボット創世記1920〜1938』で詳しくふれている。[*3] 第二回公演で映画が使われたが、井上はこれにふれていないので、技術担当・堀野正雄の記述を読むと、プロローグでロボット社の支配人が「大統領」（会長）の娘ヘレナへ工場を説明するのに映画を使ったという。[*4] たとえば、大工場地帯の鳥瞰・機械の運動・工場など、これらはライブラリー・フィルム（既成の映画フィルムから借用したもの）を使った。「ロボットの数カット」は特別に撮影して、舞台内に設置された

図1 『人造人間』1923（宇賀訳書）

図2『ロボット』1924（鈴木訳書）

図3『人造人間』1924 築地小劇場

スクリーンに映写した。添付写真はなく、フィルムも現存していない。舞台装置は、ニューヨーク上演版を参考にしたのだろう。それは訳書に添付された写真と築地小劇場上演時の写真に共通したものがあるからだ（図3）。原作戯曲にしろ日本上演版にしろ、これらが当時の日本映画に与えた影響は不明で、村山知義の映画化プランも幻に終わった。この戯曲はロングセラーとなって本国ではもちろん、現在でも世界中で読まれている。『日本ロボット創世記1920〜1938』にも、戯曲の内容が詳細に紹介されているが[*5]、私なりに物語の概略を記しておこう。チャペック以降のロボット論の先駆性を示す個所は太字にした。

［序幕］

社長ドミンが、訪ねてきた会長の若き娘ヘレナに、ロボット製造の原理と目的を説明する。ロボットは、**生きた物質に似た原形質から合成化学によって製造され**、誕生後すぐに働きはじめる。ロボットは「近代の」新しい**機械人間であり、「売買」可能なモノである。ロボットには**

感情がなく、死への恐れもない。むろん、**「性」の区別はなく**、慣習上、タイピストほか、女ロボットもいる。ロボットは「話す、書く、数える」ことが可能で、百科事典など全部覚えてしまうが、みずから「新しい考え」を持つことはない。ヘレナは**ロボットたちの「人権」を擁護し保護すべき**ではと、社長や技師たちに訴えるが相手にされない。

[第一幕（序幕から十年後）]

ヘレナは、戦争でロボット兵士たちが人間の大量殺戮をやっているというニュースを知る。彼女はドミンと結婚しており、子供はいない。さらに、「ロボット最初の組織成立」「今週もまた人間の誕生ゼロ」などのニュース。建築主任（人間）のアルクビストは「人間からロボットを取り上げてください」と神に祈る。ロボット会社の**「生産性、効率性、速度性」**に対して、彼は反対である。**新しいロボットのラディウスは「誰からも命令されたくない、主人は不要、私は人間たちの主人になりたい」と言う**。ロボットたちが反乱し、人間たちへ宣戦布告をする。

[第二幕]

会社のガル博士はロボットを人間以上に優秀に作り変えた（まだ数百体）。アルクビストは人間の傲慢さと金儲け主義がこの災厄をもたらしたのだと悲観、ペシミスティックになる。ヘレナは製造工程文書をすでに焼却しており、あと二十年過ぎたら、ロボットたちは消耗していなくなる。ロボットたちが事務所内に侵入してくる、第二幕の終わりでラディウスが告げる、**「世界のロボットよ！　人類の時代は終わった。新しい世界が来たのだ！　ロボットの国家だ！／人**

間はいない。」と。

［第三幕］

アルクビスト一人が生かされている。ロボットたちは製造技術を知らないので、彼に新たなロボット製造を強制する。製造の専門家でない彼は仕方なく、若い二人の男女ロボット（プリムスとヘレナ＝第二幕までいた人間ヘレナと同じ名前）のどちらかを解剖して調べようとする。しかし、どちらも相手をかばって自分を解剖するようアルクビストに懇願する。彼は**二人**（二体）**に愛が生まれたことを知り、二人を解放する。**アルクビストは神がみずからの姿に似せて人間を創造されたという聖書の言葉を引用しつつ、**これまでの人間は死に絶えたが、これから新しい人類が誕生するだろうと大いなる希望を持って**幕となる。

チャペックは結末に希望を残すことで、劇場の観客を安堵させた。チャペックがロボット・ダモンのせりふを通して（第三幕）、人間史を〈支配と殺人の歴史〉と見た背景には、第一次世界大戦がもたらした未曾有の惨禍、近代兵器の発達による大量殺戮があったからだろう。この頃のチャペックは三十歳前後、彼が所属した国家、当時のチェコスロヴァキア共和国（第一共和国、一九九三年にチェコ共和国とスロヴァキア共和国に分離）は一九一九年に独立したばかり。彼らの民族史は古いが、独立前はオーストリア＝ハンガリー帝国下のチェック人とスロヴァキア人で、オーストリア兵として第一次世界大戦に参加。ヨーロッパでは、第一次大戦前の十九世紀に戦争や武力紛争が絶えず起こっていたから、一八九〇年生まれのチャペックはまさに「戦争と紛争」の時代に育ったのである。彼は一九三八年十二月に他界したが、すでに、同年九月にはナチス・ドイツがチェコからズデーテン地域を割譲させており、翌年三月にドイツはチェコへ侵攻した。

チャペックの『ロボット』について、戯曲の問題点を三つほど挙げておこう。

第一に、ロボットは人間の役に立ち、効率がずっと良いという視点。これは現在の産業・医療ロボット全般にも当てはまるだろうが、「労働機械」による生産性の効率化は十八世紀イギリスの産業革命時代から始まっていた。ロボット製造会社社長ドミンのロボット観はその線上にある。人間に使役され、消耗し壊れるまでよく働くロボット。労働から解放された人間たちはどう生きるのか。最後の人間アルクビストは人間らしい労働への回帰を願う。彼の考えは十九世紀末から二十世紀初頭に頻発した、反機械の労働運動とも呼応している。機械のために職を奪われた労働者たちのストライキが続発したからだ。

第二に、人間の歴史は殺戮に満ちているというロボットの視点。第二幕で、「ロボットたちが人間から武器を渡され、バルカンで戦争をしている」という噂が聞こえてくる。これはいまとなれば、第一次世界大戦の導火線はバルカンからという当時直近の事件よりも、第二次世界大戦はもちろん、植民地独立戦争、ユーゴスラヴィア解体に伴う民族分離の戦争、宗教上の原理主義や多様なテロリズムなどを予兆させ、ひどくなまなましく聞こえる。二〇二二年二月には、ロシアのプーチンによるウクライナ侵攻が起こり、二〇二三年十月にはイスラエルとハマスの戦争も勃発。破壊力を高める兵器開発と軍需産業。第二次世界大戦後に表面的な平和を保ってきた日本も、朝鮮戦争、ベトナム戦争、湾岸戦争、イラク戦争等々、米国支援のかたちで戦争と関わり続けてきた。日本は広島・長崎の原爆被害と第五福竜丸の水爆による死の灰の被害体験もある。チャペックは小説『絶対製造工場』（一九二二年）ではのちの原子力発電を、『クラカチット』（一九二四年）では、のちの原子爆弾を彷彿させる社会の大混乱を描いており、先見の明に驚かされる。

第三に、ロボットは人間を超える優秀さを獲得して人類を滅ぼすという視点。戯曲中、ロボットは邪悪な存在ではなく、逆に人間たちが強欲と殺戮武器を持つ邪悪な存在である。ロボットと人間は共生できるのだろうか。現在の人工知能（A.I.＝artificial intelligence）は人間社会にとって両刃の剣だ。人智を超えてしまう危険性は大きい。チャペックの壮大な風刺小説『山椒魚戦争』（一九三五年）は『ロボット』の系譜上にあり、言語と諸道具を獲得して文明化した世界各地の山椒魚たちが増殖し、ついには人間たちと対峙するさまを、生物学的蘊蓄を傾けて叙述している。[*6] このように、チャペックの代表的な小説には、人間が創造したもの（ロボット、原発らしきもの、原爆らしきもの）、あるいは増殖し利用したもの（山椒魚）などが人間と対立し、社会を混乱させ、人間世界とは別の世界が生まれることへの予言が見られる。おどろおどろしい恐怖読物ではなく、科学的装いの社会風刺小説として。

図4 『人間タンク』1918

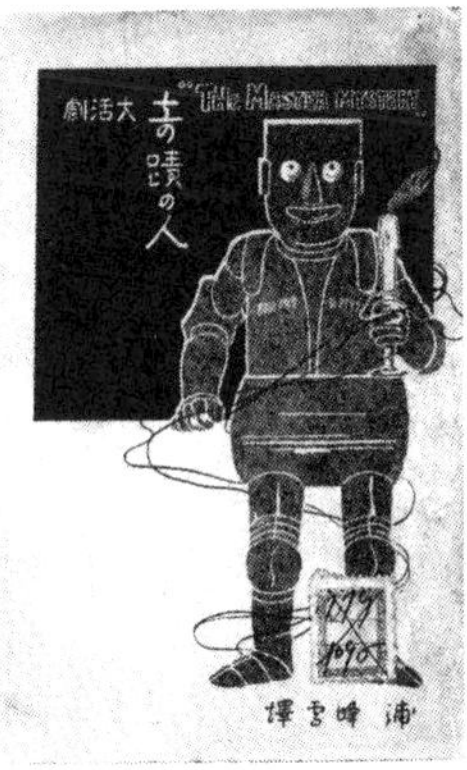

図5 『大活劇 奇蹟の人(人間タンク)』1919

無声映画のオートマトン偽装『人間タンク』

チャペックのロボット像はヒトガタであった。では、ロボットの形象として一般化した箱型あるいは丸型の金属による機械的な造形はどこから始まったのだろうか。起源がどこかは特定できないが、その一つをアメリカ映画『人間タンク』(一九一八)に見ることができる。原題は The Master Mystery (図4、第十篇)、日本では大正八(一九一九)年九月下旬に封切られ、当時人気の連続活劇の一つだった。主演は不死身の脱出王・魔術師として欧米に名をはせたハリー・フーディニ。全十五篇三十一巻から成り、封切り当初は三篇まで、一『生死の境』Living Death、二『恐るべき人間タンク』The Iron Terror、三『水中の危険』The Water Peril が同時に公開され、そのあとに『奇蹟の人』が封切られた。封切り翌月に、日本語の読み物『大活劇　奇蹟の人(人間タンク)』(浦峰雪訳、図5)が出版されたのは、アメリカでも映画を小説化

図6 『人間タンク』1918

した本が出ていたからだ。当時のアメリカのポスターや場面写真(図6)を見ると、まさしくのちの金属ロボットの原型を思わせる。全体として角型、ぬいぐるみ式と思われ、関節部は丸く、顔も四角で、愛嬌がある。まだ「ロボット」の言葉は誕生していなかったので、「オートマトン」(automaton 自動機械)と呼ばれた。この言葉はその複数形「オートマタ」(automata)と同様、ヨーロッパではよく知られており、古代ギリシアの伝説的な自動給水器や自動開閉ドアから近代以降の自動人形まで、機械仕掛けの魅惑的な玩具の系譜に連なる。日本のからくり人形もその仲間といえる。「オートマタ」よりも広く、ゆるく、機械人間の歴史を概観した軽妙な随筆がチャペックの兄ヨゼフ著『人造人間』[*7]だ。彼は二つの面白い例を挙げており、一つは金属で身を固めた中世の騎士たち、もう一つはライマン・フランク・ボーム著『オズの魔法使い』(一九〇〇年)に登場する〈ブリキ人間〉である(図7)。中世の騎士たちの姿は、より正しくは「金属で覆われた人間」だから、現代映画『ロボコップ』(一九八七)シリーズの先輩だ。もっとも、『ロボコップ』の主人公は殉職警官を改造・再生したサイボーグ人間、人間と機械の統合体である。一方、『オズの魔法使い』の〈ブリキ人間〉(tin-man)は全身がブリキでできており、少女ドロシーが初めて出会ったときはさび付いていた。そこでドロシーは、まず油差しを使って、ブリキ人間の首や関節が

図7 『オズの魔法使い』1900

図8 『人間タンク』1918

滑らかに回るようにしたのである。もともとブリキ人間は人間であったが、悩みは心臓（心）を持っていないことだったから、彼の希望はそれを持つことにあった。この点では、『ピノキオ』（一八八一―八三年頃）の棒切れ少年が最後に人間になるのと近い。ピノキオ少年の物語はブリキ人間より早く生まれている。

「人間タンク」という日本側の呼称は、オートマトンの腰の部分にはめ込まれた横向きの樽型のもの――つまりタンク――から命名されたと思われる。「タンク」はもともと水や油を溜める容器のことを指し、のちに「戦車」を指すようにもなった。映画では見せ場として巨大水槽の中で、悪党の親玉・人間タンクと探偵ロック（フーディニ）の闘争場面があるので、巨大タンク内の人間タンクと、タンク・イメージを重ねたのかもしれない（図8）。結局、「人間タンク」の正体は人間であり、鉄で覆われた大男だった。この映画はフーディニが主演していたこと、タンク人間が「ロボット」イメージの最初であることだけが歴史に残る程度と、アメリカでの評価は低い。チャペック以前だから、チャペックのロボット・イメージとは関係がなかった。

一九二〇年代初頭にドイツへ遊学した村山知義には、帰国後、『人間機械』という名の前衛的で不思議な短編小説[8]がある。ここに登場する「機械人間」も井上晴樹が『日本ロボット創世記』でふれて、人間から機械へと変身する様子をイタリア未来派との関係で論じている。未来派もさることながら、造形イメージとしてはデ・キリコの『ヘクトルとアンドロマケ』(図9)ほか一連の絵を例に挙げていこう。

図9　デ・キリコ『ヘクトルとアンドロマケ』1917

ところで、野田昌宏の『図説ロボット』(二〇〇〇年)にはロボット像が満載されており、そこに収められたアメリカのSF雑誌の賑やかさ、想像力あふれる画家の造形力には魅了される。それらの源泉は空想・宇宙・探検小説にあった。『アメイジング・ストーリーズ』の創刊は一九二六年四月号。作家たちにはジュール・ヴェルヌ、H・G・ウェルズ、エドガー・アラン・ポーらの名前が並び、表紙には土星を模したデザインの絵が使われた。いまではこれらのバックナンバーはすべてインターネットで自由に読むことができる。[9]

『図説ロボット』の図版にはイギリス最初のロボット像が示され、「一九二八年のロンドンで展示されたロボット。〈RUR〉の文字が胸にあるのはチャペック以来の慣例」とある[10]（図10）。ロボット・エリクは一九二八年九月末、ロンドンでモデル・エンジニア協会展に出品された。一九三〇年代にはその後継機で、さらに性能を増した「ロボット・ジョージ」が製造された。いまでは、エリクの動画映像をYouTubeで見ることができる。当時のニュース映画に収めれらたごく短いフィルムで、椅子に座ったエリクがゆっくりと立ち上がり、両手を上に挙げ、またゆっくり座る簡単な動作である。このロボットはその後行方不明になり、ロンドンの科学博物館が復元して展示、その復元作業経過を別のYouTubeで見ることができる。復元ロボットも、胸の〈RUR〉の文字がチャペックへのオマージュを示すとはいえ、からくり仕掛けのエリクは自動人形、オートマトンの系譜にあり、ぎごちない動きで、単純な言葉しかしゃべれない。『アメイジング・ストーリーズ』誌で最初にロボット像が描かれた一九二八年一〇月号（図11）は、エリクの出現とほぼ同じ時期であり、この頃から、一般のロボット像が広まっていったようだ。ロボット・エリクがロンドンに登場した翌年、アメリカのウェスティングハウス・エレクトリック社からテレヴォックスが発表された。これはロボットの外の電話機を通してロボッ

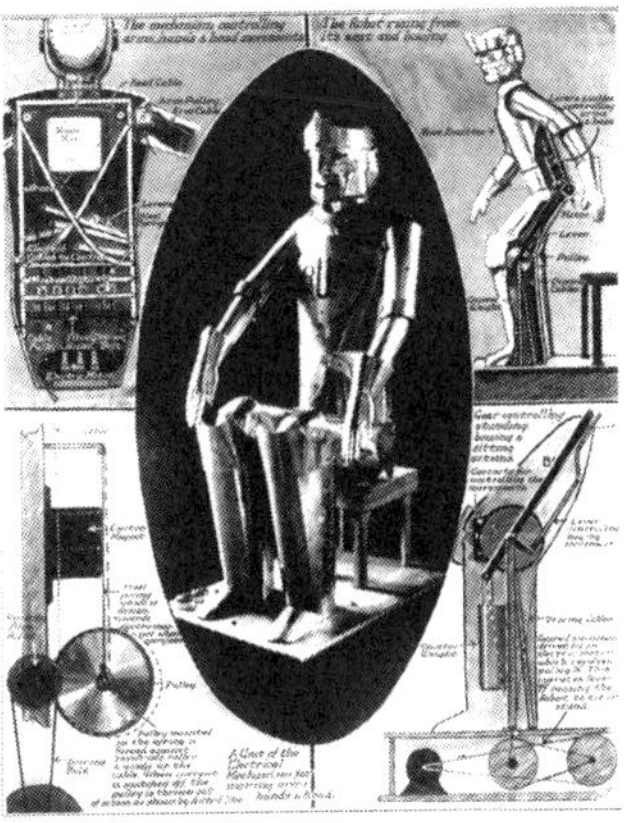
図10　ロボットのエリク　1928

図11　『アメイジング・ストーリーズ』1928.10

図12　「学天則」1929

トが反応する機器だった。同年九月、京都には「学天則」なる巨大な人造人間が出現した。この造形は欧米のいずれのロボットとも異なっている。巨大ではあるが、〈機械人間〉と呼ぶよりも、〈大仏人間〉とでも呼べそうな親しみやすさがある（図12）。

『メトロポリス』の機械―人間

ロンドンでエリクが展示される前年、一九二七年一月、サイレント映画史に名を残す傑作『メトロポリス』がドイツで公開された（日本公開は一九二九年四月）。映画史上で最も有名なロボットは、この『メトロポリス』に登場する金属とガラスでできたロボットだろう。物語のヒロイン、マリアを冷たくも美しいロボットに変身させたのは天才科学者ロートヴァング。この変身シーンはよくできており、ロボットのデザインもすばらしい。原作小説と脚本は監督フリッツ・ラングの妻、テア・フォン・ハルボウが書いており、この映画化にとりわけ熱心だった彼女は、映画完成と小説の同時出版をめざしたというから、まず映画用あらすじを書き、映画化を進めながら、小説化も同時進行させたのだろう。邦訳小説から、ロボットが最初に登場する場面を引用してみよう。メトロポリスの主、コー(映画字幕ではジョー)・フレーデルセンが、天才科学者ロートヴァングを探して入った無人の部屋で、突然、彼はある冷気が近づいてくるのを感じ、思わず息を呑む。

ヨー・フレーデルセンが振り向いて、ガラスのようになった目で、目の前に立っているものを凝視した。／それは疑いもなく女だった。／(略)／女性ではあったが人間ではなかった。骨格が銀色に照らし出す体はまるでガラスでつくられているようだった。一滴の血も含んでいないガラスの皮膚から冷気が発散しており、美しい両手は何か決心したように、ほとんど反抗的に、ぴくりともしない胸に押し当てられていた。／だがこの物体には顔がなかった。上品に曲がった首には、いい加減に形づくられた顔らしい塊がついていた。[*11]

この場面は映画にはなく、映画ではロートヴァングがフレーデルセンを実験室へ案内すると、奥に、頭から足先まで全身に光沢のある金属のようなもので覆われたヒトガタの像がやや高い所に腰かけている[*12](図13)。ロートヴァングの操作により、そのヒトガタの金属人間はゆっくりと立ち上がり、歩き、手足を動かす。ロートヴァングはこれを「機械―人間」(Maschine n-Menshen、サイレント映画の字幕に出る言葉)と呼ぶ。フレーデルセンは息子がマリアという若い女性にすっかり魅了されたのを苦々しく思っていたので、マリアの顔をこの機械―人間の顔に移すよう、

図13 『メトロポリス』1927

ロートヴァングに要請する。マリアは地下労働者たちから救済の予言者として崇拝される対象でもあった。フレーデルセンはマリアの偽者をこしらえて、労働者たちを煽動しようとたくらむ。マリアを誘拐したロートヴァングは、実験室で彼女を機械－人間へと変身させる。映画では「ロボット」という言葉は使われていない。

映画『メトロポリス』で、聖女＝善なるマリアと、魔女＝悪なる機械－人間の両者を演じたのが新人女優ブリギッテ・ヘルムだった。映画ではこの造形された機械－人間（ロボット）が観客に強い印象を残した。とはいえ、チャペック・ロボットのイメージに近いのは、地下労働者たちの動きの様式性、そして巨大な機械との関係にある。使役される労働者たちはまさに「ロボット」の原義に近い「苦役」の姿であり、人間性を剝奪されたロボット集団、そして〈苦しむ集団〉である。そこには労働の歓びなど微塵もない。人間から労働の意義を奪ったのは機械であり、その導入を図ったのは資本家たちだ。現実には十九世紀初頭のイギリスで、織物職人たちによって機械打壊し運動（ラッダイト運動）が起こり、フランス、ドイツにおいても織工たちの蜂起が勃発、以降二十世紀初頭にかけて労働争議やストライキが頻発した。ドイツ表現主義の劇作家、エルンスト・トラーが獄中で書いた戯曲

『機械破壊者』（一九二二年）は代表的作品だ。これはまさしくラッダイト運動を下敷きに歴史劇のかたちをとりながら、マルクス思想影響下の二十世紀初頭、資本家の搾取に対抗する労働運動を主題にしていた。表現主義は合理主義への反発でもあり、機械時代への危惧はトラーに顕著である。これはトラーと同時代の『メトロポリス』の大きな主題でもあった。資本家と労働者、地上の大都会享受者（消費者）と地下都市で労働する被抑圧者（生産者）たち。そして後者の反乱と地下工場の破壊、両者による秩序の回復が結末となる。仲介者としてのフレーデルセンの息子とマリア。チャペックが『ロボット』の次に発表した小説『絶対製造工場』（一九二二年）では、第四章に「神の地下室」があり、原子エネルギー（あらゆる物質に存在）を製造する「カルブラートル」なる機械が地下室に置かれている。発明者の技師マレクによれば、この機械は「一方の端から機械的なエネルギーを、反対の端から神の本質を吐き出す」という。この機械のほうもない厄介さに気付いたマレクは「地下室を洪水にして洗い流してやりたい」とも言う。また別の章では「今や絶対は、世界中に洪水のように満ち溢れ」と語られる。[*13] この言葉は映画『メトロポリス』のクライマックスに、地下工場が大洪水に襲われる場面があるのを想起させ、旧約聖書の「ノアの大洪水」とも、あるいは現代の福島原発事故ともイメージが重なる。なお、小説『メトロポリス』では、機械人間（ロボット）の顔はつるりとしているが、明確に「女性」として描かれ、映画でも女性の像である。美しさと知性を併せ持つ女性アンドロイドを創造したのはフランスの作家ヴェ・ド・リラダンだった。彼の『未来のイヴ』（一八六六年）では、発明

図14　『機械人間』1935

家エディソンが理想の女性像を創り出す。それは男性主人公による愛玩人形の変種にほかならなかった。

一九三五年のソ連時代、ロシアにロボット映画が誕生していた。日本未公開だったが、いまではアメリカ経由のDVD版が日本で販売されている。邦題は『機械人間』（図14）。（監督はアレクサンドル・アンドリエフスキー）。チャペックの初期ロボット「労働する巨人、背丈四メートル」のイメージが反映されているのか、映画には背丈三メートルくらいの巨人ロボットが何体も登場する。足はローラー式で全体にぎこちなく、顔は機器の箱で、無表情。胸にはRURの文字があるが、チャペックとはほとんど関係なく、原作はウクライナの作家ヴォロディミル・ヴラトコによる『暴動』（または『ロボットたちの襲来』一九二九年）である。映画では、資本家たちが自動機械（オートメーション）を導入して労働者を効率化し、奴隷化し、あるいは職を奪う。また軍と資本家が結束して、労働者のストライキを抑えようとする。ロボットは体内にラジオ（無線装置）を持ち、外の制御盤から指令を受信して動く。意思無き機械集団であり、人間たちに操作されるだけだ。最後には、ロボットの制御に成功した労働者側が勝利する。

一九三九年、アメリカのウェスティングハウス・エレクトリック社はニューヨーク万博に、

「テレヴォックス」から進化した「エレクトロ」を出品した。その写真を見ると、まさにロボット・イメージの一つの典型といえる。翌年、横には犬型ロボットまでいた。

アシモフと映画のロボットたち

第二次大戦後の映画で、ロボットが登場した早い例は『地球の静止する日』[*14]（一九五一、ロバート・ワイズ監督）だろう。この映画は高度の知能を持つ異星人の地球到来を主題にしており、円盤型の宇宙船から姿を現す異星人クラートゥ（マイケル・レニーが扮する）は地球人そっくり、白人の似姿である。映画は米ソ冷戦時代を背景に、地球人たちの争いを危惧した異星人が、このままでは戦争を嫌う宇宙人たちに地球が消されてしまうと、警告に来たのだ。しかし地球人は理解できず、宇宙からの侵略者として異星人と円盤を攻撃する。クラートゥを護衛するのが大型ロボット「ゴート」、このロボットは継ぎ目のない特殊鋼で覆われており、ヒトガタではあるが、顔には目鼻もなく、口のあたりが横一文字に狭く開口して強力な破壊光線を出す。ただし、いたずらに攻撃的ではなく、あくまで異星人が命の危険にさらされたときだけ反撃し、一度死んだクラートゥを蘇生させることもできる。異星人は「平和を守れ」という最後の警告を地球人へ発して円盤に戻り、地球から飛び去っていく。ポスターの絵柄はセンセーショナルだが（図15）、ロボットは異星人の護衛に徹しており、地球人と対立したり、侵略的な攻撃をするわけではない。地球外から地球人へ向けられたメッセージ「平和に生きよ」は、いまでも我々に強く訴えている。

一方、ロボット・イメージに関する二つの画期的な作品が現れた。一つはアイザック・アシモフの連作短編をまとめた小説『アイ、ロボット』(I,ROBOT、一九五〇年)[*15]、もう一つはSF映画『禁断の惑星』(Forbidden Planet、一九五六)である。

図15『地球の静止する日』1951

アシモフ最初のロボットものは短編の『ロビー』(Robbie)、これは一九四〇年、SF雑誌『スーパー・サイエンス・ストーリーズ』に「奇妙な遊び友だち」と題して発表された。『アイ、ロボット』の第一話に収めてあり、グロリアという八歳の少女の遊び相手がロボットのロビーだ。「ロボット」の定義はなく、形態や構造の詳しい説明もないので、少女と遊ぶロビーの断片的描写を通して、読者はロビーを想像していく。駆けっこでは少女よりずっと速く、金属の足、金属の指、クローム鋼製の腕、頭は平行六面体で首は柔軟、胴体も平行六面体、光る目の上には薄いフィルム様のものがまぶた代わりにある。また、金属の肌は華氏七〇度(摂氏約二〇度)に保たれており、さわると気持ちよい。言葉は話せないが聴いて理解することはできる、身長は少女よりかなり高く、体重は不明。母親は機械が娘の成長期に強く関わっていることを心配するが、夫は楽天的で、夫婦は口論して、ついにロビーは販売会社へ返却され、代わりに本物の犬が飼われる。グロリアはふさぎ込むので、ロボットが機械であることを娘にわからせるために、父親は一家でロボット製造工場を見学する。そこでグロリアはロビーを発見、喜び勇んで駆け寄る直前、巨大なトラクターの下敷きになるかと思われたが、ロビーに救出される。娘の命の恩人となったロビーは自宅に連れ戻される。この結末に追記される文章で著者が読者に告げる、物語の時代は一九九八年、二〇〇二年には会話可能なロボットができたと。

第二話『堂々めぐり』では時代が二〇一五年頃。採鉱のため水星に向かう人間たちと一緒に巨大ロボット六体も従う。ロボットの動力源は原子力エネルギーである。この逸話ではアシモフの〈ロボット三原則〉が述べられる。この三原則、翻訳書の冒頭に置かれた伊藤哲訳(『わたしはロボット』)から引用しておく。

ロボット工学の三原則

一、ロボットは人間に危害を加えてはならない。また何も手を下さずに人間が危害を受けるのを黙視していてはならない。

二、ロボットは人間の命令に従わなくてはならない。ただし第一原則に反する命令はその限りではない。

三、ロボットは自らの存在を護らなくてはならない。ただしそれは第一、第二原則に違反しない場合に限る。

ロボット工学教科書　五十六版　紀元二〇五八年

原則三は、チャペックの『ロボット』でヘレナが懸念したロボットの権利保護の課題と重なる。現実社会でロボットの人間化が進む中、この課題は注目されていくかもしれない。手塚治虫の漫画『鉄腕アトム』が初めて『少年』に連載開始されたのは一九五一年、[*16]テレビアニメ化されたのが一九六三年、こうして日本で最も親しまれたロボット像が誕生した。ヒトガタの少年ロボット、アトムは倫理的精神を持つようになる。つまりアトムにも、アシモフ三原則と似たようなロボットのモラル、〈ロボット法〉があった。

ロボット・イメージを強く印象づけた映画『禁断の惑星』には、ロボット・ロビイ（Robby）が登場する。アシモフのロビーの綴りはRobbieだから微妙に異なるが、実際の発音はほぼ同じ。物語は、二十三世紀、光速を超える連邦宇宙船（空飛ぶ円盤のような形）が地球を発進して一年後、目標のアルテア星へ到達する場面から始まる。すでに二十年前、地球から第一次探検隊が到達していたが、消息不明になり、彼らを探索する任務が新たなクルーに課せられていた。アルテア星では空気成分も重力も地球とほぼ同じで、アダムズ船長（レスリ・ニールセン）指揮のもとにクルーは宇宙船から地上へ出る。砂漠のような地上遠くから砂塵をたてて、乗り物が突き進んでくる。現れた運転手はロボットのロビイだった（図16）。会話ができるロビイは船長ら三名を乗せて、二十年前の生存者であるモービウス博士（ウォルター・ピジョン）のもとへ案内する。そこで博士はロビイに銃を持たせて、たとえ博士の命令であろうと他の人間を撃てないことをクルーにわからせる。つまり、アシモフの原則がここに受け継がれている。クルーの一人がロビイに性別を問うと、「関係ありません」とロビイに軽くいなされてしまう。人間の女性がただ一人登場、モービウス博士の娘、二十歳になるアルティア（アン・フランシス）である。物語の顚末はここでは伏せておこう。アルテア星の文明崩壊の原因や、モービウス博士の秘密が解き明かされていくからである。この映画は、現在ではテレビで放映されたり、DVD化されたりしているので、興味ある人は見る機会を持てるだろう。製作が一九五六年であることを考慮すると、デジタル技術のない時代に特撮技術はそれなりによくできており、物語の展開ともども現在見ても十分に楽しめる作品だ。テクニカラーのシネマスコープ（横に長い画面）、電子音楽の使用なども当時としては新しく、いまではSF映画の古典である。

図16 『禁断の惑星』ロビイ 1956

監督は『名犬ラッシー』ものを撮っていたフレッド・M・ウィルコックス。原作小説がなく、脚本はシリル・ヒューム。当初の案ではシェイクスピアの『テンペスト』を下敷きにしていたらしい。『テンペスト』では、魔術を会得した老プロスペローとその若い娘ミランダが、奇妙な怪物たちに取り巻かれながら孤島に生きている。『禁断の惑星』では、遠い星に、人間を超えた知性を獲得した博士と娘だけが暮らしており、周囲にロボットと猛獣たち、どこかに得体の知れない怪物もいる。そこへたどり着いた宇宙船クルーの一行。と、どうやら『テンペスト』の骨格は残っている。この星では、過去のすぐれた文明を築いた先住者たちすべてが死滅し、その原因や、残された巨大な動力装置の自己修復によるエネルギーの持続可能性など、SFとしての物語構成に工夫が凝らされている。

ロボットのロビイはモービウス博士の忠実な助手であり、頭脳優秀、多数の言語も理解でき、力も人間をはるかに超え、多様な物品を製造できる、人間にとって重宝なロボットである。ロビイの優秀な機能は、アシモフ初期のロビーを増幅させたようでもあり、そのユーモラスな形象は観客に親近感を与えたので、映画公開のあとでもさまざまな場所に姿を見せるようになり、玩具としても、多数のロビイが作られファンに愛蔵された。ロビイの形態デザインはロバート・キノシタが最終的にまとめた。

反抗や反乱など起こさず、人間の良き助手であるロボット。このロボット観は『スター・ウォーズ』シリーズ(第一作は一九七七年)にも登場する。ずんぐりした小柄のロボットR2–D2と、背が高く細身のロボットC–3POへと分化・進化した(図17)。R2–D2は多様な機能を持ち、C–3POは言語コミュニケーションにたけ、どちらもロボット同士の友情?で結ばれており、ユーモラスでもある。監督のジョージ・ルーカスによれば、この二体のイメージは黒澤明監督の『隠し砦の三悪人』(一九五八)に登場する二人の欲深い、しかし間の抜けた百姓コンビ(千秋実と藤原釜足が扮した)からアイデアをもらった。きわめて人間くさいロボット・コンビであり、観客にもファンが多く、そのフィギュアが販売されて愛好されている。『禁断の惑星』のロビイにしろ、『スター・ウォーズ』シリーズに登場するさまざまなロボットたちにしろ、人間の味方か敵かの単純な分け方であり、ロボットの存在と人間の関係が深く問われることはない。ただし、『禁断の惑星』のロビイはクライマックスで、博士から怪物破壊の命令を受けて矛盾に直面する。

『禁断の惑星』から二十八年後、リドリー・スコット監督の『ブレードランナー』(一九八二)が現れた。『メトロポリス』を想起させながら、独自の世界観と造形力で批評家たちに高く評価された映画であるが、公開当初、日米ともに観客は不入りだったという。原作はフィリップ・K・ディックの『アンドロイドは電気羊の夢を見るか?』(一九六八年)。映画ではかなり変更されており、アンドロイドという言葉は「レプリカント」(Replicant)という新造語に置き換わった。レプリカントは遺伝子工学によって製造され、外見は「人間そっくり」型で、寿命が数年に限られること、しかし次第に人間的内面(感情と知性)を持ちはじめて支配者である人間に反抗することなど、チャペックの『ロボット』の人造人間に近い。そして『ブレードランナー』の三十年後の世界を描く続編『ブレー

図17『スター・ウォーズ』R2-D2(右) C-3PO(左)1977(パンフレットより)

ドランナー２０４９』（二〇一七年、日米同年公開、ドゥニ・ヴィルヌーヴ監督）で、新型レプリカントKは自分が人間の男性と旧型女性レプリカントの合の子かもしれないと、自己の誕生の経緯を探っていく。そして、最終的には〈人間〉になる願望が強く芽生える。

三原則を守ろうとするアシモフ流の人間中心主義は、チャペックの反抗するロボットとは対極にあるが、小説『アイ、ロボット』の第三話以降では、三原則を守るがゆえに人間の命令を聴かず、自省し考えるロボットも登場する。これをテーマに、人間とロボットの葛藤を描いたのが、アメリカ映画『アイ、ロボット』（アレックス・プロヤス監督、二〇〇四）である。映画冒頭にはロボット三原則が掲げられている。ただし、アシモフ原作と直接の関係はなく、オリジナル脚本。物語は二〇三五年、シカゴの朝、主人公の黒人刑事（ウィル・スミス）が目を覚まして出勤する途中、ヒトガタ・ロボットたちが市民生活に融け込んでいる街頭スケッチから始まる。人間そっくりではなく細身で長身、といっても人間よりわずかに高い程度、顔は細い卵型、デ・キリコの絵を想起させるのっぺらぼうに小さな目と口を付けたような顔。過去の映画で見た宇宙人のようでもあり、あるいは巨大なアリやカマキリのようでもあるのは、上半身と下半身の四肢と身体の接合部がひどく細くて、一見華奢に見えながら、力が強く、さまざまな能力が高いからである。CGや特撮技術をつぎ込んでおり、ロボットのデザインや彼らが大量に並ぶシーンなど、視覚的効果はなかなかのものだ。

物語は刑事の命の恩人だったロボット博士が自殺し、刑事がその謎を解いていくミステリー映画、そしてロボットたちの反乱を描くアクション映画でもある。アシモフ的主題を取り入れてはいるが、チャペックの『ロボット』の主題を再考させ、哲学的思考も展開する娯楽作品である。

映画『アイ、ロボット』より三年ほど早く公開されたのが、スピルバーグ監督の『A.I.』（二〇〇一）。これはスタンリー・キューブリック監督の遺作シナリオを元にしたといわれるが、クレジットには出ておらず。いろいろと改変されているようだ。冒頭で、少年マーティンは不治の病のため冷凍保存されて眠っている。両親は息子に代えて、子供ロボットのデイヴィッドを育てる。デイヴィッド役は少年俳優のハーレイ・ジョエル・オスメントが扮している。これは『鉄腕アトム』の誕生逸話とも似ている。その前身の『アトム大使』（一九五一年）冒頭で、最愛の息子トビオを交通事故で失くした天馬博士が、外見は息子そっくりのロボット・アトムを作るからだ。[*17]『A.I.』で息子マーティンは奇跡的に恢復し、デイヴィッドとともに暮らしながら彼を差別し、いじめるようになる。この二人の関係がたいへん興味深い。マーティンには人間化するロボット・デイヴィッドへの偏見、あるいは妬みが生まれるからだ。結局、母親がデイヴィッドを森に逃がし、ここからデイヴィッドが母を探す冒険譚、一種のピカレスク・ロマン、人間の男の子になりたいというピノキオ・ファンタジーへと変わっていく。アトムを創造した天馬博士は、成長しないアトムに腹をたてて、「宇宙劇場」の興行主へアトムを売り払ってしまった。『A.I.』では、逃亡の旅の途上、デイヴィッドは海中へ落ちる。そして二〇〇〇年後の地球。海底の氷の中で眠るロボット少年デイヴィッドは、進化した未来人たちに発見される。未来人たちをA.I.と呼ぶべきかどうか、ジャコメッティの細長い彫像を滑らかにしたようでもあり、頭は大きく細面、胸がわずかにある以外は腰の広がりもなく、首も手足もひどく細くて長い。身長は約三メートルくらいか。彼らはデイヴィッドを見てつぶやく、「本物の人間を見た最後のロボットだ」と。そしてデイヴィッドの記憶を読み取り、彼のかつてのホーム(家)へ導く。デイヴィッドの願いは「本当の人間になること、そしてママに会うこと」。未来人はデイヴィッドに「魂(スピリット)を持っていた人間を私はうらやましく思う」と言う。人間たちはとっくに滅びていた。優しかった母親の面影と、かつての人間世界はデイヴィッドの記憶に残るだけだ。復元され、しかし一日で消えてゆく母親の横で、デイヴィッドは幸せそうに眠りにつく。このとき、「ロボット」という言葉は廃語になって久しいことだろう。チャペックの『ロボット』結末で、最後の人間アルクビストから解放された若き男女二体のロボットたちは、新人類の祖となるよう希望を託された。『A.I.』結末の未来人たちは、『ロボット』の続編、新人類の後裔を想起させる。この未来人には、もうartificial(人造の、模造の)という言葉はふさわしくないだろう。もちろん、〈ロボットの肖像〉など忘却の彼方だ。

一方、この未来人は、チャペックの『山椒魚戦争』では、人間文明の失敗を繰り返すまいとする山椒魚たちに近い。同書中の哲学者からの引用で、「山椒魚の世界が人間の世界より幸福だろうことは、疑う余地がない。/主人もなければ、奴隷もないだろう。すべての山椒魚が神であり、支配者であり、雇い主であり、精神的指導者でもある。／存在するのは一つの民族、一つの階級だけなのだ。それはわれわれの世界よりもすぐれ、完成された世界なのである。」[18]

私はチャペックから始めて、チャペックへ戻ってしまった。二〇二三年以来、実体としてどこにもいないもの、像としてのイメージがまるで存在しないもの、それが「生成ＡＩ」として、我々人間から問いを発し、答えをもらっている、あるいは共同作業を行っている。両者の対話は始まったばかりだ。だがその脅威も目前に迫っている。

＊1　千野栄一訳『ロボット』岩波文庫、二〇〇〇年（第九刷）、七頁。

＊2　いずれも前掲書（『ロボット』）に図版が掲載されている。兄のヨゼフによる線画は二〇〇頁、まったく普通の女性に見えるスラは三三頁、胸に番号をつけた労働ロボットのプリムスは一八五頁。訳者「あとがき」によれば、同書掲載の写真はプラハでの初演時のもの。

＊3　井上晴樹『日本ロボット創世記１９２０〜１９３８』ＮＴＴ出版、一九九三年、二五一―三二頁。同書は日本におけるロボットや人造人間などの表象を落語、文芸、漫画、科学誌など多様な媒体に博捜している。同書から漏れた日本映画との関係を調べた藤元論文は、村山知義に関しては痕跡だけにとどまっているが、築地小劇場の地方巡業の記事を探索し、また当時の朝鮮におけるチャペック紹介にふれている。藤元直樹「日本ロボット映画創世記　村山知義、そして築地小劇場」、『映画論叢』28号、二〇一一年。なお、築地小劇場における『ロボット』公演に関しては、以下の詳細な論文がある。ペトル・ホリー「チャペック兄弟と築地小劇場」、https://www.academia.edu/42468078/ 二〇一七年。同氏には「カレル・チャペックは反戦を貫いた人気作家」というエッセーもある。『幕があがる』vol. 47. Winter, 2018, Matsumoto Performing Arts Centre

＊4 堀野正雄「劇場内における小型映画運動」、『新興芸術』一九三〇年、二・三月合併号。牧野守監修復刻版『日本モダニズムの興隆③新興芸術』第5号〜第8号、一九九〇年、ゆまに書房、三三頁。
＊5 井上晴樹、前掲書、六一一六頁。
＊6 カレル・チャペック『山椒魚戦争』栗栖継訳、岩波文庫、一九七八年。結末近くでは、ドイツの山椒魚たちが「優秀山椒魚」として抜きん出る。ナチズムを痛烈に批判する書となっているだけでなく、人間文明の失敗を諷刺・告発する。
＊7 ヨゼフ・チャペック『人造人間　ヨゼフ・チャペック　エッセイ集』飯島周編訳、平凡社、二〇〇〇年。カレル・チャペック諸作品について、また人柄について楽しく読ませてくれる随筆集に、千野栄一『ポケットのなかのチャペック』晶文社、一九七五年。
＊8 村山知義『人間機械』春陽堂、一九二六年。同書に収められた短編小説に関しては、岩本憲児「八面六臂の芸術家——またの名、小説家・村山知義」、同編『村山知義　劇的尖端』参照。森話社、二〇一二年、一三頁。
＊9 Internet Archives, Amazing Stories
＊10 野田昌宏『図説ロボット　野田SFコレクション』河出書房新社、二〇〇〇年、七頁。また、以下の図鑑には一九五〇年代を中心に、日本の玩具ロボット多数が収められている。『ロボット図鑑 Tin Toy Robots』山下純弘（文）・佐藤隆俊（写真）、グリーンアロー出版社、一九九五年。雑誌には『ロボット』サンケイ出版、一九八二年、ほかがある。
＊11 テア・フォン・ハルボウ『メトロポリス』前川道介訳、創元推理文庫、一九八八年、七七頁。
＊12 この映画は復元版（完全版ではない）DVDが出ており、これが現在のところ最も信頼できるヴァージョンであろう。映画製作の背景については小松弘の、女優ヘルムの経歴については大塚真琴の詳細な解説あり。紀国屋書店、二〇〇三年。
＊13 カレル・チャペック『絶対製造工場』飯島周訳、平凡社ライブラリー、二〇一〇年、四五頁および一三〇頁。

＊14 『地球の静止する日』（モノクロ）、原題はThe Day the Earth Stood Still。のちに日本のテレビ放映時に『SF地球最後の日』と題されたので、別のアメリカSF映画『地球最後の日』（公開時は『地球最后の日』、When Worlds Collide）と混同しないよう注意が必要。後者はルドルフ・マテ監督のカラー映画。『地球の静止する日』には、キアヌ・リーヴス主演のリメイク版（『地球が静止する日』カラー、二〇〇八年）もある。

＊15 翻訳は三種刊行されている。小尾芙佐訳『われはロボット』早川書房、決定版二〇〇四年。伊藤哲訳『わたしはロボット』創元推理文庫、一九七六年。小田麻紀訳『アイ・ロボット』角川書店、二〇〇四年。

＊16 『鉄腕アトム』は一九五二年四月―六八年三月、『少年』（光文社）に連載。その前身は『アトム大使』、『少年』連載、一九五一年四月―五二年三月。ただし、物語は当時から半世紀後のアトム誕生という設定なので、のちに「アトム誕生日」が二〇〇三年四月三日に認定された。

＊17 『鉄腕アトム』へオマージュを捧げつつ、浦沢直樹はマンガ『PLUTO（プルートゥ）』で、人間の感情に限りなく接近していくロボットの問題と、人間至上主義者たち、反ロボット団体の憎悪を深く描いた。『ビッグコミックオリジナル』に二〇〇三年から二〇〇九年まで連載、のち小学館『ビッグコミックス』で単行本化された。

＊18 カレル・チャペック『山椒魚戦争』邦訳、三五四―三五五頁。哲学者による『人類の没落』は、実在の哲学者シュペングラーの『西洋の没落』を模したチャペックの創作。結末のさらに文末近くでは、陸地を浸食して多くの国を水没させ、地球上を支配する単一民族、山椒魚の長が実は人間であり、名前こそ表には出ていないが「ヒトラー」であることが暗示される。チャペックはナチス・ドイツがチェコスロヴァキア解体を策動する年に死去、翌年にドイツはチェコスロヴァキアへ侵攻、占領した。

★私（岩本）は、チャペックの戯曲『ロボット』について注1に記した千野訳を典拠にして、登場人物名の表記もそれに従った。その後、二つの別の訳と解説があることを知った。それぞれ私とは異なる視点から戯曲の意義を論じており、教えられたことも多いので左に挙げておく。

大久保ゆう訳（青空文庫版）、『RUR──ロッサム世界ロボット製作所』、訳者あとがき、二〇〇三－二〇〇六年。

阿部賢一訳（中公文庫）解説「『ロボット』あるいは世界文学のつくりかた」、二〇二〇年。

★なお、チャペックに似た発想──「化学的に」製造された人造人間──はすでに日本の空想小説『千万無量　星世界旅行』貫名駿一著、一八八二年）にあったという。長山靖生『日本SF精神史　幕末・明治から戦後まで』河出ブックス、二〇〇九年。『星世界旅行』原典に当たってみると、貫名は「人造人間」とは名づけていない。

ロボットと空気人形——美術・文学・演劇・映画の連環

これはロボットと人形をめぐる、美術・文学・演劇・映画の連環についての随想である。いまロボットは私たちの生活の中へ入りはじめた。周知のとおり、産業・工場・医療現場の中へはすでにだいぶ前から浸透している。そして現在、ロボットたちは一般家庭向けのペット（愛玩用）やパートナー（partner 相棒や仲間）、あるいは老人・病人の介護や補助役として増えはじめている。周知のように、「ロボット」という名称が生まれて一般に知られるようになるのは、演劇の戯曲とその舞台化によってである。そのときのロボット・イメージ、その外見は人間とほぼ同じだった。人間とほぼ同じかたち、すなわち〈ヒトガタ（人型）〉（英語では「ヒューマノイド humanoid」）が動く仕掛けは古来の「自動人形」の系譜上にあり、映画の中にも、無声映画時代から〈人型ロボット〉が登場している。最も有名な例は『メトロポリス』（一九二七）の中の女性マリアだろう。SF映画の世界は別にして、近年ではもっと身近な物語、等身大の劇映画の中に〈人型ロボット〉が登場するようになった。そのいくつかの例を論じるまえに、私が出合った「ロボットと美術」[*1]という珍しい展覧会のことから始めよう(図18)。

1……ロボットのさまざまな顔

その美術館の会場で展示されたものは美術の枠を超える大きな広がりを見せており、ロボット以前の古代伝説の時代における自動装置や近世の自動人形、そしてロボット以後の現代まで、文学、演劇、映画、漫画、もちろんアトム、テレビアニメ、その人気キャラクターたちの原画やデッサン、ミニアチュアから大型モデル、四谷シモン、はては音楽、ファッション、科学、産業、医学、オタク文化におけるヒトガタ等々、すこぶる盛りだくさん。これら多様な領域の多彩なロボットたち、展示会場の説明にある「ヒトガタ」としか呼びようのないアンドロイドの群れは賑やかで壮観、しかもひっそりと立ち並んでいた。

ロボットと呼べば、これまで一般には男の子を中心に、科学的玩具やSF的想像世界の中で興味を引き起こしてきたものであろうし、人形と呼べば女の子を中心に、家庭的遊戯と夢想的世界の中で関心を引いてきたものであろうが、いまはジェンダー論議が浸透していく時代、男女の嗜好の差は縮む一方だろうし、人形に魅惑された男性たちも少なからずいる。数々の名エッセーを遺した澁澤龍彥や種村季弘もその例だろう。ロボットならぬ人形の起源を古代の遺品や埋葬物の動物・ヒトガタまで遡っていけば、呪術や豊饒の願いや病気平癒の祈りなど、そこにこめられた信仰、神の形代《かたしろ》のアウラが造形物から立ち現れてくる。ただし展覧会では、民俗・宗教・生活史における形代・人形（ヒトガタ）はほぼ除外され、からくりや機械仕掛けの人形、その二次元的表現やヴァーチャルな表象が焦点化されていた。

とりわけ展示の中心は、カレル・チャペックの戯曲『R.U.R.』が「ロボット」を生み出した一九二〇年代以降に置かれていたが、ロボットにはいつも二つの影がつきまとう。一つは産業社会における自動機械・自動運動の進展が投げかける、実用的な光。もう一つは、ヒトガタ・ロボットが人間に近づくほど人間に不安や危惧をもたらす、暗い影。チャペックのロボットは人間と同じような生物体・有機体だから、機械型ロボットとは異なるのだが、ロボットなる言葉が流通して普遍化したため、むしろ機械型ロボットを含めて広く使われるようになった。原作戯曲におけるロボット反乱の結末も、人間を滅ぼす精巧なヒトガタ・ロボットとして不気味なイメージを後世に残したが、原作では、心を持ってしまったロボットの男女に思慕が芽生え、新しいアダムとイヴとして再生するであろう暗示または願いで終わっている。兄のヨゼフ・

図18 「ロボットと美術」チラシ 2010

チャペックも不完全な人間、欠陥だらけの人間をみずからのエッセー『人造人間』（一九二四年）で述べているので、第一次世界大戦を経験した二人の兄弟には、災厄をもたらす不完全な人間（戦争の災厄は人間の身体にも〈破損と欠陥〉をもたらす）よりも、人造人間の未来、新人類の未来へ希望を託す気持ちがあったのかもしれない。兄弟ともに身体上の理由から出征はしなかったようだが、皮肉にも、〈超人〉の出現を説くニーチェのドイツから、ヒトラーが登場してチェコを侵略した。カレルはその直前に他界し、ヨゼフは強制収容所で亡くなった。

美術との関連では会場入り口近くに、キュビスムの立方体の身体や空間表現、イタリア未来派の機械賛美と運動態彫刻などがあり、ロシア構成主義、そのテキスタイル・デザインの機械文様などが展示されていた。ベルギー出身の未知の画家、トゥール・ドナの円錐形人体とおぼしき『ダンス』を眺めていたら、フェルナン・レジェの絵を思い出し、そういえばこの会場には映画『バレエ・メカニック』（一九二四）はあるのだろうかと探したが、見当たらなかった。『バレエ・メカニック』は映像自体の舞踊化ではあるが、その題名から想起されるのはまさに〈踊る自動人形〉のイメージであり、それは十八世紀のヴォーカンソンの伝説的自動人形からホフマンの『砂男』の人形オリンピアへ、バレエの『コッペリア』と『ペトルーシカ』やオペラの『ホフマン物語』へ、あるいはイタリア未来派の機械芸術、とりわけデペロの造形的複合体や〈バレリーナの機械化〉〈自動人形〉（いずれも一九一七年頃）、イーヴォ・パンナッジのロボット風衣装デザイン（一九二二）、バウハウスにおけるオスカー・シュレンマーの「三つ組バレエ」、そして展示会場の出口近くにあったポップでキュートな美少女「初音ミク」、そのヴァーチャルな歌い踊る人形へと通じている。ヴォーカンソンの究極のねらいは、内臓も血管も限りなく人間に近い人形の創造だったが、ヴァーチャルな「初音ミク」は描かれた人形、二次元上のアニメーションにしか存在しない。もっとも、最近のニュースでは触覚を感じさせる立体映像が開発中とあり、それは手術などの医療現場で大事な役割を果たすと期待されている。そう遠くない日に、手で触れることのできるヴァーチャル人形が誕生するだろう。

2……物体四肢の誘惑

機械仕掛けの人形やロボットに対して、美しきマネキンのような東郷青児の絵画「婦人像」。彼に『義手義足空気人形』という文章があることを展覧会のカタログで知り、帰京後、その掲載誌『新潮』を探してみた。この号には小特集ともいうべき〈人造人間幻想〉が組まれていて、川端康成、新居格《にいいたる》の次に東郷青児、そのあとに村山知義、北村喜八が続き、独立して中賀三郎と、興味をそそる書き手たちが並んでいる。川端の『人造人間讃』では、詩人である「私」が知り合いの若き女性をドイツ映画『妖花アラウネ』（一九二七）のアラウネのごとき「人工妊娠によって生れた娘ではなかろうか」と疑いつつ、人造人間時代の是非について会話をする短編だが、結末は尻切れトンボ。かたや新居格の『クリスタリンの人生観』は「水晶の如し」という意味合いから著者が名付けた「端麗、明晰、皓歯」の女性人造人間である。「波長によって感受し、精確な数学的計算に於いて行動する」と、クリスタリンの姿態・性格・行動が記述されていく。一方、東郷青児は「私は『メトロポリス』の中に出て来る金属製の偶像を熱愛したり、義手義足義眼義毛等に一種の興奮を感ずる人間だ」と告白し、パリで出合った義足の美女を回想、そこからフェティシズム（呪物崇拝）の魅惑へと移っていく。

……それが如何にも生きた人間の一部分を如実に模倣してあると云う点よりも、まるで要素と質を異にした「物体」が、それを使用する人間の意志に全く統治されないで冷やかに連続しているその異様な関係に一種の誘惑を感ずるらしいのと、我々の四肢にはおよそ似ても似つかぬしらじらしいマチエール〔matière 造形作品の表面〕の冷たさが不思議な情感を私に起させるのではないかと思う[*2]。

この文章を読みながら、谷崎潤一郎の『富美子《ふみこ》の足』や、ブニュエルの映画に頻出する義足や女性の脚やらが脳裏に浮かんだが、東郷青児は、ある船長が人造婦人を伴って長い航海に出た話にふれていく。これはスウェーデンの女王クリスティーナに招かれた哲学者デカルトが、亡き娘そっくりの人形を伴っていく船旅の逸話、あるいはヴォーカンソンの自動人形のその後の逸話を思い浮かばせる。だが、東郷青児の語る人造人間はゴム製で等身大、裸体の空気人形である。当然、ダッチワイフならぬ、いま風にいえば〈ラブドール〉、実態は〈セックス・ドール〉と同様の人形であったのだろう。東郷青児は、この種のものは、「その要求が人間の本能に絡んだ根強い所にあるから、単なる茶気やいたづら気以上に、作る人間も使用する人間も不思議な熱情が其処に湧くに違いない」と、この種の人形へも共感していきそうな口ぶりである。

3……空気人形

ともあれ、「空気人形」という言葉から映画の『空気人形』（是枝裕和監督、二〇〇九）を連想した私は、体内が機械や装置で充填された（と想定される）ロボットやヒトガタの立ち並ぶ会場を散策しながら、体内が空っぽである空気人形のことをしきりに考えていた（図19）。

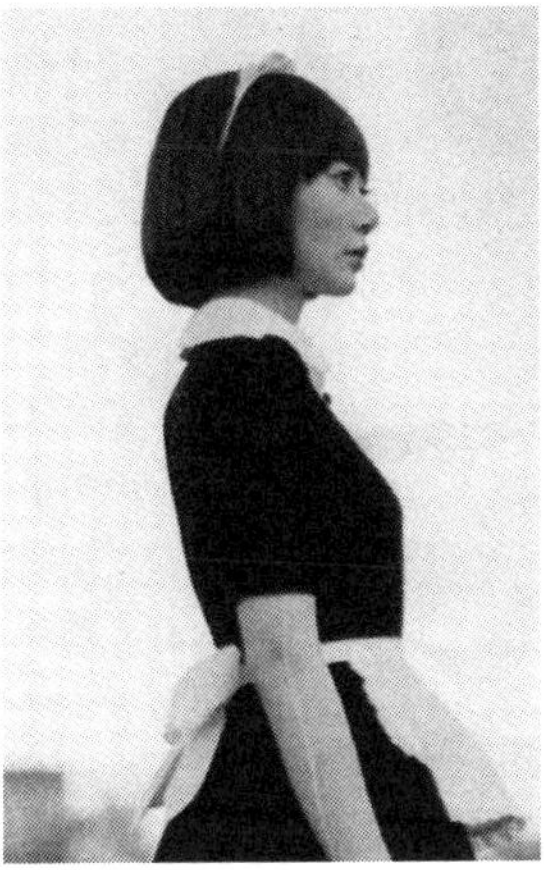
図19　『空気人形』2009（DVDジャケットより、部分）

原作の〈空気人形〉は業田良家による漫画『ゴーダ哲学堂　空気人形』に収められた短い一編。[*3] この短編自体、心を持った空気人形＝若い女の切なさを詩情漂わせて描く佳作であるが、映画は登場人物を増やし、シナリオを練り上げて物語をかなり膨らませながら、美術や撮影の美しさとともに独自の作品に仕上げている。心を持ってしまった、性欲処理の代用品。自分を買った男が仕事に出かけたあと、窓辺に裸で立つ空気人形は物干し竿からしたたり落ちる水滴を指先でそっと受け止め、その感触を味わう。ぎごちなく、しかしみずからの意志で外へと一歩を踏み出す自由への探索。少しずつ言葉や界隈を知っていくその珍しさと嬉しさ。レンタルビデオ店で働きながら、感情を獲得しつつ生きていく発見と楽しさ。他方で、代用品であること、空気人形であること、体内が空っぽであることへの悲しみ。ビデオ店で、ゴム製皮膚をひっかけた空気人形はみるみる空気が抜けてしぼんでいき、店で働く青年がとっさに穴をふさいで、おへそあたりの空気穴から息を吹き込み、人形を蘇生させる。このシーンは原作漫画にもあって、エロティックであると同時に人形でしかない空気人形の女性=人間的な恥じらいが描かれている秀逸な場面である。映画ではそのなまめかしさと恥じらいがいっそう強く出るのは、女優ペ・ドゥナの身体と、青年の吹き込む息で膨らんでいくゴム製皮膚との合成が、かつて東郷青児が「作る人間も使用する人間も不思議な熱情が其処に湧くに違いない」と言った感慨を思い出させ、それを傍らで見てしまった私たち観客にも「不思議な熱情」というか、なんだか息をともに吹き込んだ「蘇生作用の一体化」ともいうべき感情をもたらすからだろう。

ここで「息を吹き込む」といえば、欧米語に共通の〈アニマ〉(anima)から、アニミズム(animism)やアニメーションという親類語を連想するだろう。「息を吹き込まれる」ことで、ものに生命が宿りはじめるように、空気人形は青年に息を吹き込まれたことで、青年への恋心を自覚する。これまでの人形創造伝説では、ピュグマリオン(Pygmaliōn)に代表されるように、人形(または彫像)の作り手である男性がみずからの創造物に恋をする例がほとんどだった。映画の空気人形は人間の男性に恋を覚えつつ、自分が空っぽであることを恥じている、少なくとも寂しく思っている。空っぽの空気は、機械の代わりに、透明の感情と魂《アニマ》に満ちているかもしれないのに。アニマはユングの心理学では「男性の中で抑圧された女性的なもの」を指すというから、青年が女性人形に吹き込んだ空気は自分が解き放った女性的な魂《アニマ》かもしれず、蘇生した人形はその逆を青年に行おうとすると、青年に空気は送れず、青年は息絶えてしまう。人形がベンチで隣り合った老人（人間）はぽつりと、「私もからっぽ、周りの人間たちもからっぽ」と言う。『ゴーダ哲学堂　空気人形』に収録されたいくつもの短編はそれぞれ独立しており、仮面人間やロボット人間と化した生活者たちをときにグロテスクに、ときに切なく描いていて、社会風刺的・文明批判的性格を持つ現代寓話集でもある。映画『空気人形』では、人形のみならず人間たちも「空っぽ」であり、その哀しみは原作とも通底していて、観客である私たちの寂しさを誘い出す（図20）。

図20『ゴーダ哲学堂　空気人形』56頁、小学館、2000

　さらに連想を続けると、はかなくも切ない空気人形の物語に比べて、韓国のクァク・ジェヨン監督（Kwak Jae-Yong、郭在容）による映画『僕の彼女はサイボーグ』（二〇〇八）は、気弱な青年（小出恵介）と、未来からやってきて彼を鼓舞するアンドロイド型少女

(綾瀬はるか)。この少女は一旦ことあれば、鉄腕アトムのような強さを発揮する。男性よりも強く暴力的なヒロインは、同じ監督の韓国映画『猟奇的な彼女』(二〇〇一)にも登場しているが、『僕の彼女はサイボーグ』は日本人の男女俳優を主演させた日本映画であり、ここでも男女の力関係——まさしく〈力、身体的パワー〉——は逆転している。ジェンダー論議ならぬナショナリズム論議、あるいはかつての植民地映画論議に入ることは控えるが、是枝監督が映画『空気人形』のセックス・ドール役に韓国人女優を使ったのは、なぜだろうか。

4……超人形とロボット

映画『空気人形』では、心を持った人形がまさに心うきうきと、室内で浮かぶシーンがある。風船のように、ふんわりと浮いたり沈んだり。これはドイツの劇作家ハインリッヒ・フォン・クライストが『マリオネット劇場について』(一八一〇年)で述べた、重力から自由な人形の動きでもあり、梁木靖弘が「演劇と人形」論の中で「主人公のあずかり知らぬ重心の移動が、クライストにとっての魂なのである。それは人形の動きに等しい」というとき、[*4]映画の空気人形は「あずかり知らぬ重心の移動」ではない、「みずからの意志にもとづく重心の移動」を楽しむのである。ぎごちない動作、ぎごちない会話、まっすぐ見つめる目、これらはかつての自動人形、近年までのロボットの分節化された動きのイメージではあるが、ロボットと異なり、空気人形の軽やかさはそのぎごちなさを優雅さへと変えていく。ペ・ドゥナ（裴斗娜）の表情、演技、身体は、まさに人形ぶりの優雅さをも合わせ持ち、クライストが言った「神か人形しか持てない優雅さ」へ昇ろうとする。

クライストの人形劇論は、一世紀を経たイギリスのゴードン・クレイグの「超人形は人生と張合うのでなく、むしろ人生を越えていく」[5]にも遠いこだまを聞くことになる。現実模倣の演技を繰り返す俳優にあきたらず、むしろ人形にこそと、逆説的演技論を唱えたクレイグの理解されざる理想は、さらに時代はくだって現代フランスのアリアーヌ・ムヌーシュキン率いる太陽劇団、その『堤防の上の鼓手』[6]に姿を変えて実現した。ここに登場する俳優たちはすべて人形ぶりであり、日本をはじめアジアの伝統芸能に見る人形群像がモデル化され、人間＝人形、または人形＝人間と化して「俳優」たちは人形の中に消えていた（図21）。人間は人形に憧れ、人形は人間に憧れる。もっとも、人形は人間以上に優雅にもなるが、人間と同じように滑稽にもグロテスクにも残酷にもなりうる。

図21　『堤防の上の鼓手』2001

展覧会に戻ろう。絵画の中のロボットはいざしらず、三次元的な造形物としてのロボットの数々、産業用や医学用でない想像上のロボットたち、アニメの中の機械人間たちは、立ち並ぶ姿が壮観ではあっても、どこか寂しく林立するのは、彼らの体内が実は空っぽであることを私たちが知っているからだろう。体内の機械をさらけ出す二例でも、たとえば四谷シモンの上半身だけの人形『機械仕掛けの少女』（一九八三）には、木製の身体という日本の伝統的からくり人形の持つ有機的外観、内部機械と金髪少女の妖しい美しさがあるにしても、また、お腹の機械を見せたまま眠る荒木博志の『Astroboy』（一九九三）には、その超人的活躍でなじみのロボット少年、鉄腕アトムのイノセントで華奢な身体があるにしても、彼らは体内を露出しているがゆえにいっそう寂しく見える。種村季弘は人形の魅惑の一つを、いつか壊れゆく背後の虚無、「滅びの予感」に見た。[*7]『空気人形』は原作も映画も、はじめからその予感を漂わせながら、ラストシーンへとたどり着く。

5……ロボットと人間の共演

二〇一〇年、劇団〈青年団〉の平田オリザが〈人間とロボットが共演する演劇〉を演出・上演した。そこに登場するアンドロイドは大阪大学・石黒浩教授の製作で、のちにこの演劇――約一五分の短い上演――は二部構成（約三〇分）となり、さらにチェーホフの『三人姉妹』やカフカの『変身』ほかの新たなアンドロイド演劇版をレパートリーに加えて、日本国内のみならず海外でも反復上演され続けて現在に至っている。

ここで近年の日本映画の中のロボットの表象に眼を移してみよう。深田晃司監督による『さようなら』（二〇一五）は平田オリザの〈アンドロイド演劇〉の初演版から出発した映画であり、映画版では一一二分へと時間が引き延ばされた。ただし、舞台版『さようなら』の中心主題である〈死期を待つ女性、その女性に詩を朗読し対話する女性アンドロイド〉は映画版でも変わらず、映画では周辺人物の追加や、日本における原子力発電所事故の悲劇が暗示的に背景に置かれた。脚本も監督自身が書いているので、時間を長くするため、細部の膨らみはすべて監督が付加したものと考えてよいだろう。その膨らみの部分——人物・物語・背景・撮影の時間等々——に深田晃司の意図や思想がかいま見える。その一つは監督が人物や背景に社会的論題を散りばめたことにある。つまり、日本に起こった制御不能の原発災害と故郷喪失の問題。海外への避難民としての日本民族、避難先を割り当てられ順番を待つ人々。主人公の白人女性ターニャ（ブライアリー・ロングが演ずる）は南アフリカのアパルトヘイト（人種隔離政策）撤廃後に日本へ来た難民である。映画では人種差別の錯綜する問題が暗示されるが、巷の混乱や悲劇を具体的には一切見せず、高原の別荘に一人残ったターニャと彼女に仕える女性型アンドロイドにカメラの眼を集中させる。ゆっくりと時間が過ぎ、家の外では枯れ草が風にそよぎ、秋のような弱い光があるだけ。病に侵され、恋人（韓国籍の日本人という設定）にも去られたターニャは窓辺のベッドに弱弱しく横たわる。窓から薄いカーテンを揺らして通ってくる風を受けながら、

図22『さようなら』2015（左がアンドロイド）（パンフレットより）

彼女はときおりアンドロイドのレオナ（ジェミノイドF）と会話を交わす。彼女が一人住む別荘と高原の終末感、はるか遠くにあるおぼろな下界の終末感、そして日本の、あるいは世界の終末感。映画終幕部分の衝撃と意味をいまここで論じていいのかどうか、まだ映画を見ていないであろう多くの読者に対して、私は意見を控えておこう（図22）。

『さようなら』には厭世的な諦観と悲観主義的な寂寥感が漂い、キリスト教や仏教にある宗教上の終末観、末世観も感じられるので、私はアンドレイ・タルコフスキーの傑作『ノスタルジア』（一九八三）を思い浮かべた。『ノスタルジア』で、主人公のロシアの詩人はイタリアを旅しながら、もはや故国へ帰れないのではないかという漠たる不安と寂寥感を抱いている。彼には故国へ置いてきた家族の風景、あるいは自己の少年時代の家庭の情景がときおり幻想のように見えてくる。『さようなら』でも、すでに一度は故郷を喪失しているターニャ、彼女は不治の病で死期を静かに待っている。これから故郷離脱者となる日本人（および在日外国人）。放射能汚染がまもなく広がるであろう日本。アンドロイドはターニャを慰める詩の朗読をする。ただし、アンドロイドのレオナは原語で詩を朗読できるので、『ノスタルジア』で議論される「詩や文芸は翻訳不可能である」の問題は起こらない。

『さようなら』におけるアンドロイドの姿は演劇の舞台よりも実体感が弱くなる。なぜなら、スクリーン前の観客にとって、「実体のある真正のアンドロイド」か、「CGほか映画技術が創造した仮想のアンドロイドか」か、知るよしもなく、またそれを分別する必要もないからである。映画版『さようなら』のアンドロイドは「旧式の歩けない人型ロボット」と設定されている。舞台ではそれでよいだろう。しかし、映画では「歩行可能で、表情も豊かなロボット」はいくらでも創造できる。ともあれ、映画『さようなら』のアンドロイドは、人間の感情を学習しながら主人ターニャを介護しつつ、主人亡きあと、「みずからの感情を持つことができるのかどうか、自律する心」の可能性を観客である私たちへ問いかけてくる。演劇版であれ映画版であれ、アンドロイドの姿と表情が寂しく悲しげであるのは、主人である人間の〈短い生〉への反応ゆえだろうか。寂しく悲しげなロボットたちは、スパイク・ジョーンズ監督の短編映画『アイム・ヒヤー』I'M HERE（二〇一〇）にも登場している。[*8] 美術展に並んでいた空っぽのロボットたち、『空気人形』の空っぽな女性人形……私たちはなぜ寂しい〈ひとがた〉に惹かれるのだろうか。種村季弘が人形に見た「いつか壊れゆく背後の虚無、滅びの予感」、これは人形やロボットだけでなく、短い生を送る私たち人間も、その寂しさを共有するからだろう。『ひそひそ星』（園子温監督、二〇一五）では、アンドロイドが宇宙の多数派で、人類は度重なる事故や災害によって滅びゆく少数派である。

最後に、ユーモラスな映画三作にふれておこう。その一つは日本映画の『ロボジー』（ROBO-G、矢口史靖監督、二〇一二）。電気メーカーの技術者三人が社長からロボット製作を命じられ、期限の日まで間に合わず、窮余の一策、バイト募集に応じた老人（五十嵐信次郎、別名ミッキー・カーチスが扮した）をロボットに仕立てたコメディ。およそテクノロジー生活とは縁遠い、孤独な老人のとぼけた味わいがロボットと一体化して、この偽ロボットは珍騒動を巻き起こし、ときに爆笑と親近感を観客に呼び起こす。もちろん、このロボットは外側だけだから、本当はやはり空っぽの人形だ。

もう一つはアメリカ映画『素敵な相棒　フランクじいさんとロボットヘルパー』（原題＝Robot & Frank、二〇一二）。日本語題名からだと、老人と介護ロボットのほのぼの物語を予想させるが、この老人フランク（フランク・ランジェラ）がなかなかの曲者である。一人住まいの偏屈者、若いときは窃盗犯、妻とも三十年前に離婚、いまだに窃盗癖がやまず、離れて暮らす息子や娘たちの心配と干渉を嫌がり、息子が送り込んだ介護ロボットをうるさがる。このロボットはかつてホンダが市販したアシモに似た小型ロボットで、宇宙服を着たパイロットにも似ており、フランクじいさんから「宇宙ボーイ」とからかわれたりする。このロボット（たぶん子供か、身体の小さな人が中に入って演技してる？）はきまじめで健康志向――むろん息子がそのように指示、プログラミングしているので、ずぼらで気ままな生活を好むフランクじいさんはことごとく反発。しかし二人（？）はともに暮らすうち次第に接近、泥棒まで一緒に、という危ない関係にまで至り、その結末は……と、観客を引っ張っていく。ヒトガタ・ロボットと良き友になれるだろうか、これは今後の我らの希望であり、課題でもあるだろう。

そして、インド映画『ジャパンロボット』（原題＝Android Kunjappan Version 5.25、二〇一九）も加えよう。この物語の骨格は前述『素敵な相棒』と似ている。頑固な老父（サウビン・シャーヒル）と心配性の息子、日本企業のロシア支所で働くその息子が送り込むお手伝いロボット（日本会社の試作品という設定）、三者関係がよく似ているからだ。しかし、こちらは全編ほのぼの、濃い人間関係とゆるい村（田舎町？）生活はかつての日本の村にも似て楽しい。しかし、結末はアメリカ映画とは異なり、思いがけない運命がロボットの身に降りかかる。いずれにしろ、素敵な相棒としてのロボットは誰しもが抱く夢かもしれない。いや、もうすぐそこまでやってきているのかも。

＊1　この展覧会の正式名称は「ロボットと美術：機械×身体のビジュアルイメージ」。青森県立美術館（二〇一〇年七月–八月）を皮切りに、計三つの美術館で開催された。
＊2　『新潮』一九二九年九月号。
＊3　小学館、二〇〇〇年。初出は『ビッグコミックオリジナル』一九九八年八月五日号。
＊4　梁木靖弘「演劇と人形：メイエルホリド、ニジンスキー、ホフマン、クライスト、そしてジャリの場合」、『九州大谷研究紀要29』、九州大谷短期大学、二〇〇三年三月、一九一頁。これは副題にあるように、二十世紀演劇における人形の役割と意味を考察した興味深い論考。

＊5　ゴードン・クレイグ「俳優と超人形」（The Actor and the Über-Marionette）、一九〇七年。引用は『世界演劇論事典』評論社、一九七九年、五〇二頁。

＊6　初演はフランス、一九九九年。私が見たのは日本公演、二〇〇一年、東京、新国立劇場。

＊7　種村季弘「人形幻想」、『影法師の誘惑』に収録、冥草舎、一九七四年。

＊8　この短編のあと、スパイク・ジョーンズ監督は長編映画『her／世界でひとつの彼女』（二〇一三）を発表。実人生では女性とうまくいかない主人公男性が、ＡＩの姿なき女性（ＰＣのＯＳ上だけに存在）をパートナーに選び、結局その女性？　にも去られてしまうという物語。

II

イタリア

――幻想と現実

フェリーニ——人と芸術

ローマ郊外にある映画都市チネチッタ。私がそこの撮影所と、フェデリコ・フェリーニの故郷リミニを訪ねたのは一九九三年五月のことだった。その年の秋、チネチッタに君臨して「皇帝」と呼ばれていたフェリーニが亡くなった。映画監督として「皇帝」（カエサル）のあだ名をもらったフェリーニは、ちょうど日本の黒澤明監督が「天皇」と呼ばれたのに似て、映画作りにはその専制的な力を発揮した。晩年は同時代の監督たちから最も尊敬された点でも似ている。ちなみに、一九九二年イギリスの映画雑誌『サイト・アンド・サウンド』が世界各国の監督たちへアンケートをした「監督が選ぶ監督ベストテン」の第一位にフェリーニが選ばれている（図1）。

大男で恰幅がよくなった晩年とは違って、若い頃のフェリーニは長身でやせ型、まだ自信も貫禄もないままに、『白い酋長』（一九五二）で監督としてデビューした。実はこれより前、『寄席の脚光』（五〇）でアルベルト・ラットゥアーダ監督との共同演出があり、これもフェリーニ的要素が大きい——しがない芸人たちの賑やかさとわびしさ・楽天主義と幻滅・成長への模索の旅など。ハネムーンでローマにやってきた新婚夫婦を描く喜劇『白い酋長』も愛すべき小品だが、フェリーニが監督として注目されたのは次の『青春群像』（五三）からである。乳離れしない「子牛たち」（＝のらくらものたち）という原題のこの映画は、フェリーニの故郷リミニをモデルにした地方都市を舞台に、定職を持たず人生が定まらないぐうたら青年たちを描いている。人生の目標が見つからない若者、人生の脇道をうろうろしている人々、眠りから覚めない魂——これはフェリーニ映画の重要な主題の一つである。

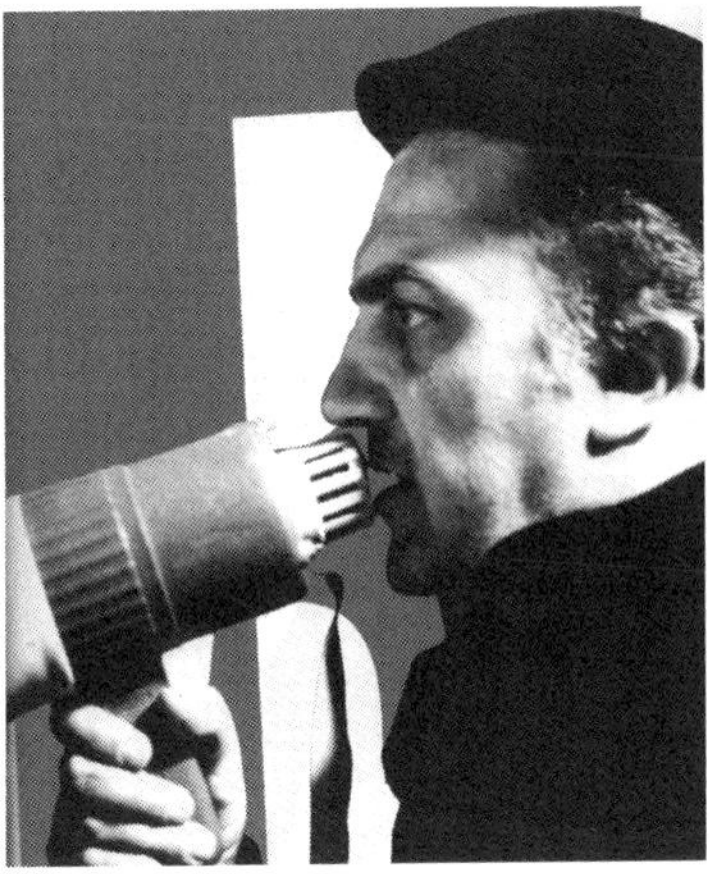

図1　フェリーニ

力わざを見世物とする粗野なザンパノ（アンソニー・クイン）、彼に買われた薄幸の娘ジェルソミーナ（ジュリエッタ・マシーナ）。心を通わすすべを知らない二人の荒涼とした旅。『道』（五四）は、ニーノ・ロータの哀切な主題曲とともに、世界中の観客に深い感銘を与えた。名もなき小石（ジェルソミーナ）の存在の意味を問うこの作品は、カトリック教会からも賞賛されて五〇年代フェリーニの代表作となったが、皮肉にもその後のフェリーニ作品は教会に対して揶揄的、風刺的態度をあらわにしていく。

フェリーニにとって人生は創造物または捏造物であり、想像世界または幻想世界でもある。彼は虚構や嘘、ペテン師や詐欺師たちに魅了される。オムニバス映画『街の恋（巷の恋）』（五三）の中の一編『結婚相談所』のジャーナリスト、『崖』（五五）の僧衣姿の詐欺師、『カビリアの夜』（五七）の女を騙す結婚詐欺師たち。彼らは決して肯定的に描かれているわけではなく、騙される側（女たち）のイノセントぶり、無垢なる凡人とでも呼べる姿に対比された〈悪〉、卑小でみじめで哀れな悪にすぎない。『カビリアの夜』も『道』と並んで世評が高く、アメリカでミュージカル化されている。ブロードウェイの舞台版と七〇ミリ映画版と、ともにボブ・フォッシーによる演出と振付けで、映画版『スイート・チャリティ』（六八）はシャーリー・マクレーンがヒロインを演じた。

フェリーニに対する世間のイメージは、〈凡人や人生の落伍者を愛するヒューマニスト〉にあったと思われる。だが、彼は『甘い生活』（五九）でその世間を驚かせ、激しい賛否両論の渦を巻き起こした。というのも、ヘリコプターに吊り下げられたキリスト像のシーンから始まるこの映画は、ゴシップ記事のライター（マルチェロ・マストロヤンニ）を狂言回しに、現代ローマの上流階級の頽廃、知識階級の無力、宗教界（カトリシズム）の腐敗を批判していると受け取られたからである。だがフェリーニの全作品を通して見ると、彼には思想や哲学からくる社会批判的な眼よりも、直観や感性を通しての風刺感覚、固く強張った世間（制度や建前）へのいたずら心、からかい気分が旺盛であり、それは彼が映画界へ入る前からの特技であった風刺画や戯画的似顔絵（カリカチュア）の精神に近い。主演のマストロヤンニはこの映画で国際的に知名度が上がり、以後のフェリーニ作品でも重要な顔となった。アニタ・エクバーグがトレヴィの噴水に入るシーン、ラストの浜辺に怪魚が打ち上げられるシーンなど忘れがたい映像も多い。また、大きな肉体の女性に示すフェリーニの関心、モザイク状の物語展開などはこれ以降も彼の作品に続いて現れる傾向である。フェリーニ初のカラー映画『誘惑』はオムニバス映画『ボッカチオ'70』（六二）の一話。巨大広告の中の美女アニタ・エクバーグに、謹厳居士が誘惑されてしまうという幻想的風刺喜劇。

『甘い生活』のあと、『8½』（六三）では再び世間を、映画ファンを驚かせ、観客を当惑させてしまった。主人公が映画監督（マストロヤンニ）であるこの映画には、〈監督〉の創作上の迷いと重圧、私生活のストレス、欲望などが夢・幻想・意識の流れを通して自由奔放に表現されている。「映像の魔術師」「幻視者フェリーニ」といった呼び名はこの頃から使われるようになり、彼の作品における幻想性はこれ以降高まっていく。題名はフェリーニの作品数（共作やオムニバスを半分と計算）に由来するという。ボブ・フォッシーの監督と振付けによる『オール・ザット・ジャズ』（七九）は『8½』から刺激を受けた異色作。

次の『魂のジュリエッタ』（六五）では華やかな色彩絵巻を作り上げた。これは妻ジュリエッタを主人公に、裕福かつ平凡な主婦の幻想と夢想をのびやかに描いており、いわば家庭における女性版『8½』である。この頃のフェリーニは精神分析家ユングの無意識論から大きな影響を受けている。幻視といえば、オムニバス『世にも怪奇な物語』（六八）の一話『悪魔の首飾り』は秀作である。アラン・ポーの原作から自由に翻案したホラーで、テレンス・スタンプ扮する死相漂う俳優役と幻覚シーンが絶品だ。

『甘い生活』のデカダンスをさらに深め、グロテスクぶりを強調した古代ローマものが『サテリコン』（六九）である。西洋最古の小説と呼ばれるペトロニウスの原作に基づくが、特に「トリマルキオの饗宴」シーンの頽廃とグロテスクぶりは圧巻だ。フェリーニの造形的想像力と創造力が巨大に膨らんだ作品で、ゲイ・カルチャーや両性混合的要素も含むこの壮大な歴史絵巻は、当時アメリカの一万人が集うロック・コンサート会場で上映されて、ドラッグに酔った若者たちを熱狂させたという。ローマに対するフェリーニの愛着はいよいよ増し、ローマそのものを映画の主人公にして『フェリーニのローマ』（七二）を作り上げた。これはフェリーニの生きてきた時代を背景に、ローマのさまざまな顔をダイナミックにとらえており、これまた想像的ドキュメンタリーともいえる活気あふれる作品である。

フェリーニはサーカスや道化師たちが大好きだった。不思議な芸やいかがわしい芸人たちで一杯のサーカスは、彼をやすやすと非日常の世界へ連れていき、道化師たちは世間の常識やきまりをいとも簡単に転覆させてくれたからである。サーカス的要素もフェリーニ映画のあちこちに姿を見せているが、サーカスと道化師たちを正面からとらえた『フェリーニの道化師』

（七〇）はもともとイタリアのテレビのために作られた作品である。同じくテレビ用の『オーケストラ・リハーサル』（七九）も、演奏家たちはまるで道化師群像だ。しかし、道化師群像は大作『フェリーニのアマルコルド』（七三）に大勢が登場する。原題（「アマルコルド」）が「私は思い出す」を意味するように、フェリーニの自伝的要素が色濃いこの作品は、想像的故郷をモデルに、悪ガキ少年たちと彼らを取り巻く人物たちが道化師のようにおかしく、かつ愛情をこめて描かれている。ユーモア、風刺、叙情、幻想、ノスタルジアが渾然と一体化した作品で詩情にもあふれ、おそらく後期のフェリーニ作品中で最も愛された一本だろう。

映画で見る限り、フェリーニの女性賛美はあっけらかんとしており、大女・巨体・大地母神への驚嘆やユーモラスな信仰すら感じられる。ところが、性の遍歴者カザノヴァを主人公にした『カサノバ』（七六）は彼の資質に合わなかったのか、フェリーニ作品としては珍しく主人公への冷淡な描写に終始しており、冷ややかな映画になってしまった。続く『女の都』（八〇）は女性賛美ならぬ女性恐怖症的側面も大きい〈女たらし〉の映画である。マストロヤンニが女性の大群の中で右往左往する姿は、台頭してきたフェミニズムとやらに右往左往するフェリーニ自身の姿でもあるかのようだ。「オペラ嫌い」を公言するフェリーニがオペラ歌手を登場させて、オペラのような映画に仕立てあげた『そして船は行く』（八三）。『カサノバ』で頂点に達したセット主義や人工の風景は豪華客船を舞台にしたこの映画でも同様で、すべては人工の閉鎖的空間の中に閉じ込められていて、一九一〇年代、第一次世界大戦勃発直前を背景にしていても、夢か幻のごとき映画である。

このあとはフェリーニに創作の衰えが訪れる。晩年のヒッチコックにしてもそうだった。『ジンジャーとフレッド』（八五）『インテルビスタ』（八八）とも、過去の再生産、自己作品の反復といった寂しい印象を与える。詩的イメージに満ちた『ボイス・オブ・ムーン』（九〇）でフェリーニらしさは蘇ったが、これが遺作となった。ちょうどヒッチコックが遺作『ファミリー・プロット』（七六）で束の間の息を吹き返したように。

☆フェリーニ全作品の物語と解説、参考文献などは左記を参照。
岩本憲児編『フェリーニを読む　世界は豊穣な少年の記憶に充ちている』フィルムアート社、一九九四年。全作品を論じた評伝には、ジョン・バクスター『フェリーニ』椋田直子訳、平凡社、一九九六年。川本英明『フェデリコ・フェリーニ　夢と幻想の旅人』鳥影社、二〇〇五年。

フェリーニ没後二十年に、エットレ・スコーラ監督によるドキュメンタリー映画『フェデリコという不思議な存在』（二〇一三）が製作された。

『サテリコン』と『サテュリコン』

『サテリコン』(一九六九)の一つ前のフェリーニ作品に『悪魔の首飾り』(六八)という短編がある。この映画は異色の俳優テレンス・スタンプが、死へと誘われる映画だ。フェリーニ作品にはお祭り騒ぎの賑やかさや、祭りのあとの静けさが描かれる場合が多く、『悪魔の首飾り』のように全編にペシミズム、あるいは死への予感と誘惑が漂っているのは珍しい。もっとも、テレンス・スタンプが向かう授賞式は奇妙なお祭り騒ぎである。

フェリーニが体調を崩して(腸チフスだったか?)、一時入院したのは一九六七年。このときの体験は「リミニ、わが故郷」*1の中に述べられているように、どうもフェリーニ自身、死を考えたのかもしれない。『悪魔の首飾り』のあとの『サテリコン』でも、絶えず性(=生)を前面に出しながら、背後には冷たい死の予感、少なくとも流れゆく生のむなしさのような感覚が漂っている。

図2 『サテリコン』1969

邦題『サテリコン』の原作『サテュリコン』[*2]は、フェリーニが若い頃から親しんでいた小説である。現在、これは完全なかたちで残っていないにしても、ヨーロッパで最も古い小説ということになっている。古代ローマの文学という〈古典〉ではあるものの、古典に要求される〈真善美〉、あるいは典雅・雄渾・簡潔・格調・均整とはまったく異なる、猥雑・卑猥・辛辣・韜晦《とうかい》といった語り口を持っており、いま読んでみるとまるで現代小説のような趣を与える。とりわけ、性の放縦とも映る男女間のやりとり、あるいは男同士のやりとり、あるいは主要人物たちの両性具有的あり方は、性の境界が定かでなくなりつつあるいま、性を主題にする現代作家によって書かれた物語のようにも見えてくる。そして飽食時代の日本には、グロデスクとデカダンスが漂う「トリマルキオの饗宴」シーンはぴったりであり、これは映画の中でもこってりと描き出されている(図2)。

原作者とされるガイウス・ペトロニウスはあの〈暴君ネロ〉の最晩年に仕えた詩人であり、「趣味(洗練美)の判定者」という呼称をもらっていた。『サテュリコン』を書いたのが西暦六五年頃、そのペトロニウスもネロの奸臣の中傷により自殺に追いやられ(六六年)、ネロ自身も反旗に囲まれて自害する(六八年)。ネロは治世の初期にはセネカからの影響もあって善政を行ったことがある。成金になった解放奴隷が横行していた時期でもあった。ペトロニウスはこうした時代に、趣味と遊興の詩人としてネロのお気に入りになったのだろう。ネロも自称芸術家(詩人・竪琴奏者)、運動家(戦車競走の御者)として趣味の世界に埋没していった。現在の歴史発掘によれば、ネロはむしろすぐれた統治者、みごとな都市建築の立案者だったらしい。

映画界に入る前の若きフェリーニは、カリカチュアやユーモアを特徴とした文章や絵を書いていたので、風刺文学の古典、かつきわめて現代的な『サテュリコン』の原作に早くから親しんでいたことは驚くにあたらない。おそらく映画化に至るまでの二十数年間は、小説『サテュリコン』の世界が絶えずフェリーニの脳裏を横切っていたことだろう。『サテュリコン』の主な舞台はローマであり、このローマこそ、フェリーニの第一作『白い酋長』(五二)で若い夫婦が新婚旅行にやってくる都市、第二作『青春群像』(五三)で、若きモラルドが故郷を出て向かう都市、そしてあの『甘い生活』(五九)で、記者のマルチェロが頽廃と混迷の中にさまよう都市でもあった。そして映画『サテリコン』のあとでも、『フェリーニのローマ』(七二)で、フェリーニがまるごととらえようとした都市なのである。

古代ローマを舞台にしているとはいえ、フェリーニが歴史劇を意図しなかったことは明らかだ。もともと残された原作自体が奔放なピカレスク、悪漢小説型の冒険譚であり、小市民的日常から逸脱した登場人物たちで一杯だ。ときには神話や呪術的世界との境界も曖昧だ。フェリーニの『サテリコン』は、古代ローマの〈甘い生活〉であり、映画化されないままに終わった〈都会のモラルド〉が、古代都市の闇にさまよう映画でもある。その都市はむろん、文明の一つの頂点を築きながら、内部から腐敗していく都市、頽廃とグロテスク、飽食と性的放縦の中で自己を埋没させていく都市である。人間臭さを放ちながら、この映画が主人公の青年たちに肩入れするわけでもなく、どの人物にも心情的に傾倒を見せないのは、フェリーニが古代ローマの伝奇的絵巻にみずからは距離を置いていたからだろう。

フェリーニ自身は、古代ローマの小説から題材を取ったことで、歴史に縛られず、自由に想像力をめぐらせることができたと言っているように、映画『サテリコン』はフェリーニが紡ぎ出した過去のピカレスクへの夢想、その壮大なモザイク画またはフレスコ画による定着である。ラストシーンで、朽ち果てた廃墟に残る瓦礫と壁画は、まさに夢想の跡のはかない名残りだろう。フェリーニはあからさまに時代を批判したり、風刺したりすることは少ない監督だが、神父に化けたペテン師（『崖』）、ヘリコプターに吊り下げられたキリスト像（『甘い生活』）、僧服のファッション・ショー（『フェリーニのローマ』）等々、教会の権威制度へは反発ないし、からかいを見せている。『サテリコン』はまだキリスト教信者が異端者であった時代、ネロ治世下に弾圧を受けていた時代の物語でもあり、逆に、キリスト教が体制内に取り込まれ強化されたあとの時代から見ると、キリスト教側からの〈異端〉、神話や呪術、民間信仰や迷信に満ちている物語でもある。

『芸術家フェリーニ』[*3]（一九七六年、未邦訳）を著したエドワード・マレイは、『サテリコン』がキリスト教時代以前のローマ＝世界を、『甘い生活』がポスト・キリスト教時代のローマ（世界）を描き、いずれも〈神なき時代〉の人間たちを登場させたと述べている。なるほどそこには、キリスト教の建前の倫理観とは相容れない残酷と頽廃、グロテスクと放縦、混乱と無秩序があり、マレイが批判する「人間の顔を持たない顔の風景」がカメラの前を通過していく。人物たちの多くが厚化粧で、強いメークをほどこしており、メークのほとんどない主人公の青年たちにさえ、個性的な表情は読み取れない。だが一方で、『サテリコン』には本能と快楽、無垢と奔放、変身と自由のエネルギーに満ちていることもたしかだ。それはむしろキリスト教確立以前の、別の価値観と世界観を持っていた時代の生のエネルギーと知恵であったかもしれない。これらのエネルギーや知恵が再生や創造への契機をもたらしたとは思われない。ネロの時代の〈悪の華〉、毒々しくも腐乱した花が放つ最後の匂いにも似ている。フェリーニは主人公の青年たち、とりわけエンコルピオに、自由への旅立ちを委託したのだろう。

フェリーニは『サテリコン』という寄せ鍋の中に、神なき時代の人間の頽廃と虚無と彷徨を投げ込んだ。寄せ鍋は、虚無から眼を逸らす人間たちの放蕩をぐつぐつと煮込み、幻想とグロテスクの味付けによる料理をこしらえた。スクリーンではこの熱いごった煮の見世物が繰り広げられる。しかし、カメラはこの熱を避けるがごとくよそよそしくもあり、のちの『カリノバ』と共通する冷ややかさも感じられる。

ところで、映画の邦題『サテリコン』（映画原題はSatyricon）は、すでに文学の領域で紹介されていた「サテュリコン」もしくは「サチュリコン」に合わせた方がよかったと思う。それはともかく、〈サテュリコン〉という言葉の意味を、訳者・国原吉之助氏のあとがきと注から引用すると、原意は「サテュロスたちの物語」であり、〈サテュロス〉については「酒神ディオニュソスの従者で、野獣的に行動する好色な山野の精。馬の尻尾か山羊の足をもつ人間として描かれる」とある。[*4] サテュロスは酒と色と歌舞を好む野卑ないたずら者の半獣半神人であり、古代ギリシア劇はこのサテュロスたちが登場する喜劇を伴った。一方、ローマ神話には農神サトゥルヌスがいて、奴隷を解放して大祝宴を催す収穫祭（サトゥルナリア）が行われた。サテュロスたちのばか騒ぎとサトゥルナリアの祝宴と、もしかすると、失われた小説『サテュリコン』の中には、このような要素が入っていたのだろうか。ともあれ、フェリーニが『サテリコン』の中に視覚化した壮大な絵巻は、日常的な人間のスケールや規範を超えて私たちを圧倒してくる。

＊1「リミニ、わが故郷」は、フェリーニ『フェリーニ・私は映画だ』岩本憲児訳、フィルムアート社（一九七八年）に収録されている。
＊2 ペトロニウス『サテュリコン　古代ローマの諷刺小説』国原吉之助訳、岩波文庫、一九九一年。
＊3 Edward Murray, *Fellini the Artist*, Frederick Ungar Publishing Co, 1976, Paperback, 1986.
＊4 ＊2の三八九頁および解題注21、四〇七頁。

『そして船は行く』

『女の都』*（一九八〇）から三年ぶりのフェリーニ作品。冒頭のサイレント映画風モノクロのシーンは、カメラマンがタルコフスキーの『ノスタルジア』と同じジュゼッペ・ロトゥンノであるにしても、ずいぶんと印象が異なる。もちろん、音楽も言葉もなく、無音の映像が写し出されるのだが、ときおりカメラを覗く人がいたり、耳をすますとカメラのまわる音がかすかにカタカタと聞こえてきたりする。「むかし、むかし……」と、ものいわぬ映像は静かに語りはじめる。なるほど、ここには語り手であるジャーナリストが狂言回しよろしく登場するが、本当の語り手は「映画」自身なのである。つまり、映画が映画を物語り、回想し、夢見る映画、それがフェリーニの『そして船は行く』（八三）なのだ。

ここで「船」はまことに象徴的である。それは世紀の大ソプラノ歌手の遺骨を、その遺骨につきしたがう貴族や芸術家たちが、ある島へ運ぶ目的の船旅ではあるが、「船」は大海に浮かん

図3 『そして船は行く』1983

だまま時間をどこかへ置き忘れ去ったかのように見える。船は時間を喪失した一つの空間、宙吊りの地球にほかならない。そこにはオーストリア＝ハンガリー帝国の大公から船奥のボイラーの罐《かま》焚きまで、そうそうたる音楽家たちから難民のセルビア人、流浪の民まで、白人から有色人まで、さまざまな階級や人種がたまたま乗り合わせた地球船なのだ。といっても、この映画は地球を船に置き換えて、〈グランド・ホテル〉形式に人生の縮図ドラマを描こうとしているわけではない（図3）。

この映画は、ちょうどエッシャーのイメージの世界が図から地へ、地から図へと徐々にその相貌を変えていくように、そしていつのまにか図から地へと戻っていくように、時間を失った船は映画からオペラへ、オペラから戦争へ、戦争から再び映画へと、イメージは移り変わりながらもとの世界へ戻っていく。船に乗り合わせた人々もまさにこれと同じで、階級や人種がはじめははっきりと分かれながら、徐々に混合しつつ一つの連鎖を形づくっていく。映画からオペラへ、オペラから戦争へ、戦争から再び映画へ、そのイメージは移り変わるというよりも重なり合うというに等しく、まるで映画はオペラであり、オペラは戦争であり、戦争はまた映画でもある、と言わんばかりだ。

すべてがフェリーニ特有の書き割り的人工の閉鎖空間の中にありながら、映像の美しさ、なつかしさ、賑やかさ、詩情は、比類がない。

実際、映画という疑似現実の世界を逆手に取って、人工の世界をこれほど映画的に変貌させることのできる監督はまれだろう。かつての誇張やグロテスク、乱痴気さわぎや観客への不意打ちはいくぶん影をひそめ、『アマルコルド』にも似た静けさがときおり入り込む。大勢のオペラ歌手たちや、軍艦までも登場させながら、この映画に静けさを感じさせるのは、フェリーニ映画の逆説であろうか。張りぼての海に浮かぶ、張りぼての軍艦。しかも、その不気味さと静けさは本物を超えた異様なイメージの力で迫ってくる。そして、これが映画であることを、あっけらかんと暴露する。さらに意表をつくラスト・シーンのイメージ。映画の語り部フェリーニはいよいよ楽しそうに、いよいよ悠々と、自由自在に映画の中へ出入りする。映像の魔術師から仙人へ、フェリーニも少しは年を取ったようだ。

＊『女の都』については、拙文「陽気なモラリスト・フェリーニ『女の都』」参照、岩本憲児『シネマランド漂流』早稲田大学出版、一九八五年。

リミニの海、光と風

リミニはイタリア東北部の港町。フェデリコ・フェリーニの故郷だ。ローマとは反対側、アドリア海に面して、夏期にはイタリア有数の海水浴場として有名なリゾート地区でもある。『白い酋長』『青春群像』『道』『アマルコルド』『そして船は行く』等々、フェリーニ映画の海のイメージと切り離すことができない。

晴れ渡った五月のある日、私はリミニへ向かった

ローマ市内のホテルからテルミニ駅（デ・シーカの映画『終着駅』の舞台となった場所）まで歩いた。途中、ふと気がつくと、周りにふわふわと宙に飛び交う白いものがある。あわただしく、明るいローマの町なかに、まるで場違いのようにゆったりと空中に舞う白い冠毛……。そうだ、これはポプラの綿毛だ！　一瞬のうちに『フェリーニのアマルコルド』の美しいシーンが想起された。飛び交う綿毛が春を告げるファースト・シーンから、町中の男たちの憧れの的、グラディスカの結婚祝いの草原に舞う綿毛のラスト・シーンまで。この綿毛はテルミニ駅構内にも漂い、私がリミニへ向かう特急で走り続けてからも、列車の窓にふれ、あるいは窓外の畑や山道――日本の畑や山々とよく似た風景――を浮かび、どこまでも舞い続け、まるで私を追いかけてくるように見えた。

冷房のない、たいへん暑い車内ではあったが、乗客はきわめて少なく、私はガランとした車内で、ひたすら走り去る景色を眺めながら、アドリア海岸沿いの途中駅ファルコナーラで乗り換え、ローマを発って約五時間後にリミニ駅に到着した。お目当てのホテルは、むろん『アマルコルド』のグランド・ホテル。リミニ駅からそう遠くないそこへたどり着いたのは、かすかに夕暮れの気配を感じる午後八時頃である。

白い大きな館のように聳えるホテル。入り口に立つと、広々としたロビーがあり、その向こう側のテラス越しに庭園が続いている。広い廊下の青い絨毯、廊下の壁は白と赤のツートン・カラー、高い天井は白、広々としたツインの部屋、贅沢なスペースとシンプルで美しい調度類。

翌朝は鳥の声で目が覚める。テラスの木製の鎧戸の隙間から、そしてその手前の紗のカーテン越しに、朝の陽の光が淡く斜めに差し込んでくる。四階の私の部屋のテラスから、庭園と公園と海岸が見える。ホテルの内外とも人影はなくシンと静まりかえっていたが、一階の食堂へ下りてみると、大勢の客で賑わっていた。食後、庭園へ出て散歩をする。フェリーニが少年時代に外から覗き見た庭園。ロビーから続くテラス、そしてテーブルや椅子、プール、花壇と緑の木々。ここへはほとんど誰も下りてこない。ダンス・パーティーや音楽など、夏のお洒落な客たちで賑わうのはもっと先の季節だ。フェリーニ少年の眼に焼きついた男女の艶めかしいやりとり、アメリカ映画を思わせるファッションや豪奢な車、すべては幻のごとく消え去り、五月の静かな陽光の下で静まりかえっている（図4）。

図4　リミニのグランド・ホテル

チェック・アウトのあと庭園の外に緑陰を求めて、公園のベンチでしばらくぼんやりと過ごす。林の中で快い風を受けていると、ポプラの綿毛が、まるで雪のように斜めに降り注いでくるではないか。見渡しても、ポプラの木は近くには見えない。どこから降ってくるのか、風に吹かれて押し寄せてくる綿毛は、まるで私を襲ってくる吹雪のようでもあり、ローマ市内に漂っていた綿毛とは比較にならないその量の多さに驚きつつ、『アマルコルド』で人々が叫ぶ「マニーネ、マニーネ！」の声を反芻する。ニーノ・ロータの主題曲「春のマニーネ」の「マニーネ」とは「小さい手」（複数形）を意味するようだから、人々は綿毛のことをこう呼んだのだろうか。

「ちょっとお金を恵んでくれませんか」。『アマルコルド』の世界に浸っていた私は、突然目の前に現れた二人の男に声をかけられ、われにかえった。一人は車椅子に乗った男、もう一人はそれを押している男。周りは森閑として彼ら以外に人影もない。いつのまに、どこから現れたのか。観光客目当てのゆすりだろうか。私は警戒しつつ、旅の途中で現金の持ち合わせがないと言い訳をする。車椅子を押している男は車椅子の男を指しながら、「アイスクリームを買ってやりたいので、四〇〇〇リラで結構だ」と言う。日本円にしてわずか三〇〇円くらい。それくらいだったらと、私はお金を渡す。それにしてもどこにアイスクリーム屋があるのだろう？　それだけもらうと、二人の姿は林の中にかき消えた。あの二人は現実のリミニに住む普通の人々のようでもあり、フェリーニの映画の中から一瞬、姿を現したペテン師のようでもあった。二人はそのどちらだったのか。

林の外ではひっきりなしに自動車が走っていた。公園の前はリミニの海岸、すぐそこに海が広がっており、歩行者とはたまに出会うだけ。海岸通りを自転車に乗った男が走り抜けていく。顔を見るとまるでフェリーニではないか。港の突堤へ出て海を眺める。小舟が漂うように進んでいき、甲板で立ち働いている男の顔もフェリーニそっくりだった。

真っ青に晴れ渡った空、青く広がった静かな海、燦々と光を投げかける太陽、日差しは強くても爽やかに吹き渡る風。風向きのせいだろうか、ここにはもう綿毛が飛んでこない。遠浅の広大な砂浜にずらりと建てられた思い思いのデザインと派手な色のアーチや休憩所・脱衣所などにも人影はなく、遠くの波打ち際で遊びに興じている人々の歓声が、風に乗って切れ切れに聞こえてくるだけだ。オフ・シーズンの海水浴場。海岸通りには大小のホテルが林立し、レストランやカフェー、あるいはバーやキャバレーのごとき建物までも散在するが、まだほとんどが閉店状態。この建物群の増殖は、たまに帰郷したフェリーニを驚かせ、辟易させた代物でもあったが、古代からの由緒ある歴史的な町リミニが変貌した姿でもある。もっとも、リミニ駅を挟んで海岸側がリゾート地区で、公園や森、大きな並木の続くゆったりした別荘地帯になっている。反対側が古くからの町、いわゆるリミニの町である。

海岸をそぞろ歩きする。リミニの海を見ることだけが目的の旅。海岸通りの両側に、低い灌木が植え込まれ、木犀《もくせい》に似た白い花が咲きそろっている。立ち並ぶ〈海の家〉を右手に見ながら、海水浴場の端っこ、海の家が途切れ、何の設備もない空き地の砂浜から港の突堤へとたどり着く。このあたりは、おそらくフェリーニの少年時代の海辺と突堤の面影、古い町ではあっても地元の人間以外には観光客がうろつくこともなかった頃の面影を残しているようだ。

突堤の先端に向かって、右手に海水浴場へと広がる海岸、左手にアドリア海に面したリミニから北の町々が湾曲して広がり、その奥はベネツィア湾へと続いている。眼前の海は凪の状態なのか、まるで巨大な湖か鏡のように平らに静まりかえり、緑色に輝きながら少し盛り上がっているように見える。人工の海でさえ、いくらかの波をこしらえるだろうに、ここにはその波すらなく、ピタッと停止して盛り上がる緑色の巨大な水面が輝いているだけである。潮風の香はせず、なまぐさい海岸の香もほとんどしない。アドリア海はイタリア半島とバルカン半島に挟まれた大きな湾だから、海の穏やかさはそのせいなのだろうか。フェリーニの後期の映画に現れる人工の海、あのイメージは決してフェリーニのつくりごと、張りぼての世界ではなく、現実のリミニから見るアドリア海のイメージ、穏やかな日の海だったのかと思い至る。この静けさ、こののどかさ、ときおり小舟がエンジンの音をたてて海面に小さなさざ波をつくる以外は何の波紋もないこの平和な時間に佇むとき、はるか対岸の旧ユーゴスラヴィアがいま分裂し、激しい戦いが起きて、人と人とが殺し合っていることなど、想像だに難しい。

閉店だらけのレストランの中から、やっと営業中の店を見つけて昼食をとる。食事よりまえに味わう五月の風のおいしさ。こんなにすばらしい風を味わうのは何年ぶりのことだろう。道路に張り出して、植え込みに面した白いテーブル。鼻唄まじりに快活に動き回るボーイ氏は、びん底のような分厚い眼鏡をかけて、白に青のストライプのシャツ（折り返し襟つきの）を着た水兵さんスタイル。料理の注文を取ったり配ったりの人生を、実に楽しく軽々とこなしている。一人旅の所在なさに、隣の男女のペアに話しかけてみる。『甘い生活』のサラギーナの、妹のような貫禄ある女性と、髭や眉の濃い毛深い男性の組み合わせ。リミニの人間ではなく、ミラノから仕事で来ているのだと言う。

昼食をのんびり済ませると、午後のリミニの海は午前の明るい緑色から、暗い濃緑色へと変わっていた。

時間が停止したように平穏な一日。

海と陽光と風のリミニに心地よく酔ったのは、昼間からたっぷりと飲んだワインのせいばかりではなく、私がわずか一泊だけの旅行者、一瞬のうちに通過する異邦人だったからだろうか。

フェリーニ死す

フェリーニが最後に故郷を訪ねたのは一九九三年八月、私がリミニを訪ねたわずか数か月後のことだった。同年十月三十一日、ローマの病院で死去。

多くのフェリーニ・ファンがたぶんそうであるように、私もまたフェリーニ映画のさまざまな人間群像に心引かれ、風景に魅了され、自分の思いも及ばぬ豊饒な世界の出現に圧倒されてきた。人間の滑稽さと哀れさ、ずるさと優しさ、粗暴と繊細、貪欲と無垢、穏やかな狂気とおかしげな正気、絶望と希望。人々が群れ集う世界の騒々しさ、賑やかさ。人々が離れ離れになる世界の静けさ、寂しさ。それら人間を包み込む風土や風景の象徴的な力。そして自然と人工、現実と幻想。すべて対極にあるものがフェリーニ映画の中であっさりと共存してしまう、そのあっけらかんとした力わざ。デフォルメや人工の世界の壮大さ、カリカチュアやグロテスクの化粧の濃さ、ユーモアとアイロニー。たしかにフェリーニはスクリーンを巨大なキャンバスと化して、自分自身の絵の具を塗り続けた人だった。

リチャード・コーリスが追悼文のタイトルに付けたように（『タイム』誌、一九九三年十一月八日号）、フェリーニはまさにサーカスの「演出家にして道化師」という、二つの役柄を同時に引き受けた人でもあった。スクリーンというリングの中に、世界をこしらえ、人間たちばかりでなく、都市や海や船にも顔と役割を与え、演出家であると同時にみずからもフェリーニ自身として出演した。フェリーニがよくたとえに出した道化師のタイプでいえば、白塗りのホワイト・クラウンと赤鼻のオーギュスト、尊大な指揮者とへまな演奏家、二つのタイプを同時に演じた監督でもあった。その出発は新現実主義（ネオレアリズモ）と深く関わりながら、次第に現実を超えた現実へ、彼自身が創造した世界の中へと入っていった人だった。遺作となった『ボイス・オブ・ムーン』（一九九〇）。フェリーニはあの青白き光を放つ月の世界へ飛び立ってしまった。きっと、もう一つの世界では、フェリーニの指揮棒のもとで、ひとあし先に故人となったニーノ・ロータの音楽を奏でながら、哀しくも楽しいパレードが開かれていることだろう。

フェリーニの短編映画

フェデリコ・フェリーニは長短編合わせて二十四本の映画を残し、一九九三年十月、この世を去った。これらのフェリーニ作品は、時期的なまとまりを見せているのだろうか。たとえば、一九五〇年代、六〇年代、七〇年代といったような。あるいは、前期、中期、後期といったような。むろん、時代的な変化の中で、フェリーニ作品の推移を見ることは可能だろう。初期の『寄席の脚光』（共同監督ではあるが）や『白い酋長』から、晩年の『インテルビスタ』や『ボイス・オブ・ムーン』まで、フェリーニは題材の点でも表現スタイルの点でも、ずいぶんと変化してきたように見える。

しかし一方で、フェリーニは一貫して〈魂のあくがれ〉を描き続けた映画作家だったということもできる。私はフェリーニ映画の主人公たちについて、「浮遊する魂」というエッセーを書いたことがある。[*1]『白い酋長』の新妻も、『ボイス・オブ・ムーン』のイーヴォも、現実離脱の魂の持ち主だった。この観点からフェリーニ映画の人物たちを共通視することはできる。しかし、ここではその観点を一時棚上げしておいて、フェリーニの短編映画を中心に覗いてみよう。短編映画はそれぞれがオムニバス映画の中の一つということもあり、長編映画ほどは注目されず、論じられることも少ないからである。

ここで短編映画とは、オムニバス映画の中に含まれる個々の作品を指すことにする。時間的には長くても一時間以内に収まる作品であり、はじめからテレビ用に作られて独立した作品、たとえば『フェリーニ・監督ノート』、『フェリーニの道化師』、『オーケストラ・リハーサル』などを除く。対象になるのは、次の三本である。

『結婚相談所』(一九五三、オムニバス映画『街の恋』の中の一話、約二〇分)
『誘惑』(一九六二、オムニバス映画『ボッカチオ'70』の中の一話、約五五分)
『悪魔の首飾り』(一九六八、オムニバス映画『世にも怪奇な物語』の中の一話、約四五分)

これらの短編には一見したところ共通性がないように思われるし、題材も表現スタイルも似通ったところがない。それぞれの内容を覗いてみよう。

『結婚相談所』

この作品、というか、もともとの作品『街の恋』(『巷の恋』)は日本では公開されないまま現在に至っており、私は辛ろうじてアメリカで発売されたビデオ版を見ることができた。なぜ公開されなかったのか、いまでもなぜ上映されないままなのか、理由は推測できるが、とりあえず、ビデオ版に収録された作品を見ることにしよう。*2

ビデオ版のオムニバス映画全体は五話から成り立っており、フェリーニ作品は第三話、約一七分という短さである。もっとも、映画全体は約九〇分、これを五話で分けると、フェリーニ作品が極端に短いというわけではない。ちなみに、第一話「四時間の天国」（ディノ・リージ監督）は一三分ほど、以下およその時間を記すと、第二話「自殺未遂」（ミケランジェロ・アントニオーニ監督）は一二分、第四話「カテリーナの物語」（フランチェスコ・マセッリとチェーザレ・ザヴァッティーニの共同監督）は二八分、第五話「イタリアの男たちは振り返る」（アルベルト・ラットゥアーダ監督）は一三分、これで計八三分、残りの七分はオープニング・シーンやつなぎのナレーションが挿入されているところなどである。なお、カルロ・リッツァーニ監督による「お金で買える夢」は、イタリア側の検閲事情により海外版ではカットされたらしく、アメリカのビデオ版にもこのエピソードは収録されていない。

第一話はダンスホールに集う男女の群れ。椅子に座ったきりで踊ろうとしない女性を恋人らしい若い男が誘っているが、とうとう女性は時間を気にして逃げるように帰ってしまう。ただそれだけの話。第二話はナレーターが画面内の人物にインタビューをするようなかたちで問いかけていく。人物（三人の若い女性）はカメラに向かって、ぽつりぽつりと語りかける。どうやら、いずれも恋に失敗して自殺を図った女性たちらしい。一人は自動車事故、一人は川への身投げ、一人は手首切りと、いずれも未遂で命は助かるのだが、生への希望をなくしたもの憂いしゃべり方と表情、暗い話である。第四話はさらに暗く、父無し子を生んだ女性が男にも家族にも見放され、幼児を抱いて巷をさすらい、思い余って捨て子をする。しかし、養育園に名乗り出て、保母として働きはじめるお話。もの悲しい音楽が始終流れており、この哀れな若い母親をカメラはずっと追っていく。第五話はほとんど話らしいものはなく、巷を歩く若い女性たちをカメラが男の視線で追っていく。

全体の企画と構成は、ネオレアリズモ期を代表する映画理論家かつシナリオライターのザヴァッティーニであり、彼の意図は巷の恋のさまざまをカメラで拾い出すように再現して見せること、まるでニュース映画のように提示して見せることにあった。映画の冒頭では画面には登場しないナレーターが語りはじめ、街頭のキオスクで女性が買った雑誌「映画観客」の特集記事が「街の恋」であることが告げられ、そのページがめくられていくかたちで内容が紹介されていく。五つの短編とも「街の恋」の表題から受ける印象とはまるで異なるエピソードばかりだ。町なかを闊歩する女たちを男たちのやや好色な視線が追う第五話も含めて、およそ「恋」も「愛」も描かれておらず、むしろその不成立、ひどい破局の後遺症すら描かれている。美男美女の恋物語がないのはむろんのこと、市井の幸福な恋物語さえもない。〈現実主義〉の姿勢は、ここではハリウッド映画のハッピー・エンドとはまるで異なる、結末のないエピソードを並べたてることになった。

フェリーニの第三話、これは結婚相談所に身分を隠して取材に来たジャーナリストの物語である。彼は自分の金持ちの友人が人狼の病にかかっており、世話をしてくれる結婚相手を探しているのだと虚偽の申し込みをする。結婚希望の若い女性が現れる。貧しいが純真な女性に会った彼は、事実を告げないまま別れる。『結婚相談所』は、人狼の妻探しという〈ジャーナリストの嘘〉を主題にしている点で、現実主義がめざす地道な題材からはすでに離れている。きまじめなネオレアリスタ、左翼のザヴァッティーニへのからかいがあったのかもしれない。だからといって、フェリーニの描写スタイルが他のエピソードに大きな違和感を与えるわけでもない。冒頭の街頭の俯瞰ショット、わずか二つのショットで簡潔に見せる乗り物の行き交いと人々の雑踏はまさしく町なかの雰囲気——この映画全体の舞台である〈街〉あるいは〈巷〉(原題L'Amore in Città)——のシーンを見せることで、前後のエピソードとの連結を容易にしているからだ。ただ、主人公ジャーナリストが結婚相談所を探しながら、古びたアパートの上階の廊下を歩くシーンはずっとのちのフェリーニ作品におけるカメラの横移動と、そこから生まれる不思議な非現実感を予期させるものがある。現実の世界を探索するように移動し続けるカメラの眼が、廊下に沿って並ぶ部屋を横切りながら中をふとかいま見せるとき、それぞれ独立したガランとした空間が空虚なままに見世物小屋でもあるような、あるいは古代ローマの廃墟でもあるような、別次元の相貌を覗かせるからである。軽快な音楽、数を増していく先導の子供たちも、ジャーナリストの探索——結婚相談所を探すという当面の目的——に別の雰囲気を与えている。

人物像の点では、主要な二人、ジャーナリストと若い娘もまたのちのフェリーニを予想させる。硬派ジャーナリストというよりは軟派ジャーナリストに近い主人公は、「金持ちだが人狼の病にかかった友人が花嫁を探している」と、でまかせの嘘をついて興味本位の取材をしようとする。自分自身は医師というふれこみで。その申し込みに応じた女性は「人狼」のなんたるかを知らない無知さ。ただ、大勢の弟妹を抱えた我が家の貧しさを助けたい一心で、花嫁候補になろうとする。病気の他人をかわいそうだと思い、自分が手助けになればとも言う。無知よりも、無垢というべきか。イノセント、善良さ、純情さ、罪のなさ。この一つの典型が『道』のジェルソミーナであり、『カビリアの夜』のカビリアである。

こうして見ると、わずか二〇分にも満たない短編ながら、またネオレアリズモの現実取材という姿勢に寄りかかるふりをしながら、『結婚相談所』はやはりフェリーニ的特質を十分に包み込んだ作品といってよいだろう。とりわけ、五〇年代のモチーフに色濃く現れる詐欺師・ペテン師と無垢な若い女性との出会いはここにも姿を現している。「詐欺師・ペテン師」と呼ぶと語調が強いかもしれないが、この種のモチーフは監督として独立後の第一作『白い酋長』にも、フォトロマンのスターがファンの若い女性（新婚ほやほやの）を甘言で誘惑しようとする設定にも見られるし、フェリーニは詐欺師の中の人間臭さへ親近感を寄せている節があるから、騙す＝騙されるの関係は必ずしも道徳的善悪の関係からだけとらえられているわけではない。この短編でジャーナリストのあくどさはそう強くなく、疑いを知らぬ無垢な女性との会話を経て、みずからが身を退いてしまう。しかし、『道』や『カビリアの夜』でも、あるいは『崖』でも、詐欺師と女性との出会いは悲劇的結果をもたらすのである。

『誘惑』

これはオムニバス映画の中の一話であるが、五五分という長さを考えれば、テレビの一時間ものに匹敵する長さであり、短編とは呼びかねる。だが長編映画は九〇分以上が平均だろうから、やはり短編の部類に入れておこう。特に、フェリーニ作品群は長尺化の傾向にあったので、『誘惑』（原題『アントニオ博士の誘惑』）はやはり短い方である。『誘惑』はカリカチュアリスト・フェリーニの資質が前面に出た楽しい作品だ。彼にとっての初めてのカラー映画でもあり、色彩にはいろいろと工夫をめぐらしたようだ。

謹厳居士アントニオ博士は、夜のローマの公園内で恋人たちが繰り広げる愛の行為に憤慨。広場で、ボーイスカウトの少年たちを前に道徳的乱れについて訓示を垂れていると、後ろを大型トラックがのろのろと行き交って彼の声を妨害する。このあたりはフェリーニのからかい、道化師たちがやるはぐらかしの呼吸でもあり、実際この謹厳居士はホワイト・クラウンとオーギュスト、二つのタイプの道化師の前者、尊大さと傲慢、知識と独善を誇示するホワイト・クラウンに似た戯画的な姿だ。道徳の乱れを常に怒っているアントニオ博士は「芸術と猥褻」という論文を書いたと言う。

少年たちに訓示中のアントニオ博士の真後ろで、巨大な広告塔が組み立てられていくと、それは胸もあらわに横たわる巨大な美女の姿であることが明らかになる。陽気な黒人たちが登場して、軽快なラテン・ミュージックを演奏しはじめる。作業中の大勢の男たち。「ミルクの歌」を歌う子供たち。広場は賑やかで楽しい祝祭的空間へと変貌していく。巨大美女の看板を見て唖然としたアントニオ博士は、さっそく作業員たちに抗議したり、猥褻反対論をぶったりするが、誰もまともに取り合おうとしない。「汚い絵だ」と憤慨する博士に、作業員はあっさりと、

「きれいな絵だよ」。

巨大な猥褻広告の件で陳情に及んだアントニオ博士は、担当者からはアメリカ、フランス、トルコなどのＣＭ論議を聞かされる。博士は悲憤慷慨、孤軍奮闘、怒りのあまり幻覚を見るようになる。それも、巨大美女が看板から出てきて博士と対面するという幻覚。巨大美女に罵声を浴びせ続ける博士は、美女にひょいとつまみ上げられ、彼女の手のひらに乗せられてしまう。かつてのアメリカ映画『キング・コング』（一九三三）の逆のイメージ（キングコングの手の上の美女）である。さらには、神に助けを求めると〈聖ジョルジョの騎士〉ならぬドン・キホーテ的騎士の姿で巨大美女に立ち向かうことになる。キリスト教（この場合、カトリック）の教権を後に背負った博士は、融通のきかない堅物一辺倒として、フェリーニによって徹頭徹尾茶化された。

もっとも、デ・フィリッポ演ずるこの博士にどこか憎めないおかしさが漂うのは、デ・フィ

リッポ自身のキャラクターのせいもあるだろうが、それを意図したフェリーニの演出のせいでもある。フェリーニには登場人物への愛情はあっても憎しみはない。すべてのフェリーニ作品において、どんな些細な人物でも、フェリーニは憎しみや毛嫌いを示したことはないと思われる。嫌なタイプ——たとえばアントニオ博士——と出会っても、笑いの対象に取り上げて、その片意地な偏屈ぶりを風刺しながら、それも人間のおかしさの一つだなと肯定してしまうおおらかさがある。

『誘惑』には、時代の先端をいく広告産業への風刺もある。「胸もあらわに横たわる巨大美女」は片手にミルク入りのグラスを持っており、若い女性＝胸＝乳房＝牝牛＝ミルクと、イメージは連想化しつつ、エロス＝生命＝栄養＝健康などのイメージとも重なっていく。ここでは女性と牝牛があからさまに重ね合わさり、かつ横たわる女性の誘惑というイメージも露骨なので、男性社会の視点から見た広告の活用ということになるだろう。広告の絵から抜け出した女性がアントニオ博士の頑なさに、「女の裸を見ることがなぜ悪いのか」と問い詰めるのには両義性がある。一つには、女性の裸もしくは肌の露出がなぜ「猥褻」なのかへの問いかけ、もう一つは、教権を背おって性的禁欲を厳しく押しつける立場への、好色な男性側からの代弁者として。つまり後者は女性の言葉の裏に隠れた男性側の本音ということになる。

フェリーニ作品には好色性も官能性もあまり見当たらず、数多く現れる巨大女性のイメージはときには性的イニシエーションの象徴（『8½』の大女サラギーナ、『アマルコルド』の煙草屋の大女）、ときには地母神のごとき男性性の守護者かつ回復者（『サテリコン』のエノテア）、ときには男たちを圧倒する力持ち（『道化師』の女闘士や女ターザン、『カサノバ』のアンジェリーナ）等々、豊満さはエロティシズムよりも原初的生命の根源を、活力の源泉を示しているようだ。この短編の一作前、『甘い生活』の有名なシーン、ハリウッドのグラマー女優シルヴィア（『誘惑』でアントニオ博士を誘惑する、実際はスウェーデン出身のアニタ・エクバーグ）が深夜にローマのトレヴィの噴水に入るシーン、ここではゴシップ記者役のマルチェロ・マストロヤンニも憑かれたように彼女のあとを追い噴水に入る。このシーンはまことに象徴的だった。豊満さと泉とが重なる場、エロスと生命とが重なる場へ男性が導かれるからである。

アントニオ博士がまるで赤ん坊のように抱え込まれる女性の豊満な胸。その丸みが視覚的な円形または球形のイメージの基層をなしているとすれば、この短編にはもう一つ重要な円形イメージがある。それは夜の闇の中から現れて広場に繰り出した行列のシーン、道徳派の人々が円陣を組んで回りながらアントニオ博士を讃えるシーンにある。博士を取り巻くさまざまな人々の円運動は、ちょうどこのあとの作品『8½』のラストシーン、映画に出てきた人々の円形パレードに似ているが、『8½』の主人公が幻覚の中で人生と和解するのとは逆に、『誘惑』のアントニオ博士は円形パレードの人々を槍で追い払ってしまう。ちょうどドン・キホーテの姿そのまま、世俗的人生との和解や妥協ができないアントニオ博士は、救急車で運ばれていくことになる。ラスト・シーンで、救急車の上から観客に舌を出して見せる小さな天使。天使のいたずらが道徳家をからかってしまったというお話で終わる。カメラのこちら側からフェリーニ自身もウィンクをして舌を出しているようだ。

『悪魔の首飾り』

この短編（約四五分）の原題は「トビー・ダミット」(Toby Dammit)、原作はエドガー・アラン・ポーの『悪魔に首を賭けるな』（一八四一年）であり、映画の原題は原作の主人公名から取られている。原作自体はきわめて短い読み物で、怪奇譚というよりも、批評家を揶揄するような教訓譚でもある。名前「ダミット」は「ダムイット(Damn it!)」、つまり「畜生！」とか「いまいましい！」とかの罵り言葉で、文学作品を酷評する場合にも使うようだから、ここにもポーの皮肉が入っている。トビー・ダミットは生まれながらの悪徳者、口癖が「なになにを賭けてもいい」で、結局彼は「悪魔に自分の首を賭けてもいい」と言ったことから、身の破滅を招いてしまう。

映画『悪魔の首飾り』は、原作とはほとんど関係がなく、わずかにラストの主人公の首が転がる場面にイメージの共通性があるくらいだろうか。映画の主人公はイギリスの映画俳優という設定であり、彼がローマで映画祭の授賞式に出席すべく飛行場に到着するシーンから始まる。カメラマンたちのフラッシュのせいで、ちょっとしたいさかいを起こした彼の目に、一瞬、白いボールを持った少女が現れて消える。迎えの車に乗り込んだ彼は、同乗の神父や監督たちから映画の企画を聞かされる。〈カトリック西部劇〉となるはずのその映画は、デンマークのカール・ドライヤーとイタリアのピエル・パオロ・パゾリーニとアメリカのジョン・フォードと、まるで異質の監督たちを混ぜ合わせたようなものになるらしい。車窓からはローマのグロテスクで不思議な光景が横移動していく。

この映画はフェリーニ全作品中でも異色である。なるほど、ここには『誘惑』『8½』『魂のジュリエッタ』を経過したあとの、幻覚と幻想性が濃厚であり、むしろ主人公の幻覚による幻視そのものが主題ともいえるくらいだ。しかし、ここには幻覚の中の孤独と不安、あるいは静かな恐怖が支配的であり、この種の絶望的な暗さが作品全体を支配している例は他のフェリーニ作品には見当たらない。『誘惑』の中のアントニオ博士の幻覚は滑稽であり、『8½』の中の監督グイドの幻覚は創造への出口につながり、『魂のジュリエッタ』のジュリエッタの幻覚は華やかで絢爛としている。これらの作品には『悪魔の首飾り』のようなニヒリズム、ペシミズムの強さはない。イギリス人俳優テレンス・スタンプが演ずるトビー・ダミット像も出色である（図5）。周囲からは〈名優〉として賞賛される存在ではあるが、彼自身

図5 『悪魔の首飾り』テレンス・スタンプ 1968

は俳優として覚めていて、授賞式にも一向に融け込めない。俳優として覚めてはいるものの、たいていは薬のせいか酒のせいか、幻覚もしくは酩酊状態にあり、周囲の世俗的世界とは別の世界をさまよっている。フェラーリに乗ったダミットが暗闇を暴走していく。暗闇の先で、ボールを持つ少女がボールの代わりに持ったものは……。

ダミットは〈死の予感〉もしくは〈死の誘惑〉にとらわれているようでもある。暴走する車を包み込む闇と霧。幻覚の果ての死への旅立ち。この作品に先立つ一年前、フェリーニは腸チフスと疑われる症状で入院していた。このときの経験はエッセー「リミニ、わが故郷」で述べられているように、[*3]フェリーニ自身、死を考えたようだ。しかし、『悪魔の首飾り』は私的な死の感慨を超えて、芸術家（ここでは俳優）の孤独、個としての現代人の不安、見せかけの繁栄の裏の空虚さ（たとえば映画産業）、それらに通底する虚無を漂わせており、どうやらこの虚無はフェリーニの他の作品でも、外見の賑やかさの影に寄り添ってきたものらしい。フェリーニ映画を音楽の面から支えたニーノ・ロータのメロディーの軽快さ、楽しさ、それにぴったり寄り添うもの悲しさも同様である。

さて、フェリーニの三本の短編を観いてきたわけだが、短編同士の共通性や異質性、長編との関係などはどうだろうか。短編同士では共通性よりも異質性の方が大きいようだ。『結婚相談所』の〈嘘〉と〈無垢〉、『誘惑』の道徳家への皮肉、『悪魔の首飾り』の俳優と幻覚。主題だけでもばらばらだし、表現スタイルも、ややネオレアリズモ調、滑稽味、幻想性と、ずいぶん大きな隔たりが見られる。もっとも、言葉の嘘が作り出す想像の世界（『結婚相談所』）、窮屈な道徳家が陥る妄想の世界（『誘惑』）、ペシミスティックな俳優がさまよう幻覚の世界（『悪魔の首飾り』）と並べていくと、想像・妄想・幻覚という共通項は浮かび上がってくる。そしてこれらは一九六〇年代以降の長編映画のモチーフとしても大きな要素を占めている。たとえば『8½』「魂のジュリエッタ』から遺作の『ボイス・オブ・ムーン』まで。ただ、『結婚相談所』の場合は記者の嘘の力がまだ弱く、嘘自体が一人歩きをしたり、広がりを見せたりすることはない。それは結婚に応じる女性を導き出すためのささやかな触媒でしかない。しかし、『誘惑』や『悪魔の首飾り』になると、妄想や幻覚は肥大化して一人歩きを始める。この時期、ユング思想に魅せられていたフェリーニは、人間の意識下の世界、論理ではない不合理の世界に強い関心を持っていた。それは当時のフェリーニ自身の内的世界とも大きな関わりがあったからだろう。時期的には一九六二年から一九六八年までの間、『誘惑』『8½』『魂のジュリエッタ』『悪魔の首飾り』という順序で続く時期のことである。

＊1　岩本憲児「浮遊する魂」、『フェリーニを読む』に収録、フィルムアート社、一九九四年。
＊2　参照したビデオ版は Love in the City, Hollywood Home Theatre, 1980. これに収録されている短編は本文に記したように五編。しかし、イタリアで出版されている二冊の映画事典を繰ってみると、上映時間やエピソード順の

記載事項に食い違いが見られる。たとえば、Dizionario Universale de Cinema 1: Film, Editori Riuniti, 1986 では、上映時間が一一七分、エピソードの順序は1 Paradiso per 4 ore（「四時間の天国」Dino Risi）、2 L'amore che si paga（「お金で買える夢」Carlo Lizzani）、3 Tentato suicidio（「自殺未遂」Michelangelo Antonioni）、4 Un'agenzia matrimoniale（「結婚相談所」Fellini）、5 Storia di Caterina（「カテリーナの物語」Maselli+Zavattini）、6 Gli italiani si vo ltano（「イタリアの男たちは振り返る」Alberto Latuada）。また Dizionario del Cinema Italiano 1: Film, vol.2, Gremese Ediotore, 1991 では、上映時間が一〇四分、エピソードの順序は1 L'amore che si paga、2 Tentato suicidio、3 Paradiso per 4 ore、4 Un'agenzia matrimoniale、5 Storia di Caterina、6 Gli italiani si voltano となっている。なお、現在（二〇二四年）、『街の恋』の原題または英語題でインターネット検索をすると、YouTube で全編（約一一〇分）を見ることができる。

＊3 『フェリーニ・私は映画だ』岩本憲児訳に収録。フィルムアート社、一九七八年。

イタリア映画 気まま旅

歴史的にイタリアは映画先進国であり、草創期からサイレント時代前半にかけて、世界映画をリードする映画大国だった。一九〇五年の映画『ローマ占領』以降、ローマ、トリノ、ミラノ各都市に製作社が設立され、歴史物語や神話のスペクタクル、文芸映画（シェイクスピアやダンテ）、ファンタジー、短編喜劇、活劇（怪力マチステ・シリーズ）、あるいは〈ディーヴァ〉（スター女優）フランチェスカ・ベルティーニが監督・主演し、ヴェリズモ（真実主義）の一端を見せた『アッスンタ・スピーナ』（一九一五）など、さまざまなジャンルを開拓し、大作『カビリア』（G・パストローネ監督、一九一四）ほか、アメリカ映画にも大きな影響を与えた。日本でも数多くの作品が公開され、当時の映画ファン、映画青年たちを魅了した。

私の青春期・青年期は一九六〇年代であり、イタリア映画の思い出は映画音楽や主題歌とともに蘇ってくる。何よりも心をとらえられた作品の数々があり、俳優たちの魅力があった。シルヴァーナ・マンガーノ、ジーナ・ロロブリジーダ、ソフィア・ローレン、クラウディア・カルディナーレ、モニカ・ヴィッティらの女優たち。あるいは、監督としてばかりでなく男優としても名演を残したヴィットリオ・デ・シーカやピエトロ・ジェルミ。長い俳優生命を保ったラフ・ヴァローネ、出演作の数の多さと作品の多彩さでイタリア映画を代表したマルチェロ・マストロヤンニら。内容よりも音楽がいまでも耳に残る『禁じられた恋の島』(ダミアーノ・ダミアーニ監督、六二)や『ブーベの恋人』(ルイジ・コメンチーニ監督、六三)などもある。

ここでは第二次世界大戦後から一九九〇年代まで二十世紀後半の映画群、——特に作品と監督を中心に——を覗いてみることにしよう。

1……物語と語り部

フェデリコ・フェリーニ亡きあと、イタリア映画界を担う監督たちには、たとえばベルナルド・ベルトルッチ(一九四一年生まれ)、タヴィアーニ兄弟(兄=一九二九—二〇一八、弟=一九三一—)がいて、それぞれ作風は異なるものの、いずれも映画の〈語り部〉のごとく、時代の流れや人間の盛衰や運命を描く点で共通している。詩人として出発した早熟の文学青年ベルトルッチは、『暗殺の森』(七一)、『ラストタンゴ・イン・パリ』(七二)で、主題と表現の実験性、挑発的な姿勢によって国際的にも話題を呼んだ。ときに弱冠三十歳だった。イタリアを舞台にした大作

『一九〇〇年』（七六）は上映時間五時間一六分の大長編で、その歴史劇（現代史だが）としての壮大さはベルトルッチ三十五歳の力わざ。大地主と小作人の友情と対立、ファシズムと左翼的農民運動の対立。ベルトルッチは変動する社会を背景に時代の大きなうねりを描き、社会劇とメロドラマを合せた叙事詩的スペクタクル、または社会派オペラのような映画を作り上げた。だが実は、主要な俳優たちはイタリア人ではなかった。大農園の地主はアメリカ人のバート・ランカスター、主役となるその孫は同じくイタリア系アメリカ人のロバート・デ・ニーロ、小作人としてもう一人の主役を演じるのはフランス人のジェラール・ドパルデュー、農園の管理人でファシストを演じるのはカナダ出身のドナルド・サザーランドと、イタリア人以外の俳優たちが主役を占めていた。欧米映画において、キャスティングはもはや国際的な混成部隊になるのが当たり前ともいえるのは、とりわけアメリカ映画の資本と英語圏での興行（もしくは英語版による配給）が重きを置くようになっているからで、これはベルトルッチの戦術というよりも、プロデューサー的な立場からの、欧米映画が大資金を必要とするスケールの大きな映画に取り組む場合の共通した方策だろう。

ベルトルッチはその後、『ラストエンペラー』（八七）では中国、『シェルタリング・スカイ』（九〇）ではモロッコ、『リトル・ブッダ』（九三）ではチベットと、イタリアから離れた非ヨーロッパ文明、非キリスト教世界の伝奇物語へ入り込んでいて、異境をさすらうアメリカ人夫婦を主人公にした『シェルタリング・スカイ』を除けば、どうもオリエンタリズム、エキゾティシズムを超えていない。『シェルタリング・スカイ』における北アフリカの風土の異質性は、異邦人である主役三人の男女の生と性を孤立させており、さすらい浮遊する西洋人のペシミズム、不安と孤独を際立たせることができたのだが。

イタリア映画の〈語り部〉にはパオロ&ヴィットリオ・タヴィアーニ兄弟がいることを忘れてはなるまい。『父/パードレ・パドローネ』(七七)では、イタリア中部のサルデーニャ島で、無学の羊飼いの少年が言語学者になるまで、という成功譚よりも、父と子の葛藤、羊たちとの孤独な生活、方言と共通語の問題など、硬派の語り部としてタヴィアーニ兄弟は鮮烈な風景を描き出した。『サン★ロレンツォの夜』(八二)では、第二次大戦中のトスカーナ地方に起きた事件を、農民たちがどう語り継いで変容させたかを、むしろ童話のようにゆったりと描いている。ここにはまさしく実際の出来事の農民による〈物語化〉あるいは〈伝説化〉が示されていた。また、劇作家ピランデッロの原作に基づく『カオス・シチリア物語』(八四)は、イタリア南部のシチリア島を舞台に四つの短編を組み合わせた作品(図6)。四つの話がそれぞれ伝奇的性格を持っており、農民の生活や迷信、シチリアの風土と強く結びついた民話的世界を作り出している。もっとも、エピ

図6 『カオス・シチリア物語』1984(スティル写真より)

ローグは語り口が一変し、ピランデッロとおぼしき人物が故郷と母とを回想する幻想的な美しさに満ちている。『グッドモーニング・バビロン！』（八七）ではイタリアの大工兄弟がアメリカへ渡り、偉大な映画監督グリフィスに認められて大作『イントレランス』（一六）のセットを作る。兄弟はのちに別れ、第一次世界大戦の戦場で再会する。波瀾に満ちた物語だ。日本での紹介は遅れたものの、タヴィアーニ兄弟が歴史物語の世界へ入ったのは『アロンサンファン／気高い兄弟』（七四）が先である。そして『太陽は夜も輝く』（九〇）が十八世紀、『フィオリーレ・花月の伝説』（九三）も発端は十八世紀と、兄弟監督は歴史を遡りつつ、過去と現代を伝説によって結びつけようとする。なお、『太陽は夜も輝く』はロシアの作家トルストイの『セルギイ神父』に基づく修道士の伝説、『花月の伝説』はナポレオンのイタリア派遣軍に端を発する因縁の物語である。タヴィアーニ兄弟の作風は、基本的にはリアリズム描写の中に、詩情やファンタジー、美しい光景が混じり合い、独特の語り口を形成している。しかし、歴史物語化すると同時に描写がどうも大味になっていくきらいもある。兄のヴィットリオは二〇一八年に他界した。

2……リアリズムとファンタジー

リアリズムとファンタジーといえば、お互いに対照的であり、かつ矛盾する側面もあるが、イタリア映画の中ではしばしば両者は共存し、あるいは融合している。第二次大戦直後、イタリア映画はロベルト・ロッセリーニの『無防備都市』（四五）、『戦火のかなた』（四六）、ヴィットリオ・デ・シーカの『靴みがき』（四七）、『自転車泥棒』（四八）などにより、一躍国際的な注目を浴びた。いわゆる〈ネオレアリズモ〉映画の誕生である。ネオレアリズモの先駆は戦中の『郵便配達は二度ベルを鳴らす』（イタリア語原題『妄執』、ルキノ・ヴィスコンティ監督、四二）とされており、これは二人の男女の不倫と犯罪を描きながら、時代の閉塞状況をよくにじませた佳作である。ネオレアリズモは社会の現実を見据え、その矛盾を静かに暴露する。多くが悲劇的結末、あるいは解決のない終幕を持っているにもかかわらず、人間性の救済と復活への熱い願いが根底にあった。

ロッセリーニ作品は日本未公開も多く、東京のかつてのフィルムセンター（現、国立映画アーカイブ）やシネクラブなど特別の場所と機会を除けば、一般の眼にふれることもなかったが、やっと一九九一年、ロッセリーニの多数の作品を上映する企画が日本で実現し、『アモーレ』（四八）、『神の道化師』（五〇）、『殺人カメラ』（五二）、『インディア』（五八）ほか、新たにロッセリーニの奥深さを日本人観客、特にこれまでロッセリーニとまったくふれる機会のなかった若い観客に知らせることとなった。これらの作品はテレビでも放映されて、新しい世代にロッセリーニ・ファンを生み出している。

ファンタジーへの転換はデ・シーカの『ミラノの奇蹟』（五一）に明らかだ。キャベツ畑に捨てられた赤ん坊トトは、優しいお婆さんに拾われる。そのお婆さんも亡くなり、まったくの孤児となった彼は、しかしお人好しの青年に成長する。トトは掘立て小屋の集落のリーダーになるが、広場から石油が噴き出したので利権をめぐりてんやわんや。天国にいるお婆さんの霊がみんなの混乱を救ってくれる。トトたちは地上の醜い人間たちをあとに、ホウキに乗って天空へ飛んで行く。孤児、乞食、老人、貧しい人々——彼らは善人であり、地上で救われないのなら天上で救ってもらおうと、おおらかで楽しい発想だが、現実的とはとてもいえない。この作品でネオレアリズモは変質したとも言われるが、もう一つの変質作がフェリーニの『道』(五四)である。

大道芸人ザンパノ(アンソニー・クイン)と客寄せの太鼓を叩くジェルソミーナ(ジュリエッタ・マシーナ)。二人の旅はわびしく、会話も通じなければ、心の通い合いさえない。ニーノ・ロータのもの悲しい主題曲とともに、いまやあまりにも有名な『道』。この映画はファンタジーではないが、ロッセリーニ監督への協力から出発したフェリーニにとって、ネオレアリズモから遠い地点へ来た作品でもある。ネオレアリズモの社会批判的姿勢は当時の左翼のジャーナリズム、批評家たちから強い支持を受けたのだが、『道』にはそれとわかる社会批判の眼がなく、左翼陣営から攻撃されてしまった。男女あるいは人間のコミュニケーションの困難さ、アウトサイダーもしくは非定住者として生きる人々の精神的な救いの欠如。フェリーニは彼らを批判せず、ただ裸の人間を提示するだけである。

フェリーニがさらにリアリズム描写から離れていくのは、オムニバス『ボッカチオ'70』の中の一編『誘惑』（原題『アントニオ博士の誘惑』、六二）からであり、これはカリカチュアと幻想とが混合した世界、また『8½』（六三）は迷える芸術家の意識の流れや夢の世界を奔放に扱った作品で、『道』以来の観客は大きな戸惑いの中に佇むことになった。以後、主婦の幻想を絢爛と見せた『魂のジュリエッタ』（六五）、オムニバス『世にも怪奇な物語』の中の一編『悪魔の首飾り』（六八）に見るホラー・ファンタジー、あるいは長編『アマルコルド』（七五）の中の自由自在な過去の創造、さらには『カサノバ』（七六）の十八世紀ナポリの人工的世界など、幻視家フェリーニの面目躍如たるものがある。そのフェリーニも『ボイス・オブ・ムーン』（九〇）を残して世を去った。この映画の主人公イーヴォ・サルヴィーニはどうやら精神病院から退院してきたばかりのようだ。彼は月夜の野原で、井戸の底から呼びかける声を聴く。彼も、もう一人の不思議な人物（元知事）も現実世界に住んでいる人なのかどうか。〈不思議な国のアリス〉のように、彼らをめぐる出来事は現実でもあり夢でもあるようだ。しかしこの映画の物語をたどってもよくわからない。誰かが「この映画には論理も、一貫したストーリーもないですよ、フェリーニ監督」と問いかけても、「映画は論理でも理論でもないよ」と、フェリーニ得意の声が返ってきそうだ。フェリーニは自己のイメージ、自己の感性を大事にした監督であり、物語のつじつまを合わせたり、合理的解釈をほどこしたりすることからは縁遠い人だった。

3……マフィア／ファシズム／左翼

イタリアやアメリカで大ヒットを記録した映画に『ジョニーの事情』（ロベルト・ベニーニ監督、一九九一）がある。才人ベニーニの脚本・監督・主演で、ベニーニはマフィアがらみの事件に巻き込まれるバスの運転手を演じていた。マフィア、ファシズム、左翼はイタリア全体の歴史的政治的構図には違いなかろうが、映画の題材としてもイタリア映画はこの分野ですぐれた作品を数多く送り出している。

貧困と南部問題、マフィアと経済・政治とのからみ、このテーマで一貫して映画を撮り続け、物議を醸してきたのがフランチェスコ・ロージだ。監督デビュー作『挑戦』（五八）では、ナポリの野菜市場を舞台に、仲買人の青年が市場の黒い組織に楯突いて凶弾に倒れるまでを描き、『シシリーの黒い霧』（六二）ではシチリアを舞台に、ある男の射殺死体の真相究明をめぐって、マフィア組織の謎へと迫っていく。後者は実話に基づいており、マフィア究明もの（謎のままで終わる）の秀作とされている。さらに『黒い砂漠』（七二）、『コーザ・ノストラ』（七三）と、政治と経済の黒幕にいるマフィア組織への執拗な追及は続くが、『エボリ』（七九）は草の根のファシズムを静かに凝視する傑作となった。

『エボリ』は、イタリアの画家であり作家でもあるカルロ・レーヴィの長編『キリストはエボ

図7 『エボリ』1979（スティル写真より）

リに止まりぬ』（一九四五年）を映画化したもの（図7）。キリスト教もその文明もイタリア南部のエボリまでしか届かず、その先は見放された土地という意味らしい。映画は、ユダヤ人で反ファシズムの活動家レーヴィ（ジャン・マリア・ヴォロンテ）が、憲兵に伴われてエボリの駅に降り立つところから始まる。監視つきの流刑、一種の島流しだろう。カメラは荒涼たる風景、不毛の土地をとらえながら、貧しい農村の日々の営みをじっくりと描き出す。ここで主人公は、観念や信念や政治的イデオロギーではない、生活者としての無意識のファシストたち、貧困の中にいる草の根のファシストたちと向き合うことになる。この映画はすこぶる寡黙であり、ファシズムを支えるる農民たちの暮らしと生活を、レーヴィの眼を通して提示していくだけだ。レーヴィは医者として村人たちと関わりながら、ファシズムの根っ子に肌でふれていくのである。この映画は、イデオロギーの対決や、社会への告発や、状況の解説などは一切せず、ただ過酷な風土とそこに暮らす人々の生活を示しているだけである。かつてのネオレアリズモ映画に、社会への痛切な批判と変革への願いがあったとすれば、『エボリ』のカメラの眼、つまりロージの眼は静まりかえっている。この静かさと寡黙さは観客にしんどい思いをさせる一方、その映像は観客の心底に重くのしかかってくる。この社会派ロージ監督にはオペラ映画の傑作『カルメン』（八三）があり、その後も『予告された殺人の記録』（八七）『パレルモ』（九〇）などがある（二〇一五年に他界）。普通の人々、平凡な庶民が戦争を支持し、ファシズムを支えたのであって、日本型ファシズムはイタリアとは違っていたが、イタリアと類似の現象があった。

庶民のファシズム、ファシズムへの期待はエットレ・スコーラ監督の『特別な一日』（七七）にも描かれている（図8）。物語の時代は一九三八年、即ち『エボリ』の時代背景とほぼ同じであるが、出来事はローマのアパートの中だけに限定されている。特別な一日とは、ヒトラーがローマにやってきてムッソリーニと会見する歴史的な日のことを指しており、この両雄の出会いを記念すべくローマ中の市民が歓迎パレードに出かけていく。家族をあわただしく送り出した主婦は日々の生活に疲れているらしく、歓迎パレードには出かけない。空になったアパートはガランとしていて静かである。彼女の部屋の鳥籠から鳥が逃げ出し、他人の部屋に入り込んだので、そのドアを彼女が叩くと、そこに中年の男が立っていた。二人は会話を交わし、いつか心も通いはじめる。生活に疲れた主婦を演じ

図8 『特別な一日』1977（パンフレット表紙より）

たのがソフィア・ローレン、パレードに行かない中年の男はマルチェロ・マストロヤンニ。この二大スターの二人芝居と言っていい映画である。ファシズムが熱っぽく広がるイタリアでパレードにこそ出かけなかったものの、主婦はムッソリーニを白馬の王子（生活を変革してくれる救世主）と期待している。かたや中年男はファシズムになじめず、職場を追われた元ジャーナリスト。ファシズムのこちら側と向こう側にいる二人。どちらも現在の生活と生き方に充たされない二人。思いがけない出会いは二人を急接近させていく。主婦と失業男、この二人にとってもこの日は特別な一日となった。この映画も声高にファシズム論争をやるのではなく、ファシズムを挟んで反対側にいる二人の平凡な男女、その二人の心の通い合いを淡々と描くだけである。カメラはアパートの室内からほとんど出ることがなく、まるで一幕劇のようでもある。この密室のドラマは観客に息苦しさを与えないものの、時代の閉塞状況を静かに映し出してもいる。エットレ・スコーラ監督は『あんなに愛しあったのに』（七四）で、かつてレジスタンスの同志だった男たちが苦い人生を送っていく様子も描いた。

少年期に体験したファシズムの勢いを、フェリーニは『アマルコルド』（七三）の中に断片的な思い出として、ときに暗く、ときに滑稽に挿入している。フェリーニはファシストのユニフォームや行進を極力さぼったらしいが、青年期には徴兵そのものも適当な口実をつけて逃れ続け、ついに戦争に協力しなかった非愛国者だった。もっとも、フェリーニは政治的あるいは宗教的信念からの徴兵忌避者ではなく、風刺を好んだ自由な人間として本能的に反ファシストだった。

　ムッソリーニの愛人を主人公にした『クラレッタ・ペタッチの伝説』（パスクァーレ・スキティエリ監督、八四）、これはクラウディア・カルディナーレがヒロインを演じたが、私の印象にはあまり残っていない。イタリアのファシズムならぬ、ドイツのナチズム、その強制収容所における性的頽廃を描いた『愛の嵐』（リリアーナ・カヴァーニ監督、七三）、同じくナチズムの頽廃を描いた『地獄に堕ちた勇者ども』（ヴィスコンティ監督、六九）などは異色作である。イタリア・ファシストの性的倒錯によるトラウマ（精神的傷痕）はベルトルッチの『暗殺の森』にもあり、やはり、イタリア映画にはファシズムを背景にした問題作が多い。もっとも、アルベルト・モラヴィアの小説『同調者』（一九五一年）を原作とするこの映画は、ファシズムに同調しようと努める、自己内部に異常さを秘めた主人公の物語だった。

　左翼を扱った映画については、煉瓦工として労働者意識にめざめ、階級闘争に立つまでを描いた『わが青春のフロレンス』（マウロ・ボロニーニ監督、七〇）があり、これは青春映画としても叙情性に満ちた佳作である。過激派の女性テロリストを主人公にした『女テロリストの秘密』（ジュゼッペ・ベルトルッチ監督――ベルナルド・ベルトルッチの弟、八四）、ちょっと変わった趣向では、記憶喪失に陥った共産党指導者で水球の選手を描く『赤いシュート』（ナンニ・モレッティ監督、八九）などを挙げておこう。

4……都市と農村

イタリア映画にはローマ、ナポリ、フィレンツェ、ミラノ等の都市を舞台にしたものもたくさんある。とりわけ、〈ローマ〉を冠した邦題のイタリア映画は多く、原題とは別に〈ローマ〉という名称が日本人にとって親しみやすい都市、記号としての証になっている。ローマといえば、現代ローマの頽廃と虚無、キリスト教・有閑階級・知識階級の行き詰まり、ゴシップ・ジャーナリズムの刹那主義など、フェリーニは挑発に満ちた『甘い生活』(五九)でイタリア中に賛否両論を巻き起こした。スターや有名人で一杯の映画の中のヴェネト通りは、むしろ現実の方が映画に合わせて変わったとも言われるくらいだが、当時の様子を知らない私にとって、昨今のヴェネト通りは昼間はむろんのこと、夜でさえ『甘い生活』の放蕩も喧騒も遠い出来事といった落ち着いた印象を受けた。同じフェリーニが古代ローマに遡った『サテリコン』(六九)も同様の〈爛熟と頽廃のローマ〉であるが、『フェリーニのローマ』(七二)の方はもっと都市自体の生成と運動、ダイナミズムをはらんでおり、その雑多なエネルギーともども、よりポジティヴなローマの姿をみごとなコラージュに作り上げた。フェリーニは『甘い生活』『サテリコン』『フェリーニのローマ』のローマ三部作で、彼自身が抱くローマのイメージ、都市の肖像を創造したのである。

ローマの中央駅（始発駅でもあり終着駅でもある）を舞台にした『終着駅』（五三）はヴィットリオ・デ・シーカ監督の名作として知られている。男女の束の間の悶々たる恋を描くこの映画の主人公たちは、ジェニファー・ジョーンズとモンゴメリー・クリフトのアメリカ人だった。ちなみに、駅の待合室だけに場を限定したイギリス映画『逢びき』（ディヴィッド・リーン監督、四五）、同じく駅での待ち時間をメロドラマに仕立てあげたロシア映画『ふたりの駅』（エリダール・リャザーノフ監督、八二）、そのものずばりの題名の日本映画『駅 STATION』（降旗康男監督、八一）、サスペンス・ドラマのイタリア映画『殺意のサン・マルコ駅』（セルジョ・ルビーニ監督、九〇）など、さまざまな人間が集まる駅は映画ドラマが好む場所のようだ。これらの多くは戯曲が原作である。

イタリア映画には都市の近代生活よりも、庶民感情の吐露を描いた作品も多く、その中に描かれる庶民の哀歓は日本映画と共通するものがある。とりわけ『鉄道員』（五六）『わらの男』（五八）『刑事』（五九）『誘惑されて棄てられて』（六四）などのピエトロ・ジェルミ監督は庶民派の代表だったろうか。彼は俳優としても渋い男前であり、『鉄道員』『わらの男』『刑事』では市井の人としていずれも主役を演じている。それぞれの映画音楽も哀感を漂わせてヒットした。作曲家はカルロ・ルスティケリ、彼は『禁じられた恋の島』でも甘くもの悲しい主題曲をヒットさせ、この時代のイタリア映画の旋律を決定した感がある。フェリーニ作品に欠かせないニーノ・ロータの旋律、あるいは日本で名付けた〈マカロニ・ウェスタン〉のエンリオ・モリコーネなど、六〇年代イタリア映画の音楽は明確で印象的だ。

ミラノからシチリアへ、警察官が孤児の姉弟を送って旅をする『小さな旅人』（ジャンニ・アメリオ監督、九二）、十九世紀半ばのトスカーナ地方の奇妙な冒険譚『イタリア不思議議旅』（ダニエレ・ルケッティ監督、八八）、イタリア版「東京物語」の『みんな元気』（ジュゼッペ・トルナトーレ監督、九〇）など、旅の映画も数多いが、農村や漁村を舞台にした秀作も多く、私が深い感銘を受けた作品の一つに『木靴の木』（エルマンノ・オルミ監督、七八）がある。これは、十九世紀末の北イタリアの農村、監督の故郷ベルガモを舞台に、すべて本物の農民を登場させ、その生活を克明に、淡々と描写した映画である。過去を描いているので記録映画ではないが、演出の姿勢はまさに記録映画的だ。撮影もオルミ自身が担当している。大仰なドラマもなく全体として地味な物語ではあるのだが、てらいのない物語や画面の美しさから、かつての農民の生活と哀歓が静かに立ち現れてきて、深い感銘を与えてくれる。ところで、オルミ作品には、少年給仕たちの眼を通してブルジョア階級の偽善を描く『偽りの晩餐会』（八七）、そして『聖なる酔っぱらいの伝説』（八八）という異色作もある。

シチリアの漁村、漁師たちとその家族、村に住む人々、現地の言葉、俳優ではなく本当の生活者たちを長編映画に登場させた点では、ネオレアリズモの代表作『揺れる大地』（ヴィスコンティ監督、四八）がその先駆的作品だろう。この映画はその特殊性（つまりは非商業性）から、日本では長い間、一般の映画館で公開されないままだった。『ベニスに死す』（七一）を皮切りに、一九七〇年代の華やかなヴィスコンティ・ブームを経てやっと、彼の初期作品へ光が当たりはじめ、『郵便配達は二度ベルを鳴らす』『揺れる大地』『ベリッシマ』(五一)ほか、彼のモノクロ作品が日本で遅れて公開されるようになったのである。ネオレアリスタとして出発したヴィスコンティではあるが、イタリア屈指の名門の家系としてか、『山猫』(六三)『ベニスに死す』(七一)『ルートヴィヒ』(七二)『イノセント』(七六)などは、庶民性や社会性から離れて、ブルジョア階級の、しかも過去に題材を取ることが多くなり、フェリーニ作品とは対照的な貴族の美学により観客を魅了した。

農村を舞台にした映画ではジュゼッペ・デ・サンティス監督の『にがい米』(四九)、『ポー河の水車小屋』(アルベルト・ラットゥアーダ監督、同年)、『越境者』(ピエトロ・ジェルミ監督、五〇)など、やはりネオレアリズモ期の秀作が次々に思い出される。『にがい米』では、新人女優シルヴァーナ・マンガーノが一躍人気を得てスターとなり、共演のラフ・ヴァローネは『越境者』で主演。これはシチリアの硫黄鉱山閉鎖による坑夫たちの旅を描いたものだった。北イタリアの小さな村を舞台にした『いつか見た風景』(八九)、ボローニャにおける少年モーツァルトを描いた『モーツァルト』(八四)ともにプピ・アヴァティ監督である。

ほかの重要な監督としては、六〇年代にヴィスコンティやフェリーニと並んでいたミケランジェロ・アントニオーニ、そしてピエル・パオロ・パゾリーニらの名前も落とすことはできない。アントニオーニの『情事』(六〇)や『赤い沙漠』(六四)で、主演のモニカ・ヴィッティのもの憂い表情はともかく、作品に漂う倦怠感と気取りに私はなじめなかった。だが、『情事』は物語の途中で主人公(ヴィッティ)が姿を消してしまい、理由や結末らしきものが示されず、同時期公開のフランス映画『去年マリエンバードで』(アラン・レネ監督、六〇)同様、その難解さが学生たちや若い映画ファンたちに議論を呼び起こし、評論家たちには「物語映画の解体」を論じさせる騒ぎにもなった。

パゾリーニ作品の観念と荒々しい力は、アントニオーニ作品とはまったく対照的だ。無神論者の彼が示したキリスト像の異色作『奇跡の丘』(六四)。ほかに『豚小屋』(六九)、『王女メディア』(同)、『デカメロン』(七一)、『ソドムの市』(七五)などにあらわなカニバリズム(人肉食い)、エロティシズム、サディスム、グロテスク、さらには大食、好色、残酷、見世物性など、人間の本能的側面を肥大させた作品、これらもまたイタリア映画の一面に強くある。

5……見世物の伝統

見世物性はフェリーニ映画の中にも色濃い特徴を見せており、それはとりわけ大道芸やサーカスといった題材に明白である。これらに、大女、パレードなどフェリーニ的要素を加えると、寺山修司の要素とも重なってくる。一方、〈記録映画〉と称する一連のシリーズでは、グアルティエロ・ヤコペッティ監督の『世界残酷物語』(六二)が、嘘か本当か、世界中の奇習・人間の獣性・珍事を撮ってブームを巻き起こした。また〈世界の夜〉シリーズは、キャバレー・ストリップショー・歓楽街等を記録した見世物映画で、『世界の夜』（六一）をはじめ、『世界猟奇地帯』（六九）など、この当時のイタリア映画が得意としたジャンルである。

一九六〇年代には、冒険活劇やアクション映画のジャンルで、サイレント映画時代からの人気シリーズ『マチステ』など、古代のエジプトやローマを舞台にした剣闘士ものから、〈マカロニ・ウェスタン〉（＝スパゲッティ・ウェスタン）へと、人気ジャンルの交代が見られる。後者の代表作は日本映画『用心棒』（黒澤明監督、六一）の盗作として話題になった『荒野の用心棒』（セルジオ・レオーネ監督、六四）で、主役を演じたアメリカ人クリント・イーストウッドはのちにハリウッドのスター街道を昇っていく。泥棒もの、強盗団を主人公にした快作は『黄金の七人』（マルコ・ヴィカリオ監督、六五）で、ユーモアとサスペンスにあふれた娯楽映画。こう見てくると、イタリア映画の六〇年代は日本と同じように転換期であり、第二次大戦後の新鋭たちが中堅として、またイタリア映画の代表として大きく成長していく一方、産業としての映画が衰退していく時期、そしてさまざまな新しいジャンルの開拓や工夫が試みられた時期だった。この時代の映画界――映画の全盛期からテレビ時代への推移――を背景にした作品に『魚のスープ』（フィオレッラ・インファシェッリ監督、九二）がある。

音楽映画はいろいろあるにしても、カンツォーネを主題歌にした青春映画、あるいは歌入り映画はさておき、ナポリ民謡を満載した『ナポリの饗宴』（エットレ・ジャンニーニ監督、五四）はその華麗さとスペクタクル性でいまなお伝説的な映画である。世界に冠たるイタリア・オペラも、映画の中でうまく生かされているのは意外に少ない。フランチェスコ・ロージの『カルメン』（八三）は傑作の部類に入るだろう。ヴィスコンティ亡きあとの舞台演出家として活躍するフランコ・ゼフィレッリには、『トラヴィアータ　椿姫』（八三）あるいは『トスカニーニ』（八八）などの音楽映画があるが、彼の作品で人気を博した映画は、『ロミオとジュリエット』（六八）であり、可憐なオリヴィア・ハッシーがジュリエットを演じて人気スターとなった。聖フランチェスコを主人公にした『ブラザー・サン　シスター・ムーン』（七二）も話題になった。ゼフィレッリ映画の特徴は甘美さにあって、映像の美しさと音楽の美しさとがときに甘味過多気味でもある。背景をファシズム下のフィレンツェに置いた『ムッソリーニとお茶を』（九八）は、ゼフィレッリの自伝的思い出がこめられている（図9）。

七〇年代はオカルト映画ブームでもあった。恐怖とショックの連続で映像と音響両面から観客に襲いかかったのが『サスペリア』（ダリオ・アルジェント監督、七七）ほかの血なまぐさい映画。怪奇とグロテスク、残虐さとサスペンスを売り物に、映画的見世物の極致を追及したジャンル。この種の映画の先駆もサイレント時代にあるが、ダンテの原作という文芸色を売り物にした地獄めぐり『インフェルノ』（一九〇九）など、トリックの他愛なさもあって、いま見るとまことにほほえましい。血しぶきホラー映画はアルジェント監督の『オペラ座・血の喝采』（八八）、ルイジ・コッツィ監督の『パガニーニ・ホラー　呪いの旋律』（八八）など、いまだ散発的に日本で上映されている。

大食の映画『最後の晩餐』（七三）。国籍はフランスのようだが、監督のマルコ・フェレッリはイタリア人、主要役の四人の男たちの一人マルチェロ・マストロヤンニもむろんイタリア人。晩餐といっても、のんきなグルメ映画などではなく、死の饗宴とも呼ぶべき、これまた〈食と性〉の極致を追及する異様な執念の映画である。大食漢どもの愉快な暴食ぶりは『フェリーニのローマ』にもあった。商業映画を量産している国であればいずこも同じと言うものの、セックス・コメディ、エロティック・フィルム、ポルノ映画などの艶笑譚や覗き趣味映画、好色映画の類もイタリアには多く、戦争映画（イタリアにはベトナム戦争ものが結構ある）、警察官（探偵）アクション映画なども含めて、私はとてもこれらの映画までカバーしきれない。男女の生と性のありようは、女性監督リナ・ウェルトミュラーの『流されて』（七五）が皮肉に描き出している。島に漂着したブルジョア夫人とその男性召使が孤島で暮らすうちに、立場を逆転させていく、いささか文明批判やら男女の性への皮肉やらをこめた寓話である。もっとも、これにはアメリカのサイレント映画『男性と女性』（セシル・B・デミル監督、一九）という先駆作がある。ウェルトミュラーは、エイズをテーマにした『ムーンリットナイト』（八九）も発表した。

図9 『ムッソリーニとお茶を』1998（パンフレット表紙）

さて、戦後イタリア映画の四十年間ほどを、駆け足で見る気まま旅になった。日本でも多くのファンを集めた『ニュー・シネマ・パラダイス』(ジュゼッペ・トルナトーレ監督、劇場公開版八八)を最後に、ひとまずお開きにしよう。シチリアの映画館「シネマ・パラダイス」を舞台に、少年が映画とともに成長するまでを描くこの映画は、映画産業の盛衰を背景に映画館史をかいま見せていく。衰退していく映画産業と、主人公の人間的成長、少年期の純真さと(いたずらも)全盛期の映画の活力。映画への愛、夢、ノスタルジアをこめた『ニュー・シネマ・パラダイス』。同時代、日本の映画館も多数が閉館していった。

第二次世界大戦後のイタリア映画と当時の日本を振り返ると、ネオレアリズモの映画群が観客に大きな感銘を与え、映画製作者や批評家・識者たちにも鮮烈な印象を与えたことは忘れがたい。ネオレアリズモ期の映画には、敗戦日本の社会状況や庶民感情とも共通する世界が描かれていたからだ。イタリアではファシズムからの、日本では軍国主義からの解放があり、双方に平和への強い希求があった。ロッセリーニが『戦火のかなた』や『無防備都市』(図10)で見つめた〈ファシズムへの抵抗と戦い〉に相当する日本映画はなさそうだが——敗戦後日本ではGHQの指針と検閲があった——戦中の自由主義者への弾圧と軍国主義からの解放は『わが青春に悔なし』(黒澤明監督、四六)に、復員兵のトラウマを通して侵略戦争とその責任を問う視点は『戦争と平和』(山本薩夫・亀井文夫共同監督、四七)に描かれている。ロッセリーニはさらに、『ドイツ零年』(四八)で、敗戦ドイツ、ベルリンの廃墟に困窮家族を描き、家出少年の孤独と絶望を見つめた。デ・シーカ監督『靴みがき』『自転車泥棒』(図11)の戦災孤児や生活苦は、日本映画の『第二の人生』(関川秀雄監督、四八)『蜂の巣の子供たち』(清水宏監督、同年)『鐘の鳴る丘』(佐々木啓祐監督、四九)などにもある。また、赤狩り期に追放された映画人たちが運動を起こした独立プロの諸作品——一九五一年から五四年にかけての——『どっこい生きてる』『真空地帯』『原爆の子』『箱根風雲録』『女ひとり大地を行く』『雲流るる果てに』『ひろしま』『混血児』『蟹工船』『村八分』『日の果て』『太陽のない街』なども、社会へ強く訴える映画群だった。当時、国際的に著名なフランスの映画史家・批評家だったジョルジュ・サドゥールは日本の独立プロ作品を見て、「イタリアを凌駕したように思えた」と記したほどである。(『世界』一九五五年六月号/『世界映画史』邦訳版、みすず書房、一九六四年)

図10 『無防備都市』1945

その後、イタリア映画はネオレアリズモ期を過ぎて、社会も映画も変貌していき、日本も高度経済成長期に入ったが、戦争や社会を見つめる映画が消えたわけではない。『ライフ・イズ・ビューティフル』(ロベルト・ベニーニ監督・脚本・主演、九八)も登場した。前半のドタバタ・コメディは冗長だが、少年の

図11　『自転車泥棒』1948

図12　『やがて来たる者へ』2009

眼を通して戦時下のユダヤ人迫害を描く後半では主題が明確になる。村人・パルチザン・ドイツ兵・ファシストらが対峙する村を少女の視点から語る『やがて来たる者へ』（ジョルジョ・ディリッティ監督、二〇〇九、図12）。マフィア社会の闇を描く『シチリアーノ　裏切りの美学』（マルコ・ベロッキオ監督、二〇一九）。一方、日本では、戦時下に少年期を送った黒木和雄監督が『TOMORROW明日』（一九八八）、『美しい夏キリシマ』（二〇〇三）、『父と暮せば』（二〇〇四）の三部作を、そして『紙屋悦子の青春』（二〇〇五）を遺して世を去った。タヴィアーニ兄弟とほぼ同世代である。同世代の日本人監督には、大連からの引揚体験を持つ山田洋次監督がいて、戦時下の厳しい統制下、ある家庭の事件をお手伝い女性の眼から描いた『小さいおうち』（二〇一四）がある。彼らよりずっと上の世代だった新藤兼人監督には、庶民の生活や戦争の不条理を描いたいくつもの作品があり、『一枚のハガキ』（二〇一一）はすぐれた遺作となった。

いま、日本の社会問題は劇映画よりも、テレビを含むドキュメンタリー映画の側にある。見つめることもあれば、報告し、訴え、考えさせ、行動を促す作品として。映画カメラが社会を〈見つめる〉〈凝視する〉ことから出発する限り、ネオレアリズモの精神は生き続けるだろう。

☆イタリア映画史全般に関しては、左記の文献がある。
古賀太『永遠の映画大国　イタリア名画120年史』（集英社新書、二〇二三年）。ジャン・ピエロ・ブルネッタ『イタリア映画史入門　1905−2003』（川本英明訳、鳥影社、二〇〇八年）。柳澤一博『イタリア映画を読む　リアリズムとロマネスクの饗宴』（フィルムアート社、二〇〇一年）。『イタリア映画大回顧』（映画祭カタログ、朝日新聞社、二〇〇一年）。飯島正『イタリア映画史』（白水社、一九五三年）。

III

ロシア——閉鎖と開放

ペレストロイカとロシア映画

はじめに……帝政時代からソ連邦時代へ

ロシアで初めて映画が上映されたのは、フランスの〈シネマトグラフ〉（リュミエール社）によってであり、一八九六年五月、サンクトペテルブルクやモスクワなどにおいてだった。同年にはモスクワでニコライ二世の戴冠式も撮影され、この映像は現在も残っている。二十世紀初頭からロシア国内でもぽつぽつと映画製作が始まり、一九一七年十月のロシア革命（ロシア暦、新暦では十一月革命）以前に、製作本数も映画館数も相当な数に達していた。劇映画のジャンルも多岐にわたり、人気俳優やすぐれた監督たちが輩出、前者の代表にはイヴァン・モジューヒン（革命後に亡命）、ヴェラ・ホロードナヤ、後者にはヤーコフ・プロタザーノフ（革命後に亡命、まもなく帰国）、エフゲーニー・バウエルらがいた。

革命後の一九一九年、レーニンは映画の重要性を認識、製作と配給を国有化していく。一九二二年末、ソヴィエト社会主義共和国連邦（略して〈ソ連〉〈ソ連邦〉〈ソヴィエト〉など）が成立した。一九二〇年代にはセルゲイ・エイゼンシテインの『戦艦ポチョムキン』（一九二五）、フセヴォロド・プドフキンの『母』（二六）、ジガ・ヴェルトフのニュース映画や記録映画『カメラを持った男』（二九）ほかが製作されて、世界にソヴィエト映画の誕生を告げた。一九二四年、レーニンが没し、トロツキーを追放したスターリンが権力を握る。この時期のエイゼンシテイン作品『十月』（二七）や『全線——古きものと新しきもの』（二九）はスターリンから干渉を受けた。一九三四年の全ソ作家会議は〈社会主義リアリズム〉を採択、創作方法の画一化が進むようになる。三〇年代後半からスターリニズムによる粛清の嵐が吹き荒れ、革命に功績のあった軍人や党員のみならず、作家や芸術家たちも創造の自由を奪われ、あるいは粛清（銃殺や流刑）の対象となった。

第二次世界大戦が終わるまで、日本国内で上映されたロシア／ソ連映画は少なかったが、一九二〇年代（サイレント映画全盛期）から三〇年代初め（トーキー初期）にかけては、日本でもマルクス主義とロシア革命の影響はきわめて強く、雑誌や単行本を通してソ連映画の製作動向や理論などが盛んに紹介された。

一九五三年にスターリンが死去、五六年に共産党第一書記フルシチョフによる〈スターリン批判〉が行われ、いわゆる〈雪どけ〉となる。この言葉はエレンブルグの小説『雪どけ』（五四年）から採られていたので、スターリン死後の雰囲気の変化は小説がいち早く受け止めていた。〈雪どけ〉期にはソヴィエト映画にも新しい息吹が生まれた。しかし、フルシチョフが失脚し（一九六四年）、代わったブレジネフから〈再凍結〉へ戻り、〈停滞の時代〉が続く。その間、ソヴィエト映画は国営産業として拡大しつつ、官僚による厳しい統制と検閲下に置かれた。

ソ連にペレストロイカが起きたのは、ゴルバチョフ政権下の一九八五年であり、翌年には〈根本的改革〉が提示され、一九八七年、政治・経済・文化諸領域に及ぶ大改革が実行に移されていった。スローガンの〈ペレストロイカ〉（立て直し）と〈グラスノスチ〉（情報公開）は流行語にもなり、これらの言葉は日本を含む西側諸国へも広まった。

1……ペレストロイカ始まる

一九八五年三月、ミハイル・ゴルバチョフはソ連共産党中央委員会の書記長に就任、それまでの共産党官僚によって著しく停滞していた政治・行政・経済領域の大改革をめざした。翌年の四月二十六日深夜、ウクライナのキエフ（現、キーウ）北方チェルノブイリ（現、チョルノビリ）で原発の炉心が溶融、史上最大の放射能汚染事故が発生した。当初、この事故は隠されており、実態不明のまま深刻な被害が広まり、犠牲者数も増大した。ゴルバチョフは情報公開（グラスノスチ）を決意、この理念と運動をあらゆる領域へ広めていく。〈グラスノスチ〉は〈ペレストロイカ〉と並ぶゴルバチョフ路線の二大スローガンとなった。一九八七年一月、共産党中央委員会総会では、〈グラスノスチ〉促進を明確に承認した。当時、ゴルバチョフの多くの演説は社会改革の広範な分野に及んだが、文化や芸術面への言及は少なかった。ただし、この年に刊行された『ペレストロイカ――我が国と他国のための新思考』（英語版、日本語訳は『ペレストロイカ』[*1]）には左記のような言葉がある。

> わが国の精神面に常に大きな役割を演じてきた文学は、いかなる不正と権力の濫用をも容赦しない。すぐれた作家、映画製作者、演劇人、俳優は、すぐれた作品をとおして社会主義イデオロギーの成果にたいする人々の信頼を鼓舞し、社会の精神的再生を求めて、官僚的妨害や、時には迫害にもめげず、ペレストロイカへの精神的下地を用意したのである。（二七頁）
> 以上のようなことを述べたのは、根本的変革へのエネルギーが、国民や党のなかにずっと以前から蓄積されてきていた、ということを、読者に理解してもらいたかったからである。ペレストロイカという考えは、たんに実用的な関心や配慮からのみ生じたのではなく、悩める良心の産物であり、革命によってわれわれが受け継いだ理想を守ろうという不屈の精神の賜物でもあるのだ。（二七―二八頁）

ゴルバチョフは一九八八年から九一年までソ連邦の国家元首、最後の二年間はロシア／ソ連邦史における最初の大統領を務めた。

私はペレストロイカ当時、モスクワとロンドンでいくつかの映画を見ていたので、まずその個人的体験から述べていこう。

モスクワ国際映画祭／公開された映画人会議

一九八七年七月六日から十七日まで、第一五回モスクワ国際映画祭が開かれた。*2 当時の日本でもおなじみになっていた〈ペレストロイカ〉と〈グラスノスチ〉（グラースノスチ）は、映画祭でも爽やかな旋風を巻き起こしていた。一週間ほどの滞在中、私は映画祭をかいま見ただけであり、全体を概観して述べることはできないが、帰国後、見聞記を書いた。

映画人同盟会議はモスクワで毎週木曜日に開かれるという。七月九日の木曜日は、内外のジャーナリストや映画人たちに会議を「公開」して、熱気あふれる質疑応答の場となった。その主役はエレム・クリモフ（一九三三－二〇〇三）、映画人同盟第一書記であり、この年に日本でも公開予定の映画『ロマノフ王朝の最期』『炎628』の監督だった。ソ連における映画行政側の官僚と現場の製作側との対立はサイレント映画時代、若きエイゼンシテインの頃から続いており、常に官僚側が製作側を屈服させてきたわけだが、ゴルバチョフによる〈ペレストロイカ〉はゴスキノ（国家映画委員会）の改革にも向かっており、クリモフは「両者の仲は以前よりもよくなった」と言う。しかし現実には、新しい映画が作られてもゴスキノが公開させない作品があり、当時まだ全面自由化には至っていなかった。ソ連映画界では、モスフィルム（ロシア共和国）のペレストロイカが一番進んでいたが、他の共和国ではまだほとんど進んでおらず、辛うじて白ロシア（現、ベラルーシ）、ウクライナ、モルダヴィア（当時）等がましといったところ。モスフィルムではすべての監督が映画製作の責任者になって、自由な製作ができるようになった、以前のように製作そのものの足を引っ張る人はいなくなったが、公開させてくれない人がゴスキノにいる……といった説明やら答弁やらがあり、クリモフのてきぱきとした、改革と自由化への決意に満ちた表明に対して、会場にいたアメリカのスタンリー・クレイマー監督やイギリスの女優バネッサ・レッドグレイヴらから、ソ連はもっと反資本王義、反ハリウッド主義の映画作りで頑張ってもらわねば困るなどの強い意見が出たのでおかしかった。西側の映画製作に近づこうとしているクリモフ路線に対して、西側の映画人が逆に心配していたのだ。クレイマーは社会派のプロデューサーとして名を挙げ、監督作品には『手錠のままの脱獄』(五八)、『渚にて』(五九)、『ニュルンベルク裁判』(六一)、『招かれざる客』(六七)ほか、日本でもよく知られていた。

会議のあと、長年お蔵入りになっていた映画が参考上映された。別々の監督による短編二本を合わせた『無名兵士の歴史』(モノクロ、約七〇分)がそれであり、もとの映画は一九六七年に製作されていた。アンドレイ・タルコフスキーの『アンドレイ・ルブリョフ』もその頃に公開が延期されており(五年後の一九七二年に公開)、アレクセイ・ゲルマンの『道中の点検』ほかもお蔵入りになっていて、やっと、公開されたばかりだった。

『無名兵士の歴史』第一部はユーリー・オレーシャ作、アンドレイ・スミルノフ監督でロシア革命直後(一九二〇年)のウクライナを舞台に、数名のパルチザンと女性との放浪を描いている。この一団は反革命側に捕まり、リーダーは惨殺され、女性は暴行される。力強い、即物的かつ先鋭なリアリズムといった描写だが、なにしろラストは革命の夢や希望どころではない、しょぼくれて歩き続ける一団の顔のアップでおしまいなのだ。第二部はアンドレイ・プラトーノフ作、ラリーサ・シェピチコ監督で、ヴォルガ河南部を舞台に、これまた一九二一年という革命まもない時代の、日照りに悩む農村の悲劇を描く。イコンを掲げ雨乞いをする農民。発動機を回して水を汲み上げ、開墾を始める男、エンジンは加熱して燃え上がり、希望は消える。すると、やっと雨が降りはじめる。人間の意志的行為をあざわらうかのごとき自然と運命の力。一部・二部ともペシミスティックな作品ゆえにお蔵入りになったのだろうと推測されるが、お蔵入り映画の理由はわからない場合が多いという。スミルノフ、シェピチコ（クリモフ夫人）二人とも戦後派監督であり、前者の『遠い日の白ロシア駅』は第二次大戦の戦中派と戦後派の断絶を描き、日本でも一九七四年に公開されている。

クリモフら、映画人同盟の幹部が並んで記者会見をした《ドムキノ》（映画会館）ホール入り口には、いくつかの大きな抽象画が掛けてあった。抽象画も、まだこの国では資本主義国の頽廃的芸術のはずであった。しかし、聞くところによると、前年から、西側でのいわゆる「ロシア・アヴァンギャルド芸術」の復活展覧会が目立つようになり、しかも、下からの盛り上がりによる静かなブームの様相さえ呈しているという。ジャズやロックが解禁され、公に認知されてきたことについては日本でも情報が伝わっており、「読売新聞」（一九八七年八月一日、夕刊）は「彩り豊か　モスクワ〝原宿〟ロックあふれるアルバート通り」という見出しで、映画上映の第一回にカラー写真つきの記事を載せたほどだ。映画祭では当然のことながら、ぎっしりと上映日程が組まれていて、世界中から集まったジャーナリストや映画関係者向けのエクスカーションも盛りだくさんで、中には、ジャズやロックのディスコ・クラブ見学というツアーまであった。

アフガン、ベトナム、スリランカ、キューバの映画

モスクワまで行きながら、私はソ連の映画をあまり見なかった。話題作はいずれ日本でも公開が予定されていたからであるが、日本ではなじみのない国の映画を優先して見ようと思ったからでもある。その意味から、アフガニスタンの『渡り鳥』(アブドゥル・ラティフ監督、八七)とベトナムの『静かすぎる町』(レー・ドゥック・ティエン監督、八六)は興味深い作品だった。前者は旅の途中の一家がゲリラに銃や馬を奪われ、難民キャンプにたどり着くが、ゲリラたちもすべて死に絶える。『渡り鳥』は映画としての描写にパトスの強さが足りず、冗長なところもあり、わかりにくくもあったが、戦闘シーンや武器の搬送等はどうも実写フィルムを使っているようであり、ドラマ部分との画調や色調の違いが現実味をもたらしていた。[*3] ベトナムの『静かすぎる町』、スリランカの『蓮の道』(ティッサ・アブセカラ監督、八六)、キューバの『成功した男』(ウンベルト・ソラス監督、八七)などはのちに日本でも上映された。ちなみに、『成功した男』も含めて、東京で上映されたキューバ映画はいずれも秀作ぞろいだった。

映画祭のグランプリはフェリーニの『インタビュー』に与えられた。しかし、前作『ジン

ジャーとフレッド』に続いて、フェリーニの衰えを感じさせられた。私は映画祭を抜け出して、戦前にグリゴーリー・コージンツェフ監督とコンビを組んで活躍したレオニード・トラウベルグ監督（当時八十五歳）へのインタビューや、〈エイゼンシテインの家〉[*4]訪問などを行った。重要な目的は、一九三〇年前後、ロシアへ輸出されたいくつかの日本映画——日本にはプリントが残っていない作品『何が彼女をそうさせたか』ほか——の行方を探すことにあったが、私の探索はあっけなく頓挫した。というのも、当地のフィルム・アーカイヴの主要な人たちは映画祭に出払っており、責任者らしい一人に相談すると、いまは映画祭で忙しく、私的調査には回答できない、日本へ帰国したら公的機関から改めて正式に問い合わせてほしいと言われたからだった。帰国後、東京・京橋のフィルムセンター（現、国立映画アーカイブ）の主幹だった丸尾定氏から手紙を出してもらった。先方からの返答は「該当作なし」。まだまだ「情報公開」は不十分だった。なぜなら『何が彼女をそうさせたか』は、のちにロシアで発見されてプリントが日本へ渡されることになったからだ。この経緯については日本のさまざまなメディアで取り上げられ、『何が彼女をそうさせたか』（鈴木重吉監督、一九三〇）は日本でビデオ化された。

2……解禁されたソ連映画　ロンドン

一九八八年三月末から八月にかけて、私はパリとロンドン双方の都市に住み、行ったり来たりの生活を送っていた。四月半ばにはポーランドの映画都市ウッジの映画演劇大学に招かれ、そこでクルリキェヴィチ監督と出会った。この体験についてはある雑誌に書いた。*5

同年七月、ロンドンのナショナル・フィルム・シアターは、"Shelf Life"（棚上げの生）という総タイトルで、〈お蔵入りソヴィエト映画〉を次々と公開していった。ナショナル・フィルム・シアターは日本のフィルムセンター（現、国立映画アーカイブ）に当たるが、テームズ河畔にあって、国立劇場やロイヤル・フェスティバル・ホール、ヘイワード・ギャラリー等と並ぶ建物で、その環境・劇場としての立派さ（三つの映画劇場があった）、映画書店・カフェーやレストラン・勤務人数、そしてトッテンナムコート・ロード近くのBFI（ブリティッシュ・フィルム・インスティテュート）との連結などを考えると、規模の大きさでは日本と比較にならないほど大きい。パリのシネマテークも大きくて、当時はシャイヨーとポンピドゥーの二か所にあり、のちにパレ・ド・トウキョウに併合統一された。

〈お蔵入りソヴィエト映画〉の題名を上映順にいくつか記しておこう。

『われらが世紀』（アルタヴァズド・ペレシャン監督、八二）、『長き別れ』（キラ・ムラートヴァ監督、七一）、『知られざる時代の始まり』（ラリサ・シェピチコ＋レイ・スミルノフ監督、六七）、『孤独な声』（アレクサンドル・ソクーロフ監督、七八）、『いまわしい話』（アレクサンドル・アロフ＋ヴラジミル・ナウモフ監督、六五）、『わが幼年時代の空』（トロムシュ・オケーエフ監督、六七）、『狂気』（カリョ・キイスク監督、六八）、『イワンの昼食』（マルク・オセプヤン監督、七二）、『渇きをいやす泉』（ユーリー・イレンコ監督、六五）、『ノン・プロフェッショナル』（セルゲイ・ボドロフ監督、八五）、『テーマ』（グレフ・パンフィロフ監督、七九）等々の作品である。

私がこのプログラムを知ったのは、ロンドンへ来て三日目のことであり、プログラムの後半にはパリへ戻る予定にもなっていたので、全部を見ることはできなかった。また、キラ・ムラートヴァほかの監督たちがソ連から参加したシンポジウムは満員で入ることができなかった。BFIの顔見知りの人がなんとか私を入れてくれようと努めたが、ホールの安全管理者が頑として入れてくれなかった。このことで思い出すのは、やはりパリからロンドンへマヤコフスキー作の『南京虫』公演を見ようと訪れたとき、チケット完売で困っていた私を偶然目にしたその演出家が、彼の隣の席へ私を座らせてくれたことだった。さて、私が見ることのできた作品は『孤独な声』『いまわしい話』『わが幼年時代の空』『狂気』の四本でしかない。

その一本、ソクーロフ監督の『孤独な声』（プラトーノフ原作）を見て気づいたのは、これがアンドレイ・セルゲーヴィチ・ミハルコフ＝コンチャロフスキー監督の『マリアの恋人』（八四）を想起させたことである。ミハルコフ＝コンチャロフスキーはアメリカに渡って映画を撮っており、私は五月にパリで『マリアの恋人』を見たばかりだった。『孤独な声』の青年（主人公）はロシア革命とそれに続く内戦から帰郷する。一方、『マリアの恋人』の主人公はアメリカに住む移民の息子。彼は第二次大戦中に日本軍の捕虜になり、収容所から解放されて帰郷する。しかし、戦争体験が心の傷痕（トラウマ）として残り、妻とのセックスを含めた人間関係がうまくいかず、妻は別の男に走ったりと、三角関係の様相が色濃い。ミハルコフ＝コンチャロフスキーはロシアの映画監督ニキータ・ミハルコフの兄である。

『孤独な声』（図1）は、戦争体験の傷痕（それはいくらかあるにしても）でもなければ、妻との人間関係でもなく、むろん三角関係などではありえない。ここには人間存在の孤独と深いペシミズムが漂っている。これほど静けさと沈黙に満ちた映画があるだろうか。これほど寡黙で、これほど寂寥とした映画があっただろうか。わずかに、ロベール・ブレッソンの『少女ムシェット』を思い出すのみだ。前半はディゾルヴ（溶明暗）のゆっくりしたつなぎ、後半は長まわしで時間の流れを引き延ばし、あるいは時間を止めてしまったかのように見える、生の停留または停滞感。最後の字幕に「アンドレイ・タルコフスキーに捧ぐ」とあり、この映画はソクーロフの第一作、しかも映画大学の卒業制作らしいので、タルコフスキーの影響が大きいことは明らかだ。現実の風景と心象風景とが交錯し、凝視とカメラの動きとが交錯しながら、実験映画のような個人的表現にものめり込んでいく。それでいて不思議な感銘を残す作品である。ある作品がなぜ〈お蔵入り〉になるのかという理由については公表されないので、『孤独な声』の〈お蔵入

図1 『孤独な声』1978（パンフレットより）

り〉理由もわからないが、推測すると、タルコフスキー的世界との類似性——物語が明瞭な展開を持たず、表現が普通のリアリズムを超えること——そしてそのペシミズムにあったのではないだろうか。私が後日に知ったのは、『孤独な声』は完成後に廃棄命令を受けており、ソクーロフらが秘密裡に保管、グラスノスチの一環で陽の目を見ることになったという。その後のソクーロフの活動と作品系列を見ていくと、ペレストロイカの成果を十分に自己のものとした特異な映画作家だ。

『いまわしい話』はドストエフスキーの原作を映画化したものだが、映画の方はまるでゴーゴリの世界という印象が強い。私は当時、まだ原作を読んでいなかった。映画は、貴族で高級官吏の主人公が、たまたま中級官吏と下級官吏二人の部下のそれぞれの結婚式に不意に顔を出し、そこから生じる部下たち、庶民たちの卑屈なあわてぶりを描き出した作品である。サイレント映画時代の『外套』や『新バビロン』を思い出させるデフォルメとエクセントリシズムに満ちており、〈滑稽表現主義〉とでも言ってよいだろうが、この映画にみなぎるデフォルメとカリカチュア精神にはうならされた。一九六五年という製作年度を考えると、このような映画が作られていたとは信じられないくらいだ。しかし、この少し前には、フルシチョフによるスターリン批判が行われ、〈雪どけ〉の文化政策からどっと新感覚の映画が登場しはじめていた頃なので、『いまわしい話』は一連の叙情的ヒューマニズムとは異なる〈グロテスク・コメディ〉の新しい映画だったと思われる。前述したようにフルシチョフの失脚は一九六四年十月だったから、この映画が〈お蔵入り〉にされたことと政治状況がみごとに符合する。

　この映画はすべてがゆがんでいるか、正常なバランスを失っている。床や天井といった室内もそうであり、登場人物たちの顔の表情や姿勢も、仕種や動きもそうである。カメラの激しい動きと、断片的モンタージュ。奇妙で誇張された顔、顔、顔。突然現れた〈おえらい上役〉へのあまりの卑屈さ、あまりの卑小さ、へりくだり。そのおかしさとばかばかしさ、哀れさと悲しさ。かつての市川崑の傑作風刺映画『プーサン』（一九五三）や『億万長者』（五四）と一脈通じるカリカチュアであるが、『いまわしい話』はさらに嫌なゆがみであるグロテスクにまで到達していて、笑ってすませるほど明るくも軽くもない。結婚式の舞踏シーンはロマン・ポランスキーの映画『吸血鬼』（六七）の舞踏シーンに先だっていたはずだし、誰もいないガランとしたゆがんだ部屋で一人の女性が踊るシーンは、のちのピナ・バウシュに先だっていたはずだ。右肩を上げて、くるくると回るだけの奇妙な一人踊り、孤独な旋回のシーンの美しさと哀しさ。あとで原作（一八六二年）を読んでみると、まさしくドストエフスキーが饒舌に語る世界でもあった。一九六五年に映画完成？　という時点で、十九世紀官僚社会の一断面を描く風刺と諧謔、その毒の力が当時の映画行政側の機嫌を損ねたのだろうか。

　『わが幼年時代の空』は、キルギス共和国映画を代表するオケーエフ監督の作品である。キルギスの大草原を舞台に展開する遊牧民親子の物語は、かつての日本映画の題材——労働、親子の情、厳しく美しい自然、子供の成長など——と共通する雰囲気を持っていて、この映画がなぜ〈お蔵入り〉になったのか、すぐには想像もつかない。大草原に自動車道路の建設が始まり、自然が破壊され、遊牧民たちは立退かざるをえなくなる。自然と調和した生活や民族の伝統的生活が消滅していくことへの暗示。おそらく、この点に〈お蔵入り〉の理由があったのだろうか。当局の開発路線にやんわりと疑問を投げかけているからである。この映画の描写は淡々として力まず、『孤独な声』の絶望も、『いまわしい話』の誇張や風刺もなく、表現レベルでは写実的映画で、実に穏やかな語り口を見せている。

『狂気』は題材そのものがすこぶる興味深い。第二次大戦下のナチに占領されたエストニア。林の中の精神病院にナチの小隊とゲシュタポ――コージンツェフ監督の『リア王』（七〇）で、リア王を演じたユーリー・ヤルヴェト――がやってくる。ゲシュタポ（秘密警察）と称する男は院長に面会して、病院内にイギリスのスパイが潜んでいるので、その男を探し出すと言う。観客にとっては、このゲシュタポ自身が疑わしく見えてくる。この男が院長の勧めで〈患者〉になりすまして、本物の精神病患者たちと付き合う描写はまるでブラック・ユーモア的要素を持ちえたはずだが、残念ながら映画自体はきまじめなトーンに終始して面白味に欠けていた。この映画が〈お蔵入り〉した理由はやはりわからない。

ソヴィエトの新しいドキュメンタリー『若いことは楽じゃない』（八六）は別の会場で上映されていた。ロックに狂喜乱舞する若者たち、〈パンク〉の格好でのし歩き、壁にスプレーで落書きする若者たち、羽目をはずして列車内を破壊、そしてそれに続く裁判……。カメラは細かく切り換わり、断片的映像を見せながら、さまざまな若者たちへインタビューを試みていく。一人でこつこつと遺体処理の仕事をする青年、アフガンの戦地へ出征する青年……。ユリス・ポドニェクス監督のこのドキュメンタリーは映画としてもなかなかすぐれていて、現代ソヴィエトの若者像の断片を驚くほど率直に見せてくれる。裁判のプロセスをカメラが直視するなど、日本でもまだここまで〈情報公開〉は進んでいない。

私が日本へ帰国すると（一九八八年八月）、ペレストロイカ期のロシア映画公開が始まっていた。

3……日本公開のロシア映画

『君たちのことは忘れない』　雪はとけて――チュフライをめぐる歳月

『誓いの休暇』（五九）は、グリゴーリー・チュフライ作品の中では国際的に最もよく知られた映画だ。その反戦ヒューマニズム、少年兵の優しさ、ナイーブさ、少女への淡い恋心、母への慕情と永遠の別れ、自然描写の美しさ、ロマンティシズム、心に染みてくる主題曲等々、青春映画としても通用する普遍性を備えている。

これに比べて、今回初めて上映された『君たちのことは忘れない』（八七、日本公開九〇年）は力強いが重たい作品だ。これは『誓いの休暇』とポジ・ネガの関係にある。『誓いの休暇』にも、戦争自体の過酷さはともかく、きれいごとではすまない人間社会のエピソードがいくつも挿入されてはいた。しかし、人生の汚れた裏面を経験しつつ、主人公の少年兵はそこに巻き込まれてはいない、無垢ともいえる優しいまなざしがあって、観客に心の安らぎを与えてくれる。私が『誓いの休暇』を映画館で見たのは高校生のときだった。

『君たちのことは忘れない』が重いのは、出征すること、徴兵されることの正否を神に向かってまで問い詰めているからだ（図2）。この正面からの真剣な問いかけは、戦争世代のチュフライだからこそ、そして何度も戦場で負傷した経験を持つ彼だからこそ、できたのだろう。『誓いの休暇』の少年兵がもし戦場から脱走していたら、『君たちのことは忘れない』の主人公の立場――徴兵を逃れて家に隠れ住む――になっただろうし、生還していたら、主人公の兄の立場――出征して負傷――になっただろう。そして母親もまた『誓いの休暇』で少年兵を送り出した母親ではなく、国家よりも個人として人間の立場から、息子を匿《かくま》う母親になっていただろう。誰がどの立場になるかは運命次第でもあり、その葛藤はチュフライの第一作『女狙撃兵マリュートカ』（五六）にも現れていた。そこでは赤軍兵士マリュートカと捕虜の白軍士官という、敵対関係にあるもの同士が心を通わせ、しかも最後には心ではなく立場の違いによって悲劇を迎える。チュフライが『女狙撃兵マリュートカ』で監督としてデビューした年は、スターリン批判が始まり、〈雪どけ〉機運が広がっていった年である。他の映画の中でも、人物の類型化や英雄視をやめて、もっと人間らしい人間を登場させる一方、映画作家たちは自分の本音、自己の感性に忠実であろうとしはじめた。チュフライに次いで、ミハイル・カラトーゾフの『鶴は翔んでゆく』（公開当時の邦題は『戦争と貞操』、五七）が国際的に注目され、スターリン時代に上映禁止になっていたエイゼンシテインの『イワン雷帝』第二部（一九四六年完成）が一九五八年にやっと公開され、『誓いの休暇』が多くの観客に感銘を与えた。またアンドレイ・タルコフスキーが長編劇映画の第一作『僕の村は戦場だった』（六二）を発表して、新しい感性を持つ新世代が登場してきた。ソ連の〈新しい波〉の誕生でもあった。

第一作発表当時の監督の年齢を調べてみると、戦前派のカラトーゾフは別にして、戦中派のチュフライが三十五歳、タルコフスキーが二十九歳（卒業制作『ローラーとバイオリン』は二十八歳）、『最初の教師』（六四）のミハルコフ＝コンチャロフスキーが二十七歳（卒業制作『少年と鳩』は二十五歳）。チュフライはこの間に『晴れた空』（六一）を撮っていて、この映画では捕虜となり行方不明になった夫と、夫の帰還を待つ妻を主人公にしている。捕虜＝裏切り者の構図は、まさにこのあとアレクセイ・ゲルマン監督が『道中の点検』（七一）で描いたテーマである。しかし、『道中の点検』のときはもう〈雪どけ〉時代が終わって、〈再凍結〉期の最中であり、この映画の公開は棚上げされてしまった。すでにフルシチョフが解任され、ブレジネフが党の第一書記に就任、停滞と締め付けの

図2 『君たちのことは忘れない』1987

時代に入っていたから、雪がとけていたのは九年ほどの年月であった。

　ゴルバチョフ書記長の登場は一九八五年、雪が〈再凍結〉してからほぼ二十年の歳月が流れていた。〈グラスノスチ〉と〈ペレストロイカ〉により、再び雪がとけはじめた。続々と〈棚上げ映画〉（お蔵入り映画）の公開が始まり、そのいくつかが日本にもやってきた。前述した『道中の点検』をはじめ、『孤独な声』、『愛していたが結婚しなかったアーシャ』（ミハルコフ＝コンチャロフスキー、六六）、『コミッサール』（アレクサンドル・アスコリドフ、六七）等々。棚上げの理由を推測すると、テーマが裏切り者（『道中の点検』）、集団農場（コルホーズ）の挫折（『愛していたが結婚しなかったアーシャ』）、映像の過度の実験性？（『孤独な声』）、ユダヤ人への同情（『コミッサール』）、開発優先政策への疑問（トロムシュ・オケーエフの『わが幼年時代の空』、六七）等々だったからか。

　棚上げ映画の公開が進む一方で、ペレストロイカ時代に製作された新作も公開されるようになり、これまたそのいくつかが日本にもやってきた。スターリン時代の暗い影を描く『翌日戦争が始まった』（ユーリー・カラ、八七）、ペレストロイカをめぐる風刺喜劇の『悪党』（ヴァギフ・ムスタファエフ、八八）や『泉』（ユーリー・マミン、同年）、二十世紀初頭のペテルブルクにおける前衛芸術家たちを幻想的に取り上げた『ミスター・デザイナー』（オレーグ・テプツォフ、同年）、アフガン戦争世代の若者の精神的傷痕を描く『僕の無事を祈ってくれ』（ラシド・ヌグマノフ、同年）等々。これらの中では『僕の無事を祈ってくれ』が、若い世代の心の空白状況を最も切実に、そしてペシミスティックに示していたように思われる。ただし、日本で見る限り、中国の第五世代に匹敵するような鋭い映像感覚や映像美を持つ作品は当時のソ連に現れていないようだ。

ペレストロイカは大きな雪崩を起こした。前述した『君たちのことは忘れない』――徴兵を逃れた主人公、国家原理よりも個人原理を優先させて息子を匿った母親。戦中派監督のチュフライには、祖国のために、あるいは身近な人々を守るために、出征し戦死していった同世代への断腸の思いがあっただろう。この映画に登場する兄がその代表であり、彼は戦場で受けた背中の傷が癒えない。兄が母親に追い出されて我が家を去る途中、夜汽車の中で知る終戦の報せのシーンはまことに美しく感動的だ。彼は克己と無私の精神を持つ兵士、あるいは名もなき戦士の代表でもあり、その彼の眼にあふれる涙は私たちの心を打たずにはいられない。『君たちのことは忘れない』はチュフライ渾身の力作である。

『道中の点検』　裏切り、あるいは弱き者への寛容さ

アレクセイ・ゲルマン監督の『道中の点検』（七一、日本公開八七年）は、本国でしばらく公開を禁止され、お蔵入りになっていた映画だという。そんな先入観があると、かえって期待がわくものだが、実際に見てみると、「これがどうして公開禁止?」と、いまさらながら驚かざるをえなかった（図3）。

雨に打たれながら、なにやら作業を見つめているドイツ兵の顔のアップ。カメラが引いていくと、地中に隠した食糧（ジャガ芋だったたか）を地面にさらけ出しているロシア人の姿が見えてく

図3　『道中の点検』1971（パンフレットより）

る。強いられた作業を黙々と続けるロシア人たち。モノクロ撮影による、ドイツ軍侵略下のこの寒々とした風景から始まる『道中の点検』は、けれん味や思わせぶりを排したきわめて渋い作品であり、三〇年代以来のリアリズムの伝統を受け継いだ佳作である。公開禁止が解かれたのは一九八六年のことらしいから、ゴルバチョフによる〈グラスノスチ〉、まさしく〈公開〉政策の一環と思われる。

『道中の点検』は、モノクロ、リアリズム、第二次大戦下の物語と、現代日本の若い観客にとってはきわめて地味なものにうつるだろう。しかし、製作当時のゲルマン監督の年齢（三十三歳）と、これが監督デビュー作であるのを考えると、映画の外見的装いや題材は監督自身にとってもかなり遠いものだったはずであり、青春期とか同時代とか、身近で手ごろな題材や人物を取り上げることなく、あえて時代も人物も自分から遠い世界を描き出した力量には並々ならぬものがある。ゲルマン監督は第二作『戦争のない20日間』（七六）でもモノクロ撮影をしている。モノクロには過去形のイメージがつきまとう。モノクロであることは、強調された過去、括弧つきの過去へすんなりと観客を導き入れる便利な手段となる。それに、不思議なことにモノクロには真実味もつきまとう。リアリズムという言葉もモノクロと結びついている。映画史的にはソ連の社会主義リアリズム、イタリアのネオレアリズモ、アメリカのセミ・ドキュメンタリーと、いずれもモノクロで代表作が生まれている。しかし『道中の点検』はかつての社会主義リアリズムがソヴィエト国家建設への努力や連帯感、革命への夢や高揚感、大祖国戦争（第二次世界大戦）への献身や使命感といった、まがりなりの希望（現実にはスターリニズムの暗さと厳しさがあったにしても）を歌いあげていたのに対して、もはや歌うべき夢を持ち合わせていない。歌うべき夢や建設的なメッセージを持たないこの映画は、〈雪どけ〉期にヒューマニズムを基調として登場した映画群とも異なり、ましてや大方のソ連映画とも異なっている。

公開禁止だった理由を推測してみると、この映画の主人公ラザレフが祖国ソ連を裏切っていること、つまり一度ドイツ軍へ寝返った赤軍伍長であること。さらに勘ぐると、もう一人の主人公であるパルチザン隊長が、正規の将校である軍事委員と常に対立しており、このパルチザン隊長が人間性善説風の、気さくな人間味あふれる庶民の典型として描かれているのに対して、将校＝軍事委員は猜疑心の強い冷血な、規則と命令にのみ忠実な人間として描かれていること。憶測を広げれば、ここには中央に対して地方からの、将校に対してパルチザンからの、インテリに対して庶民からの指導者批判が読み取れ、生命の危機に瀕して祖国を裏切らざるをえなかった弱い一個人からの屈折した心情が読み取れるからである。この作品が〈裏切り者〉を主人公にしており、また隊長は裏切らざるをえなかった弱い一市民に同情的であること（この隊長は橋を爆破するシーンでも、戸惑いと優しさを見せる）など、さまざまな憶測を呼ぶ。

裏切り者として仲間の冷たい視線を受けながら、ラザレフは無言のまなざしを返すのみであり、最後には汚名を濯ぐべく、ヒロイックなゲリラ活動に参加していく。この映画は第二次大戦を偉大な指導者による勝利と見るのではなく、名もない市民（裏切り者は元タクシー運転手）、昇進や肩書を求めないパルチザン隊長ら下積みの多数の戦士たちによる勝利と見ている。ゲルマンはこの作品以後一九八七年までの十六年間に、『戦争のない20日間』（ジョルジュ・サドゥール賞受賞）、『我が友イワン・ラプシン』（八四）の二本しか撮っていない。国家よりも個人の心情、小市民の日常の生活、その微妙な心理の揺れ動きを見つめるゲルマン監督の凝視の精神は、『戦争のない20日間』でその真価が発揮された。

『ロマノフ王朝の最期』悪魔的巨人を描く歴史ドラマ

〈妖僧〉とか〈怪僧〉とか呼ばれ、これまで幾度となく小説化され映画化されてきたラスプーチン。この映画は本国ソ連で初めて、エレム・クリモフ監督がこの謎の人物と正面から取り組んだ二時間半の大作映画だ。『ロマノフ王朝の最期』（八一）という邦題からは、ほぼ同時期を扱ったプドフキンのサイレント映画の代表作『聖ペテルブルグの最後』（二七）を思い出すが、クリモフ作品は内容的にむしろエイゼンシテインの『イワン雷帝』の系譜にあるといっていい。原題はロシア語の「アゴーニア」なので、「臨終の苦悶」「断末魔」といった意味、即ち帝政ロシアの、三百年続いたロマノフ王朝の臨終の苦しみ、といった意味だろうか。

クリモフの力わざはなかなかみごとである。権謀術数うずまく宮廷を舞台に、歴史上の多彩な人物を登場させ、正攻法のがっちりしたドラマを展開する。一方で、当時のニュース映画などの映像資料を挿入しながら、歴史的臨場感、現実味をも観客に伝えていく。この映画が単なる歴史メロドラマや歴史絵巻ものに終わっていないのは、監督の歴史を見る眼と、多彩な人物を動かす目と、デコール（背景の美術）やコスチュームといった細部を見つめる眼とが拮抗しつつ、骨太の、しかも華麗な作品に仕上がっているからだ。歴史を正面の主題として取り上げた場合、バランス感覚は監督にとって重要な資質になってくる。過去を既成の解釈で絵解きするのではなく、また過去を恣意的に捏造するのでもなく、過去を再解釈しつつ現代に蘇らせる手腕が要求されるからである。クリモフ監督はできるだけ客観的な体裁をとりつつ、ドラマと歴史の狭間に、巨大な怪人ラスプーチンを創造した。

伝記であれ映画であれ、これまでのラスプーチン像はその〈いかがわしさ〉をいかがわしく捏造しただものが大半であったが、ラスプーチンを〈ポシビリタリアン〉（可能性を秘めた者）としてとらえなおしたのはコリン・ウィルソンだった（『ラスプーチン』サンリオ文庫、一九八一年）。ラスプーチンにおける予見・透視・治癒の能力に注目して、ウィルソンは宗教・心理学・現象学・医学・あるいは超宗教・超医学の立場から彼に光を当てたのである。映画はむろんウィルソンの立場をとっているわけではなく、ラスプーチンをそこまで踏み込んでポジティヴに提示してはいない。しかし、聖人か狂人か、予言者か陰謀家か、治療者か誘惑者か、矛盾をはらんだラスプーチンの振幅の大きさと変化の激しさとは、クリモフ作品の中にかなり大胆に再構成されている。ここに、私たちはロマノフ王朝に先立つツァー、イワン雷帝から革命後のスターリンまでの、凶暴な血の歴史をラスプーチン像と重ね合わせてしまうかもしれない。だが、ときに粗野あるいは凶暴な振る舞いを見せたとはいえ、ラスプーチンは血を嗜好する人ではなかった。もっとも、彼が血まみれならぬ、性衝動の強い人物であったことはたしからしい。

クリモフのラスプーチン像がエイゼンシテインのイワン雷帝像を想起させたのは、ラスプーチンとイワン雷帝両者がロシア的なものを表裏の関係で具現した人物であったという類似性。そして、ニコライ・チェルカーソフが演じた雷帝の〈目〉の鋭さと、アレクセイ・ペトレンコが演じたラスプーチンの〈目〉の鋭さにもあった。ラスプーチンはまさに〈目の人〉でもある。それは、ラスプーチンが〈目〉によって人を透視し、催眠術をかけたという事実を利用しているからでもある。しかし、その過剰な〈目〉の演技だけでなく、ジプシーたちと饗宴をするラスプーチンの背景（イリュージョンとしての描かれた風景）の過剰な美しさ、粗暴で変転極まりない性格、暗殺される室内の『イワン雷帝』的閉鎖空間など、歴史家ではない映画監督クリモフの美学が入り込んでいて、ある人はそれを表現主義的過剰さとも呼ぶであろうが、これこそ、『ロマノフ王朝の最期』を並みの歴史絵巻ではない、パトスに満ちた力強い歴史ドラマに仕立てあげている要素にほかならない。

欲を言えば、皇后とラスプーチンとの関係をもっと描いてほしかった。ロマノフ王朝を崩壊させ、革命へと導いたのは、ラスプーチンその人ではなく、ラスプーチンを強く信じて、彼を登用した皇后にほかならなかったのだから。人間観察という視点からは、気弱な皇帝も、繊細すぎた皇后も、ラスプーチンに劣らず興味深い人物である。

『炎6２8』 戦争の狂気と邪悪

『炎６２８』（原題は『来りて見よ』、八五）は、ますますエレム・クリモフの力量を発揮した凄まじい作品だ。この映画を前にすると、人はしばしば語る言葉を無くすだろう。ラスプーチンの凄まじさも色あせ、評判のアメリカ映画『プラトーン』（オリヴァー・ストーン監督、八六）でさえ、戦争の中に良心やら人間性やらをまだ信じようとした作品に見えてしまうほどだ。その違いは、たぶん自覚せざる加害者（侵略者）であったアメリカ人の自分勝手な理想主義の悩み『プラトーン』と、自覚した侵略者ナチス・ドイツの手によって、六二八もの村を焼きつくされた被害者ロシア人の地獄の苦しみ（邦題の『炎６２８』は焼きつくされた村の数に由来する）との違いから来ているだろう。

前述したように、クリモフ監督は映画人同盟の第一書記に選ばれのだが、彼の作品を見ると、彼が決して政治的な手腕家としてだけで選ばれたのではなく、監督としての力量のたしかさ、それもまれに見る太い骨格と繊細な芸術的完成度とを併せ持った才能ある芸術家として選ばれたことに納得がいく。『炎628』の衝撃は、ナチス・ドイツという歴史上の出来事の残虐さからのみ出ているのではない。それは戦争の狂気を、さらには人間の内なる邪悪さをじっと見据え、その耐えがたい残酷さから瞳を逸らすことができない状況に陥った少年の、まだ人生に立ち向かうにはあまりに幼い感受性が被った衝撃からも来ている。この点で、『炎628』は『誓いの休暇』の少年兵の甘いヒロイズムからも、『僕の村は戦場だった』の詩的回想からも遠く、主人公である少年が受けた戦争の恐怖と傷痕の深さは測り知れない。

パルチザンとなったことから一家のみならず、村人すべてを殺され、その責任のあまりの重さに戦慄しながら、少年は老人のごとき深いしわと、白い髪を増やしていく。この少年フリョーラを演じたアリョーシャ・クラフチェンコ（当時、高校生）の迫真の演技には鬼気迫るものがあり、状況は異なるがアラン・ポーの短編小説『メエルシュトレエムに呑まれて』（一八四一年）で、大渦に巻き込まれる語り手・老漁師の恐怖を思い出してしまった。ほとんどが室内シーン、かつ装飾的で演劇的とさえいえる『ロマノフ王朝の最期』に比べて、『炎628』はほとんどが屋外シーン、かつロケーション撮影本位となっているものの、風景の表現主義的な自己主張、あるいは過剰な自然の存在という点では、『ロマノフ王朝の最期』と共通していて、クリモフの強い装飾性が感じられる。たとえば、少年と少女が森の中で雨に打たれるシーン、あるいは少年が少女の手を引いて無我夢中で泥沼の中を突き進むシーン、あるいは、朝もやの中に現れるドイツ軍と干し草の馬車に隠れる少年のシーン。この一見相反するような、ドキュメンタリー的凝視の姿勢と演劇的装飾性との融合が、クリモフ作品に芸術的な力強さを与えているように思われる（図4）。

この映画にはアメリカ映画の『プラトーン』（オリヴァー・ストーン監督、八六）や、『ハンバーガー・ヒル』（ジョン・アーヴィン監督、八七）のような凄まじい戦闘シーンはない。ましてや、飛び散る血のりも、四散する肉体の破片もなく、焼けただれた虫の息の村長、一瞬かいま見える折り重なった村人の死体、そして後半の〈火責め〉がわずかに挿入されるだけである。むろん、これらのシーンだけでも息を呑むほどの衝撃力だ。しかし、少年が帰り着いた我が家のシンと静まりかえった不気味さ、温かいスープ、プンプン飛び回るハエ、床に転がった妹たちの人形、といった日常性の中の名状しがたい恐怖――クリモフ監督はこの日常性の中の恐怖をみごとに描き出す。一九四三年、スターリングラード（現、ヴォルゴグラード）の激戦下、当時十歳のクリモフが体験した恐怖でもあったに違いない。

少年が地面から銃を掘り出すファースト・シーンは象徴的である。パンドラの箱のごとく、この世の悪（武器＝戦争）がうぶな少年の手に渡るのだから。そしてラストで、初めて少年は銃を撃つ。地面に落ちたヒトラーの肖像を目がけて。このラストもまこ

図4 『炎628』1985（DVDジャケット）

とに衝撃的だ。少年が一発撃つごとに、ナチス・ドイツ時代のニュース映画が逆回転で挿入され、それはどんどん遡って、ヒトラーの登場期、はてはヒトラーの無名時代、そして幼いヒトラーの写真へとたどり着く。銃を撃ち続けた少年はこの幼児を撃つことができず、発砲をやめてしまう。ファシズムという集団の狂気、他の集団と人間を否定し根絶する邪悪の根はどこから生まれてくるのだろうか。ゆがみ、引きつった顔のまま発砲をやめた少年の問いかけはまことに重い。観客である私たちもまた少年同様、スクリーンから眼を逸らすことができない。眼を逸らさせず、重い問いかけを放ちながら、その映像美、造型美でもメドゥーサのごとく観客を立ちつくさせる。

『自由はパラダイス』 ペレストロイカとネオレアリズモ

ペレストロイカ以後のソヴィエト映画は、お蔵入りになった旧作映画の公開や、若い監督たちによる野心的作品の製作など、それなりに風穴が通って新しい風が吹きはじめたものの、作品的にはもう一つといった印象を与える。そうした作品群の中で、とりわけ新しい手法や実験を試みているわけでもないセルゲイ・ボドロフ監督の『自由はパラダイス』(八九)が、なかなかの感銘を与えてくれる。これは寡黙な映画だ。説明的描写や会話は最小限に抑えられており、登場人物の心理や感情の起伏もよくわからない。カメラの眼はただ人物の行為を追いながら、じっと見つめるだけである。過酷に見える少年の人生にも、ことさら大仰にその悲劇性を強調したり、ドラマティックに仕立てたりもしない。飾り立てず、叫ばず、物乞いせず。この作品はトーキー初期の代表作『人生案内』（ニコライ・エック監督、三一）を想起させもする。しかし、革命直後の孤児や浮浪児問題を扱った後者が、その深刻な内容に比べて、建設的で楽天的な雰囲気――ミュージカル的雰囲気さえも――漂わせていたのに対して、『自由はパラダイス』には希望や解決への甘い期待は見られない。ただカメラが現実を見据え、少年とその父親の生のあり方を見据え、静かに同伴するだけである（図5）。

図5 『自由はパラダイス』1989（パンフレットより）

この凝視の精神――付かず離れず、しかし人間への愛情を忘れない態度――は、かつてのイタリア映画におけるネオレアリズモの態度に近いものがある。実際、この映画はペレストロイカ時代のネオレアリズモと呼んでいいような作品だ。そこには、現実の厳しさを見つめる客観的な眼と、人間への温かいまなざしとが共存している。ロッセリーニの抑制された情熱、デ・シーカの優しさ、あるいはネオレアリズモ派ではないが、フランスのブレッソンの即物性などに通じる表現のスタイルが感じられる。

寡黙さという点では、『僕の無事を祈ってくれ』（一八八）も同様だ。そしてその突き放したようなカメラ・アイは寂寥としたペシミズムへ、ソ連の、〈失われた世代〉とでも呼ぶべきアフガン世代の精神の空洞へと入り込んでいく。これは一九九〇年の中国映画『黒い雪の年』（謝飛《シエフェイ》監督）の、投げやりでペシミスティックな青年像とも共通している。

かつて、〈雪どけ〉の頃（一九五〇年代後半〜六〇年代前半）、『女狙撃兵マリュートカ』『鶴は翔んでゆく』（＝『戦争と貞操』）『誓いの休暇』『僕の村は戦場だった』等々がスクリーンに現れて、ソヴィエト映画の〈新しい波〉を世界の観客に印象づけた。〈雪どけ〉からペレストロイカへ、ほぼ三十年の歳月を挟みながら、ソヴィエト映画は再び新しい波を送り出したようだ。〈ネオレアリズモの再来〉と呼ぶには、もっと作品傾向に多様性があり、スタイルも一様ではないが、現実を見据えることから始めよう――たとえその現実が当面はネガティヴなものであっても――という姿勢において、ネオレアリズモと呼んでいいかもしれない。ヌーヴェル・ヴァーグからネオレアリズモへ、ソヴィエト映画は現実を凝視する地点から再出発しようとしている。

4……ロシア映画よ、いずこへ　ペレストロイカとその後

映画のペレストロイカと偶像破壊

製作側に表現の自由をもたらし、観客側に見る権利を回復したペレストロイカの波は、映画製作・配給のシステテを混乱させたまま、新しい立て直しに成功したのだろうか。ペレストロイカ直後の一九八六年十月、当時のソ連で公開された『懺悔』がやっと日本で初公開されたのは、

一九九二年四月のことである。限られた上映だったので、広く観客の眼にふれるには至っていない。ペレストロイカ直前の一九八四年に完成したこのグルジア（現、ジョージア）映画は、スターリニズムによる粛清への怨念を寓意的に描き、ロシア国内だけでなく西側諸国にも大きな話題を呼んだ。監督は『希望の樹』（七七）が日本でも知られるテンギズ・アブラーゼ。

ロシアに住むアルメニア系の映画監督セルゲイ・パラジャーノフ、彼の活動拠点はウクライナやグルジアにあったが、投獄され、製作活動も妨害されて、さんざんな目にあった。作品は『火の馬』のあとずいぶん年月を経て、日本で上映会が開かれ（一九九一年）、『ざくろの色』（七一）『スラム砦の伝説』（八四）『アシク・ケリブ』（八八）など、観客に新鮮な驚きを与えた。これらの作品は彼の独特な美学によっていまなお特異な魅力を放っている。

ペレストロイカは暴露ブームとでもいうべき現象を生み出し、偶像破壊やこれまでタブー視されていたソ連社会の暗黒面・否定的側面も遠慮なくスクリーンに描き出されるようになった。『自由はパラダイス』は、刑務所に入っている父親に会おうと〈少年の家〉を脱走して一人旅をする少年の物語だし、『僕の無事を祈ってくれ』はアフガン戦争世代の青年たちの麻薬依存と精神的荒廃を描いた物語で、いずれにも人生の悲しみが漂っていた。国際的に評判を呼んだのは、『令嬢ターニャ』（ピョートル・トドロフスキー監督、八九）だろう。昼は看護婦、夜は外国人相手の娼婦という二重生活の女性を主人公にしたこの映画にもまた、建前だけでは生きていけないロシア人の苦しみが見られる。『タクシー・ブルース』（パーヴェル・ルンギン監督、九〇）は、保守的な社会正義意識を持つタクシー運転手と、気ままでだらしないジャズマンとの奇妙な友情を描いた作品で、ユーモラスに描かれているものの、ここに見られる貧しくみじめな庶民の姿と粗暴さは、これまでの旧ソ連映画が見せなかった世界である。〈偶像破壊〉といえば、『映写技師は見ていた』（九一）はまさしくスターリン崇拝の愚かしさを正面から取り上げた作品だ。もっとも、この映画の国籍（?）はアメリカだが、監督はロシア人、ミハルコフ＝コンチャロフスキーである。コンチャロフスキーはソ連時代に『貴族の巣』（六九）や『ワーニャ伯父さん』（七〇）など、文芸映画の秀作を撮ったあと渡米、『マリアの恋人』（八四）、『暴走機関車』（八五）などを撮った。『映写技師は見ていた』は、スターリンやクレムリン内の権力者たちに仕えた実在の映写技師をモデルにしており、疑いを知らない素朴・純真・善良な庶民こそ、専制的な支配者を生み出すという監督の強いメッセージがある。

レンフィルム祭

一九九二年の注目すべき催しは「レンフィルム映画祭」だった。レニングラード（現在は旧名称のサンクトペテルブルクへ戻った）の映画撮影所で製作された映画の回顧展である。『トルペド航空隊』（セミョーン・アラノヴィチ監督、八三）は、これまでの英雄的戦争映画とは異なる、細やかな日常性と隣り合わせの戦争を等身大に描き、これまたペレストロイカのネオレアリズモとでも称すべき新鮮な映像に満ちていた。もっとも、製作年度はペレストロイカの開始よりやや早い。同じ監督による『私はスターリンのボディガードだった』(八九)は実在のスターリン崇拝者へインタビューした作品で、監督自身の見解は述べずに、淡々とカメラを回している。スターリンの側近に居た人物をカメラが凝視して、顔と言葉を記録し続ける、偶像破壊ならぬ、偶像崇拝の存続を確認したドキュメタリー映画である。

このところアメリカ映画には、母親不在で父親が子供を育てる映画(たとえば『アメリカン・ハート』)が多く見受けられる。しかし、レンフィルムの『ハロー・グッドバイ』(ヴィターリー・メリニコフ監督、七二)はその逆で、蒸発した父親不在の家庭を、母親が三人の子供を抱えて支えていく。しっかり者の女性ではあるが、夫不在の寂しさの中に、新しい恋への予感もあり、ユーモアと叙情性にあふれた佳作で、日本でも多くの観客の共感を呼ぶことだろう。

タルコフスキーの後継者ともいわれるソクーロフ作品は、『モスクワ・エレジー』(八七)、『日蝕の日々』(八八)ほかの作品が上映された。やや難解な実験的映像を連ねる彼の映画には熱心なファンも多い。これらの作品と対照的な劇映画が『愚者の挑戦』(アルカーディ・ディガイ監督、九二)だ。先年来日してソヴィエト・ジャズのパフォーマンスを披露したセルゲイ・クリョーヒン、彼が主演するハードボイルド・タッチの復讐ものである。勧善懲悪の物語かと思いきや、主人公がラストで悪の立場へ変心するのは意外だった。話題の『動くな、死ね、甦れ!』(ヴィターリー・カネフスキー監督、八九)は、さすがに異色作だ。シベリアの極貧の生活、悪童たち、チンピラたち、抑留された日本兵たち……最底辺の人生を生きる人物群像をなまなましくモノクロ映像の中に描いており、暗く重々しい印象がのしかかってくる。

旧作品の発掘とリバイバル上映

ペレストロイカは当面、映画の製作と配給の現場を活気づけているのか、混乱のみをもたらしているのか、たぶんその両方があるのだろう。リバイバル上映された『人間の運命』（セルゲイ・ボンダルチュク監督、五九）や『静かなるドン』（セルゲイ・ゲラーシモフ監督、五七）の旧作品はそのような合間の穴埋めだったのかもしれない。ボリス・バルネットの三作品も旧作『国境の町』（三三）はかつて東京のフィルムセンター（現、国立映画アーカイブ）で上映されたことがあった。『青い青い海』（三五）と『諜報員』（四七）はまったくの初公開である。『諜報員』は第二次大戦下のドイツへ潜入したソ連スパイの活躍を描くサスペンス映画。私には『青い青い海』の、おおらかでのんびりした失恋喜劇がなかなか楽しかった。東京では、一九九三年一月下旬から二月半ばにかけて、「民族映画秀作週間」と銘打って四本の映画が上映された。ウクライナの『火の馬』、ベラルーシの『スタフ王の野蛮な狩り』[*6]、グルジア（現、ジョージア）の『希望の樹』、『落葉』と、秀作がそろっている。

ロシア映画はどこにいる？——『金色の雲は宿った』『君はどこにいるの？』

ペレストロイカからはや十年（一九九五年）。製作現場へは企画や表現の自由がもたらされ、映画人たちには革命以来の活気と熱気が蘇った……ように思われた。しかし、いま新しいロシア映画は私たちの前になかなか姿を現わさない。自由は混乱へと移ったらしく、ロシア映画の大きな新しい波のうねりが見えてこない。

きまじめで重苦しいロシア映画の伝統――というよりもロシア文化全般に共通する伝統――を引き継いでいるのはソクーロフ監督だ。孤独な悩みに沈む繊細な作家ソクーロフ。一九八〇年代後半から九〇年代にかけて、『孤独な声』『日陽《ひび》はしづかに発酵し…』（八八）『マリア』（同）『ペテルブルグ・エレジー』（八九）が紹介され、『セカンド・サークル』（九〇）『石（ストーン）』（九二）『静かなる一頁』（九三）『ロシアン・エレジー』（同）『精神《こころ》の声』（九五）などが次々と日本で公開された。ソクーロフには、ペレストロイカ期、そして旧ソ連邦解体後には、長編・短編合わせて多数の劇映画・非劇映画群があり、日本を含む世界各地での受賞作も多い。日本の一般観客には〈権力者〉シリーズ[*7]の一本、昭和天皇を描いた『太陽』（イッセー尾形主演、二〇〇五年）が知られているだろう。

次に、日本で一九九〇年代初期に公開されたロシア映画へ目を向けてみる。

まず『金色の雲は宿った』（スラムベク・マミーロフ監督、八九）。第二次大戦中の学童疎開を扱ったこの映画は、原作（アナートリー・プリスタフキン）がペレストロイカ後に出版されたもので、大きな反響を呼んだという。戦災孤児たちが列車でモスクワからコーカサスまでやってくる。彼ら自身も孤児という運命にあるが、疎開先にはもともとチェチェン人が住んでおり、スターリンによって強制移動させられた彼らの抵抗が散発的に残っている。映画は、貧しくても自然あふれる田舎の風景を美しくとらえながら、双子の孤児を中心に、ロシア人とチェチェン人の対立、少数民族へのスターリニズムによる迫害を少しずつ明らかにしていく。とはいえ、この映画は誰かを告発したり、弾劾したりする政治的な作品ではなく、あくまで子供たちの眼と体験を通して、〈いつまでも終わらない戦争〉の悲しみを静かに描いている。カメラワークがすばらしく、コーカサスの風景――ときにはそれが荒涼としたものでも――に詩情を添えている。題名はレールモントフの詩から採られたという。

『ゼロシティ』（カレン・シャフナザーロフ監督、九〇）は、モスクワから地方の町へ出張してきた主人公が不条理な事件に巻き込まれて、そこから脱出できなくなる。物語も映画構成も不思議な作りで、まさに当時のロシアの混迷ぶりを反映していたような映画だった。『ジャズメン』（八四）で監督デビューしたときのシャフナザーロフは二十二歳頃、ペレストロイカ以前は公にはジャズを主題に描けなかったはずと思ったが、粛清時代までは描いていない娯楽作なので許可されたのだろう。[*8] 受験浪人？　の主人公を描く『メッセンジャー・ボーイ』（八六）から『ゼロシティ』へ。主人公の人生はさまよいが続く。もっとも、この監督、プーチン時代には、『ホワイトタイガー　ナチス極秘戦車・宿命の砲火』（二〇一二）なる対ナチ戦争映画を撮っているが、ロシア側、ドイツ側ともはぐれ戦車同士の一騎打ちアクション映画である。

もはや迷いから超然とした映画、それが『君はどこにいるの？』（ニコライ・ドスタル監督、九一）。

「雲は天国」という意味のロシア語題名。日曜日に何もすることのない青年コーリャは、会う人ごとに「今日は、いい天気ですね」と話しかけるのだが、皆もの憂げで、誰も天気の話などに興味を示さない。都会から遠く離れた北方の田舎町。よどんだように静まりかえった変化のない町。生気も活気もない人々。道でぶらぶらと、何もすることのないコーリャは、知り合いが歩いてくると、用もないのについて行く。また、用もないのに友人夫婦のアパートを訪ねて、上がり込む。迷惑そうで面倒くさそうなその夫婦。コーリャは「何か新しい話でもあるかい？」と聞かれて、「何もないよ」としか答えられず、つい「極東へ旅立つことになった、それも明日」と嘘をついてしまう。にわかに、関心をかきたてられる友人夫婦と、活気を帯びてくる周囲の人々（図6）。

図6『君はどこにいるの？』1991（パンフレット表紙）

のんびりした青年の「何もすることのない生活」は、十九世紀の作家、イワン・ゴンチャロフが書いた小説の主人公オブローモフの庶民的な姿であり、ロシア・インテリの系譜〈余計者の人生〉の現代版、パロディ版でもあるように見えるが、あわただしい日本、とりわけめまぐるしい東京に住む私にとっては、ショックだった。「何もすることのない日曜日、天気の話以外にニュースがない人生」だって？　ウーム、何という優雅な人生、何という平和な生き方！　どう見ても物質的・経済的に豊かだとは思えない人々と家並み、雑然としてちっとも美しくない光景。高度成長期以前の日本だったら、どこにでも見られたような景観である。もっとも、この映画は古きよき時代——たとえ貧しくても——をなつかしんでいる映画などではさらさらなく、現代ロシアの停滞と〈出口なし〉を暗示しているようにも見える。だが、あからさまな風刺やメッセージがあるわけでもなく、淡々と、あっけらかんと、そして少々エクセントリックに、物語（物語すらない？）は進んでいく。主人公青年の嘘のひとことがきっかけとなり、お節介でてんやわんやになる周囲の人々。登場人物たちの顔とキャラクターがそれぞれ癖の強い、印象的な連中ばかりで、ちょっとしたフェリーニばりの〈顔の映画〉ともいえる。主人公青年がギターを弾きながら歌う、「私の星よ、君はどこにいるの？」。新しい人生の入り口へ案内してくれる星を求めて、青年は〈嘘から出た人生〉の旅へとバスに乗る。だが、どこか寂しく、もの悲しい。……さまよい続けるロシア映画よ、君たちはどこに行く？

☆　ペレストロイカが進む一九八八年から九一年にかけて、バルト三国（エストニア、ラトビア、リトアニア）で独立運動が強まった。一方、八九年、東欧諸国で民主化の革命が連鎖的に起きた。ハンガリー、ポーランド、東ドイツ、ブルガリア、チェコスロヴァキア、ルーマニアなど。東西ベルリンの壁も壊された。同年六月には中国で天安門事件が起きた。一九九〇年七月、ボリス・エリツインがロシア共和国大統領に就任。九一年、バルト三国がソ連邦から独立、保守派によるクーデターは失敗したが、軟禁状態から解放されたゴルバチョフは急速に力を失くし、年末には大統領を辞任、ソ連邦が解体した。ペレストロイカは挫折、社会は混乱に陥った。混迷の過程でロシア共和国のエリツインがあとを継ぎ、さらに二〇〇〇年、プーチンが同国大統領となる。ロシアと旧ソ連邦の共和国は独立国家共同体（ＣＩＳ）を形成。二〇〇四年、ウクライナに親欧米政権が誕生。欧米への歩み寄りを見せていたプーチンも、二〇〇七年のミュンヘン演説で欧米を批判。以後プーチンは反欧米、旧ロシア帝国の復活へと進み、二〇一四年、ウクライナのクリミアを併合、同年、ウクライナはＣＩＳから脱退。二〇二二年二月、ロシアはウクライナへ侵攻した。

ペレストロイカ以降、映画製作と興行は自由化が進み、アメリカ映画が大量に公開され、西側資本との合作映画も増えていった。プーチン政権下で、ハリウッドまがいのアクション映画、ＳＦ映画、戦争映画などもあり、中には興味深い作品も生まれているが、ウクライナ侵攻以後は西側諸国との関係が一変した。現況については、ロシア映画研究者たちによる報告がウェブサイト上に出ている。たとえば、左の長谷川報告には、プーチン政権の弾圧による監督の逮捕や、表現の自由を求めて国外脱出する映画人たちのことが記されている。

長谷川章「ウクライナ戦争で変わるロシア映画　プロパガンダの歴史と良心的映画人の葛藤」、『週刊エコノミスト　オンライン』２０２２・６・15。関連記事に、梶山祐治「ロシア映画でウクライナ戦争を読む〈戦勝国の神話〉に酔う人々と反権力の監督たち」ほか。

☆

川崎浹『ペレストロイカの現場を行く』（同時代ライブラリー、岩波書店、一九九一年）には、日本公開の映画だけではわからないロシア市民の困惑と窮状が報告されている。「はじきだされた者の広場」ほか、映画監督パーヴェル・ルンギンとの親交や、状況が一変したロシア・バレエ界なども。また、同氏には、ペレストロイカ直前直後に大学研究員としてモスクワに滞在していた時期の『複眼のモスクワ日記　オリンピック村団地の一年』（中央公論社、一九八七年）もあり、ソ連の知識人や庶民との対話、みずからの家族の生活などが克明に綴られており興味深い。

＊1　『ゴルバチョフ』田中直毅訳、講談社、一九八七年。
＊2　モスクワ国際映画祭の第一回は一九五九年、隔年に開催され、一九六一年の第二回では、新藤兼人監督の『裸の島』が最優秀賞（グランプリ）を受賞、同時受賞作はソ連のチュフライ監督『晴れた空』。以後、日本映画の受賞は黒澤作品ほか数を重ねた。
＊3　『渡り鳥』The Immigrant Birds / Parenda haye mahajir（八七）の監督に関して当時の私は情報不足で、アフガン映画に関しても無知だったので、のちのネット時代に調べ直してみた。すると、アブドゥル・ラティフは当時のアフガン映画を代表する監督であり、一九九〇年代にはロシアで亡命生活を送った。『渡り鳥』はイスラム教徒たちと共産党支持者たちの内戦に、ソ連が介入して軍事侵攻していたアフガン戦争の最中に撮られた作品だった。
＊4　《エイゼンシテインの家》、現在では国立映画博物館へ移転、その三階に展示。ウェブサイトの「たびこふれ」、「【モスクワ】映画監督エイゼンシュテインゆかりの地を歩こう」には、写真入りで、映画博物館までの道のりとエイゼンシテインの部屋が掲載されている。二〇二〇年十月三十日の投稿記事。https://tabicoffret.com/article/78894/index.html
＊5　岩本憲児「ポーランド映画の異端児　クルリキェヴィチ」、『イメージ・フォーラム』一九八八年九月号。
＊6　『スタフ王の野蛮な狩り』については拙文参照。「みごとな幻想映画『スタフ王の野蛮な狩り』」、『シネマランド漂流』早稲田大学出版部、一九八五年、一九〇頁。
＊7　ソクーロフの〈権力者〉シリーズとは、ヒトラーを描いた『モレク神』（一九九九）、『牡牛座　レーニンの肖像』（二〇〇一）、『太陽』、『ファウスト』（二〇一一）の四本。最近作は、ヒトラー、ムッソリーニ、スターリン、チャーチルらの記録映像を加工した異色作『独裁者たちのとき』（二〇二二）。
＊8　『ジャズメン』については、ソ連のジャズ初期のエピソードも含む著者（岩本）の評がある。「ジャズと革命『ジャズメン』」、岩本憲児『シネマランド漂流』一九四頁。

★ロシア映画祭、ソビエト映画祭、あるいは監督別やテーマ別の催しなど、多種の映画祭が開催されて、そのつどカタログやパンフ類が多数刊行された。その一部を挙げておく。
『ソビエト映画の全貌87』日本海、一九八七年。

『ソビエト・シネマ・フェア88』日本海、一九八八年。

『ソビエト女性映画人週間91』シネセゾン、一九九二年。

『レンフィルム祭　映画の共和国へ』カタログ、国際交流基金ほか、一九九二年。

『ボリス・バルネット祭』シネセゾンほか、一九九二年。

『映画100年　ロシア・ソビエト映画祭』同映画祭実行委員会、一九九六年。

『ソビエト映画の全貌91』日本海、一九九七年。

『ロシアでいま、映画はどうなっているのか』パンドラ、現代書館販売、二〇〇〇年。

『リトアニア・ポエティック・ドキュメンタリー映画祭』早稲田大学、リトアニア共和国大使館、二〇〇五年。

★より広い範囲を扱ったロシア映画史に関しては左記を参照。
山田和夫『ロシア・ソビエト映画史　エイゼンシュテインからソクーロフまで』キネマ旬報社、一九九七年。

ネーヤ・ゾールカヤ『ソヴェート映画史　七つの時代　1917–1986』扇千恵訳、ロシア映画社、二〇〇一年。

タルコフスキー断想

アンドレイ・タルコフスキー

アンドレイ・タルコフスキー（一九三二―一九八七）は一九八三年の『ノスタルジア』完成後もイタリアにとどまり、一九八四年の記者会見で亡命を表明した。この年、イタリアでドナテッラ・バリヴォによるインタビュー映画に応じている。一九八五年にはスウェーデンで『サクリファイス』の撮影に入り、翌年に完成。同年十二月、肺がんのため五十四歳で死去、パリのロシア人墓地に埋葬された。ソ連でゴルバチョフが書記長に就任したのは一九八五年三月。情報公開（グラスノスチ）と諸制度の立て直し（ペレストロイカ）が進められるのは一九八七年一月からである。母国で映画製作と公開の不自由に悩まされたタルコフスキーは、ロシア映画界の変革が始まる直前に生を終えた。

映画監督としてのタルコフスキーの船出は順調だった。映画大学卒業制作『ローラーとバイオリン』（一九六〇）の出来栄えはみごとだった。ニューヨークにおける国際学生映画コンクールで第一位、続く劇映画『僕の村は戦場だった』（六二、日本公開は翌年）はヴェネツィア国際映画祭でグランプリ（金獅子賞）受賞、一躍その名を海外に知られた。私は日本公開時にこの映画を見ており、その繊細で鋭敏な映像感覚と詩情に強い印象を受けた。一九六四年に完成した野心的長編『アンドレイ・ルブリョフ』は公開を許可されず、一九六九年のカンヌ国際映画祭には出品できて国際批評家連盟賞を受賞したが、ソ連国内での上映許可は一九七二年になってからである、日本公開は一九七七年だった。そうした中、一九七二年には『惑星ソラリス』を完成。原作者、ポーランドのスタニスワフ・レムから批判され、両者間で論争が起きたが、タルコフスキーは自身の映画として独自の解釈と映像世界を示した。以降の作品は『鏡』（七五）、『ストーカー』（七九）、『ノスタルジア』（八三）、『サクリファイス』（八六、遺作）となる。

なお、『ローラーとバイオリン』『アンドレイ・ルブリョフ』二作の脚本をタルコフスキーと共作したアンドレイ・ミハルコフ＝コンチャロフスキー、彼には『愛していたが結婚しなかったアーシャ』（六六）という監督作品がある。これも公開禁止となり、コンチャロフスキーは一九八〇年にアメリカへ移住、母国での公開はペレストロイカ期の一九八八年まで待たなければならなかった。コンチャロフスキーはアメリカで映画作品を継続的に発表してきた。ただし、ソ連時代から国内にとどまり、ロシア映画界の大物にまで上り詰めた弟に、ニキータ・ミハルコフ・コンチャロフスキー（ニキータ・ミハルコフ）がいる。この弟についてはあとで少しふれる。

1……『ローラーとバイオリン』――水と光の反射

『ローラーとバイオリン』は小品ながら秀作であり、その後のタルコフスキーの特質がよく現れている。内容はスケッチ風で、とりたてて劇的な物語やドラマがあるわけではない。しかし、バイオリンを習わされている幼い少年の心のさすらい――それはまだ自覚されてもいないし、自我さえ曖昧である――は、その後のタルコフスキー作品に通底する繊細な感受性を湛えている。少年の家庭の背景は何も説明されていない。しつけのきちんとした、良い家庭であるように見えるが、これにはタルコフスキーの経験だけでなく、共同脚本を担当したアンドレイ・コンチャロフスキーの経験も混じり合っているのだろう。日中だから父親が不在であることに不思議はないのだが、どうも父親の気配が欠如していると言えば、父親が不在がちであったタルコフスキーの経歴に引き寄せた解釈だろうか。だが、そんなことよりも、この映画はとりわけ水と光の反射に満ちた作品であることによって、まさしくタルコフスキーの刻印を第一作から明示している。そして俯瞰からの撮影や、それに続くゆったりしたカメラ移動、その時間的経過の穏やかさ、映画詩とでも呼べる詩情等々、すべてにタルコフスキー的小宇宙の萌芽状態がある（図7）。

詩的モンタージュ

幼い少年サーシャはバイオリンを抱えてアパートを出る。アパートといっても、日本風に言えば立派なマンションほどの広い集合住宅ではあるが。外へ出たサーシャをカメラは俯瞰でとらえながら、ゆっくりと視点を下げていく。橋を渡り、ショーウインドーの前で立ち止まるサーシャ。前には水たまりがある。この水たまりは映画全体を通してしばしば姿を見せており、のちの『鏡』、『ストーカー』、『ノスタルジア』ほどあからさまではないにしても、その存在は明白だ。ウインドー内に目を奪われるサーシャ。ウインドー内の鏡に反射する街の通り、市電、リンゴを抱えた少女、少女の腕からこぼれ落ちるリンゴ、リンゴを拾う手、時計、飛び立つ鳩の群れ――これらのイメージがときに乱反射的マルチ・イメージで映し出される。

図7 『ローラーとバイオリン』1960

　エイゼンシュテイン流のモンタージュをエイゼンシュテインにならって「衝突のモンタージュ」と呼ぶとすれば、タルコフスキーのそれは〈叙情的モンタージュ〉もしくは〈詩的モンタージュ〉と呼べるだろう。それは日本人観客にとって親しみやすいモンタージュであり、かつて批評家の今村太平が「俳諧的モンタージュ」と呼んだ日本的特質にも近い面がある。もっとも、現在の日本映画にその特質が残っているかどうかは別問題だ。

さて、カメラがまた俯瞰から静かに視点を下げていくと、広い廊下をサーシャが歩いている。バイオリンの個人レッスンを受けるべく、サーシャは順番を待つ。ここでは同じく順番を待っている、髪にリボンを結んだ幼い少女とリンゴの関係がほほえましい。リンゴのイメージは当然、サーシャがレッスンに来る途中のショーウインドーに写った、あのこぼれ落ちたリンゴのイメージと重なる。そしてこれはむろん、タルコフスキーの長編第一作『僕の村は戦場だった』の、トラックからこぼれ落ちる無数のリンゴのイメージへとつながっていく。カメラはバイオリンのレッスンを始めたサーシャへ接近して、クロースアップとなり、そのカメラが横移動して楽譜を、そして何やら揺れて光るものを写し出す。ゆらゆらと揺れながら現実のものか、幻想のものか、さだかでないイメージは、カメラが落ち着いてピントを合わせると、ガラスの水さしの中でかすかに揺れている水であることがわかる。ガラスの水さしと水。透明さと光の反射。現実のものでありながら、特定しがたい不思議な美を放つイメージ。ここにも『僕の村は戦場だった』以後の作品へ続くタルコフスキー的映像がはっきりと現れており、日本文化や俳句や小さな世界への彼の関心、束の間の永遠と美、ミクロの世界の詩がある。サーシャに小言を言う教師の声、機械的に反復するだけのメトロノームの音。ここで初めてサーシャ自身の声が入る、「ダスビダーニヤ（さようなら）」と。稽古に熱が入らないバイオリンのレッスンから解放されたサーシャ。

水と光の反射

カメラは外へ出て俯瞰からゆっくりと前進し、地ならし中の赤いローラーをとらえる。ここでサーシャはローラーの運転手セルゲイ（セリョーガ）と知り合う。この赤いローラーは、車輪の大きさとその色の鮮やかさとで、しばしば画面のグラフィックな美を構成することになる。また小さな少年と大きな図体のローラーとの対照も視覚的だ。俯瞰撮影はときにはかなり高い視点から、ときにはサーシャより背の高い大人ほどの視点からと、この長くはない映画詩の中によく使われているが、小さなものに目をそそぐこの映画に、俯瞰撮影は慈愛の視点とでもいうべき優しいまなざしを与えている。

セルゲイとのやりとりの中で、ちょっとむくれてしまったサーシャ。一旦、二人は別れてしまったように見えるが、離れてセルゲイのあとを追うサーシャ。激しいにわか雨。大勢の人と一緒に雨やどりをする二人。一瞬、姿が見えなくなるサーシャ。探すセルゲイ。ここはネオレアリズモのかつての名作『自転車泥棒』（四八）のシーンを思い出させる。イタリアのヴィットリオ・デ・シーカ監督の『自転車泥棒』では、仕事のため自転車を盗まれた父親が、自転車を探しながら小さな息子と一緒にローマの街をさまよう。途中での二人の雨やどり、感情の行き違い、息子の一時的行方不明。一方、親子でこそないが、少年サーシャと運転手セルゲイの心のつながり、二人の寡黙な行動と思いやりにも、『自転車泥棒』と共通する気分、情緒がある。

このにわか雨に続くシーンもみごとな映像だ。影の中にある手前の黒いビルが壊されて崩れ落ちると、その向こう側に白く輝くビルが現れて太陽を眩しく反射する。そして俯瞰、画面の対角線上を奥から手前へ、サーシャが駆けてくる。逆の対角線上に、にわか雨の大きな水たまりができている。太陽の反射を受けてきらきらと輝く水たまりを横切り、サーシャがセルゲイの方へ駆け寄る。このあとの二人の昼食シーンは、水の反射がゆらゆらと陽炎をなし、二人のぽつりぽつりの対話を照らす。ときたま、ポトリ、と水たまりに水が落ちる音がして水紋が広がり、雨上がりの二人だけの昼食に静寂さを加える。

戦争談義のあと、サーシャが「『チャパーエフ』見た?」とセルゲイにたずねる。近くの映画館で上映している映画の題名だ。『チャパーエフ』(三四)はワシーリェフ兄弟監督による、実在の英雄を描いた〈社会主義リアリズムの傑作〉とされている作品だ。大祖国戦争(第二次世界大戦)を扱った戦争映画ではなく、ロシア革命後の反革命軍との戦いを描いた作品だが、チャパーエフという人間臭い英雄が当時の観客の人気を呼び、その後繰り返し上映され、子供たちみんなが知っている映画だった。タルコフスキーやコンチャロフスキーも、この映画への思い入れがあったのだろうか。

サーシャは帰宅して、母親に映画館への許可を求めるが、母親は優しい言葉遣いの中に冷たく拒絶する。ここでも母親は鏡の中に映っていて、私たち観客は鏡を通して母親を見ることになる。鏡に映った母の像――身近にいながら、それ以上の接近や接触が不可能な存在。母親が去り、一人になったサーシャは鏡を見つめるだけ。ラストで、画面は再び高い俯瞰からの視点となり、画面左上の隅に赤いローラーが移動して消え去る一瞬、サーシャが駆けて追っていく。対角線上の大きな水たまり――光を反射する水たまりを横切って。

赤いリンゴと赤いローラー

小さな赤いリンゴは自然の恵み、大きな赤いローラーは機械の乗り物。リンゴは少女の像と、ローラーは青年または若い父親の像と結びつく。主人公サーシャの淡い慕情。あるいは自分でもそれと確認できず、説明もできない感情。近所の悪童仲間にも入れず、母親からは行儀だけを教わっているような少年。バイオリンは〈自然〉でもなく〈機械〉でもない別の文化、〈芸術〉の象徴なのか。少年の寂しさと好奇心。『ローラーとバイオリン』で少年が心を引かれる赤いローラーは、フランスの映画詩、アルベール・ラモリスによる『赤い風船』(五六)を想起させる。この映画もまた、一人の少年が赤い風船と出合って、パリをさまよう映画だった。『ローラーとバイオリン』は小さな少年の心の揺れ動きを、街の中の水や光の反射物に共鳴させて語った映像詩である。

2……『ストーカー』――水と夢

水と夢、と書くと、フランスの詩人哲学者ガストン・バシュラールのエッセーの題名になっ

図8 『ストーカー』1979（スティル写真）

てしまうが、タルコフスキー的世界の特質の一つを名付けるのにも、これは似つかわしい言葉だ。

といっても、タルコフスキー作品の〈水〉は、いまは亡きジャン・ルノワールが自然描写の中に悠々と描いていた風景としての〈水〉――ルノワールの場合、たいていが〈河〉であった――ではない。ルノワール作品からは、水＝流れる＝自由というような横への広がり、水平移動のイメージが浮かんでくるのに――たとえば、『素晴らしき放浪者』（三二）のラスト近くで、河に流されていくミシェル・シモン――タルコフスキー作品からは、水＝落ちる＝浸入という垂直方向の動き、下降のイメージが浮かんでくるからである。それは、『僕の村は戦場だった』の、洗面器の中の水という、動きようのないたまり水の場合でも同様であって、疲れて眠り込んだイワン少年の、ベッドからたらした手の指が水に触れるとき、少年は夢の世界に落ちていく。この場合も〈落ちる水滴〉が夢へと少年を誘《いざな》っていった。しかも、その夢は井戸の底からの眺めであり、水の浸入先から外界を逆照射する視点が用いられていた。『アンドレイ・ルブリョフ』のファースト・シーンには、気球の〈上昇と落下〉があり（これはタルコフスキー的世界のもう一つの特質）、そのあと土砂降りのシーンがあった。『惑星ソラリス』ではファースト・シーンの、小川の水中にたゆたう水草の幻想的な美しさが見る者を別世界へと引きずり込んでいき、『鏡』では、壁からしたたり落ちる水に囲まれて、夢想の世界が出現する。

そして『ストーカー』でも、〈ゾーン〉と〈部屋〉を探索する三人の行手に立ち現れるのは水の世界なのである。これら水の世界は〈ウンディーネ〉とか〈オンディーヌ〉とかの名で呼ばれる水の精が登場するロマン派的幻想の国などではなく、むしろ幻滅の国、と言って悪ければ意識下の国とでも呼べる世界に近い。タルコフスキー作品では、ある時代、ある国家、ある個人が一つの極限状況の中に提示されることが多く、それはそれで、西側の観客に当代ソ連の状況とからめて寓意的に解釈されがちではあるが、そこに提示された時代、国家、世界(地球)、個人は、外界に存在すると同時に内界(意識されるかどうかは別にして)にも存在しており、水はその両者を隔てるものであると同時に結びつけるもの、一方から他方への入り口であると同時に出口でもあるもの、生命を誕生させる源であると同時に死を招くものでもある。そして水面というものが、水滴の表面であれ川面であれ、外界を内側に映し出す鏡としての役割を持っていることを思えば、タルコフスキー的世界は水鏡を通して、この二つの世界へ問いかける映画でもある。その問いかけのかたちは、外界が内界を抱え込みながら、その内界には外界が映し出される二重の関係、かつ外界が内界へ、内界が外界へと相互に働きかけ、干渉し、侵入し合う動的な過程をとっており、『ストーカー』の三人の探索者たちはマクロ(外界)の世界を旅しながら、実はミクロ(内界)の世界の中へも入り込んでいる二重構造の中にいる(図8)。

『ストーカー』の荒涼とした世界や、名前を持たない三人の主要人物たちはきわめて抽象化、あるいは象徴化されており、それだけ舞台（演劇）の抽象性に近づいているこの作品がイングマール・ベルイマンのある種の映画を思い出させたり、もっと遡ってドイツ表現主義の演劇・映画、さらにはストリンドベリの戯曲を思い出させるのも、この外見の単純化、抽象化のためだろう。外見の単純化、捨象化、それゆえの本質化は夢の特質でもある。夢は生（日常的現実世界）の潜在的内容である、とシュルレアリストたちは考えた。タルコフスキー的世界はここでシュルレアリスムの手法とも結びついている。このように、タルコフスキー作品における〈前衛イズム〉とでも呼べる手法は、ヨーロッパの二〇年代や、意識の流れをとらえようとしたエイゼンシテインとの結びつきを見ることもできる。タルコフスキー作品が西側諸国で高く評価される理由の一つも、その異質性・新しさだけでなく、その共通性・同時代性を観客が感じとっているからだろう。原作はSF作家であり日本現代文学にも詳しく、ロシアで人気の高いストルガツキー兄弟の『路傍のピクニック』（邦訳なし）。私は未読だが、映画は原作とかけ離れているらしい。

3……『ノスタルジア』——風景の呼ぶ声

風景が言葉を発することはないにしても、映画の中の風景は雄弁に語りかける場合が多い。ベルイマンの静かな風景であれ、黒澤明のドラマティックな風景であれ、森田芳光の親密な風景であれ、風景とは象徴化された饒舌であるともいえるだろう。

ところが、映画の中で何も語ろうとしない風景がある。ひたすら沈黙に閉じこもり、見る人をその沈黙へと誘い込むような風景……。ドイツのヘルツォークやタルコフスキーの映画に立ち現れるのは、まさにこのような風景ではないだろうか。ヘルツォークの始源的とも終末的とも思える回帰する風景、タルコフスキーの地球的とも宇宙的とも思える共空間的風景、この両者の風景がいずれもカメラ移動＝視点の移動から生まれていることは興味深い。ヘルツォークの風景はゆっくりと後ろまたは横へと流れ続け、タルコフスキーの風景はゆっくりと下降し、または後退する。筆者はかつて、ヘルツォークの通過する風景がカメラの無機質な眼、すなわち無垢ないし中立的性格の視点によることについてふれたことがある。[*1] ヘルツォークの風景の沈黙はこの透明さからきているように思える。だが、タルコフスキーの風景はこれと違って、上昇（風景は下降）や後退といったカメラの動きが風景から離脱しつつ回帰しようともする、その離脱と回帰の拮抗する狭間で風景は言葉を失ってしまう。狭間の深さが、深い沈黙を生み出しているのだ。

イタリアで撮影された『ノスタルジア』もまた、『惑星ソラリス』と同じように、ファースト・シーンとラスト・シーンの風景のイメージのすばらしさは圧倒的である。たとえば冒頭のタイトル・シーンの故郷の風景——色彩も動きもほとんどなく、画面手前から母親、娘、その弟とおぼしき家族（父親はいない）がゆっくりと画面の奥へ、なだらかな斜面を歩いていく。カメラはこの風景を凝視するだけで微動だにしない。もやにけぶる暗くよどんだような田園風景。左手奥に白い馬、前方中央に水たまり、そして犬。画面にたどり着いて小さく写る三人がこちらを振り向くと、映像はスティル写真のように静止してしまう。あとでわかるのだが、この風景はロシアで、しかも主人公ゴルチャコフの意識下をさまよう彼の故郷の原風景なのである。タイトルが終わると、セピア色のくすんだ風景がもやの中に見え隠れする。カメラがわずかに上昇すると、たなびくもやの上に荒涼とした村が現れる。イタリアのトスカーナ地方である。

またはラスト・シーン。故郷の原風景の中、水たまりを前にしてゴルチャコフ一人が犬と一緒に地面に座ってこちらを向いている。この風景もまたモノクロに近いくすんだ色、もしくは色彩の欠如であって、水たまりには大きなアーチ状の影が映っている。ゆっくりとカメラが後退しはじめると、ロシアであるはずの故郷の風景は、トスカーナの巨大な廃墟に取り囲まれているることがわかる。静かに雪が降りはじめ、ゴルチャコフと犬は身動き一つせずにこちらを向いたまま、ロング・ショットになっていくカメラの視野にとらえ続けられる。画面内はタイトル・シーンと同じように静止しているので、スティル写真と化したのかと思うと、わずかに犬が顔を動かす。『惑星ソラリス』のラストを想起させる……。たまらなくなつかしく、しかしどこにもない風景……。このラスト・シーンの幻想的な美しさは比類がない。

イタリアとロシア、いやすべての国境のない世界をのぞみながら、もはやロシアへは帰れないことを漠然と予感しつつ、ロシアの故郷に残した家族への思いがアルバムのような心象風景となって意識下をよぎるアンドレイ・ゴルチャコフ。家族の肖像は、妻・娘・息子という現在の姿であると同時に、母親・姉・弟（少年期のゴルチャコフ）という過去の姿であるようにも受け取られる。彼はわざわざ訪れた教会の〈出産の聖母〉（マドンナ・デル・パルト）のイコンをなぜ見なかったのだろうか？　イコンといえば『ノスタルジア』は、イコン的宗教性に満ちている。正面を向いて静止する家族、ゴルチャコフ、広場の石段上の人々。図像の不動性と対照をなす視線の移動性。逆遠近法の空間のよじれに見合うかたちで合成された風景。もっとも、このラストの不思議な風景は、ウスペンスキーの『イコンの記号学』（北岡誠司訳、新時代社、一九八三年）を拡大解釈すると、画面の中の人物が見る風景、すなわち、〈内側の視座〉による世界ということになる。イコンでは、中心にいるのは聖なる存在とされるが、ゴルチャコフは聖なる狂人ドメニコの世界救済の願いをラストで引き継いでいる。途中のシーンで、ゴルチャコフの幻想にドメニコが侵入しはじめること、ラストではドメニコの犬がゴルチャコフと一緒にいることでそれがわかる。

水滴が大雨のようにしたたり落ちる小屋に住んでいるドメニコ。「一滴プラス一滴はより大きな一滴になる」と言って、小屋の壁には「1＋1＝1」という数字が大書してある。彼にとって水は世界の根源、分化してしまった世界をもとの一つの世界へと融合させる力なのである。また火は、ドメニコみずから炎と化し、ゴルチャコフにはろうそくの炎を受け継がせつつ、世界浄化の夢想を実現させようとする人類救済の力なのだ。ドメニコが火だるまになるとき、

図9 『ノスタルジア』1983

ベートーヴェンの「歓喜」が流れ、ゴルチャコフがろうそくの炎を受け継いだとき、ヴェルディの「鎮魂の曲」が流れはじめる。信仰と強く結びついた湯治場。空になった野外浴場の底で、ゴルチャコフは一つの奇跡に賭けているようにも見える。

ロシアの大地への限りないノスタルジア、暗く重苦しいペシミズム、救済への祈りと苦悩、神の沈黙に代わる風景の沈黙。その沈黙の中から、音もなく降りしきる雪の中から、目覚めよ、と風景の呼ぶ声がかすかに聞えてくるようだ。タルコフスキーの魂はロシアの大地へ、故郷の原風景へ別れを告げつつ、いつまでも立ち去ることができない。風景は融合し、魂の中で溶解していく。タルコフスキーはもうロシアへ帰らないのだろうか。(帰らないまま亡命、スウェーデンで『サクリファイス』を撮ったあと、パリの墓地に埋葬された。)(図9)

4……タルコフスキーの日記

タルコフスキー映画の独特の時間、あの息の長い呼吸と長まわし撮影、ときには息が詰まるほどの緊張の持続、あるいは引き延ばされた時間。晩年の作品ほど色濃くなる神秘主義や倫理性や終末観的メッセージ。『タルコフスキー日記』（鴻英良・佐々洋子訳、キネマ旬報社、一九九一年）は、そのようなタルコフスキーへの先入観を払いのけてくれる興味深い日記だ。一九七〇年からタルコフスキーが亡くなる直前の一九八六年まで、彼が三十八歳の頃から五十四歳の頃までの十六年間にわたる出来事の記録である。ゆったりと時の流れを刻み込む彼の映画とは違って、この日記の文章は短く、書き連ねられた主題も断片的、かつ引用も多く、日記だからか一貫性を欠いている。哲学的・宗教的断想から、仕事上の人間関係の不和、家の修理の心配、家族や本人の病気の悩み、臨時収入や借金の数字、自作公開をめぐる当局への不信、映画行政の中枢にいる官僚や監督への不平、書物からの抜き書き、受賞した自作への誇り、ときに人生への閉塞感と憂鬱。

この日記は、タルコフスキーの精神内部から借金返済等の俗事まで、彼の生活の細々とした出来事を対等に並べたメモのようなものであり、さまざまな事物を前後の脈絡なく併置した〈モンタージュ日記〉でもある。彼は日記の巻頭に兼好法師の『徒然草』の有名な一節「つれづれなるままに……」を引用しているが、タルコフスキー日記の自由さ——体験・観察・記録・思索・もの思い等々の連鎖は、まさしく『徒然草』の精神に近いものがある。

だからといって、この日記が読者に雑然とした印象を与えるわけではない。通奏低音（比喩として）にはやはり、映画作品を特徴づけるあのタルコフスキー的魂の苦悩と悲しみ、そして救済への願望が流れているからだ。この点で、タルコフスキーはロシア的作家の伝統にいる人であろう。ただし、故国における映画行政の犠牲者として、タルコフスキーは寡作に甘んじ、作品公開にもさまざまな制約を受ける羽目になってしまった。ロシアだけがそうだとは限らないが、自由な芸術家、自由な個人であることの困難さ。だが、彼よりもっと不運を味わった監督にパラジャーノフがいた。日記の中で、多くの人々に遠慮のない批判の言葉を注ぐタルコフスキーも、パラジャーノフには格別の敬意を払い、彼の才能を高く評価している。

作品としての映画が、タルコフスキーの抽象化されたイメージの世界、あるいは純粋な上澄みの精神世界を観客に見せてくれるとすれば、日記はそのような抽象性や精神性を含みつつ、もっと具体的な日常の些事、生身の肉体的反応の細部、抽象化や精神化へ至る前の裸の感情を見せてくれる。同じ訳者によって先に刊行された『映像のポエジア――刻印された時間』[*2]が、タルコフスキーの創作への公的言説であるとすれば、『日記』は私的言説の集成であり、両者は表裏をなしている。この日記の魅力は、そのような〈人間タルコフスキー〉を私たちの身近な存在として呼び出してくれることにあるだろう。そして、タルコフスキー映画の精神性に比べれば俗っぽいことではあるが、当時のソ連における映画検閲の実態、映画祭の政治優先的位置づけ、かつてロシア・アヴァンギャルドを通過したはずの監督たちのぶざまな言動など、日記に記されたソ連映画状況の頽廃ぶりも関心を引く。なお、『タルコフスキー日記II』は二年後、一九九三年に翻訳が刊行された。

5……『タルコフスキー・アンソロジー』――イタリアでのインタビュー映画

これはアンドレイ・タルコフスキー本人にインタビューをしたドキュメンタリー映画であり、監督と製作スタッフはイタリア人たちである。イタリア語の原題は『アンドレイ・タルコフスキー――映画の詩人』（八三）で、一九八四年五月のカンヌ国際映画祭で上映された。

タルコフスキーの映画は難解であるとか、画面には神秘色あるいは宗教色が濃いとか、監督自身も寡黙で自己解説をしないとか、タルコフスキーにまつわる一般の先入観があるようだ。このドキュメンタリーはそのような先入観を破ってくれるだろう。もっとも、『映像のポエジア――刻印された時間』を読むと、タルコフスキーは雄弁ではないにしても、決して寡黙でもない。インタビューの時期は一九八三年、場所はイタリアのローマ近郊で、タルコフスキーが好んだ場所とされている。一九八三年といえば、『ストーカー』（七九）の完成後ソ連を出たタルコフスキーが、イタリアで『ノスタルジア』を完成した頃、そして遺作となる『サクリファイス』を小説形式で執筆する前のことと思われる。一九八四年の七月にはミラノで亡命宣言に等しい記者会見を行っているので、彼の苦しい胸の内がこのインタビュー映画にも影を投げかけていたと推察される。

ドナテッラ・バリヴォとは？

声だけが聞こえるインタビュアーは、監督のドナテッラ・バリヴォ（Donatella Baglivo）自身で、この女性監督は製作・台本・音楽（選曲）・編集もみずから手がけており、カメラのみをグアルティエロ・マノッツイに委ねている。バリヴォはこの前年に『映画は時間のモザイク』（八二）を、翌年に『タルコフスキー・ファイル in ノスタルジア』（八四）を発表しており、これら三本のドキュメンタリー映画はバリヴォによる〈タルコフスキー三部作〉となっている。

バリヴォは、一九三二年生まれのタルコフスキーより、ひとまわり以上若い世代である。自己のプロダクションを設立して、イタリアのテレビ会社と提携した作品を製作しており、なかでもＲＡＩ（イタリア放送協会）との共同製作による特別番組で、ギリシアのテオ・アンゲロプロス監督に関する作品（七九年）、フランスの著名な劇作家ウージェーヌ・イヨネスコに関する作品（八〇）、あるいは一九五〇〜六〇年代のアメリカの映画スター・シリーズ（八一）――マーロン・ブランド、モンゴメリー・クリフト、ジェームズ・ディーン等々の肖像――などが知られている。後者のスター・シリーズは『ハリウッドの反逆者たち』と題して、一九八三年イタリアのテレビで放映された。この頃には、〈タルコフスキー三部作〉を撮っている。このようにテレビ作品が中心なので、彼女の名は日本ではほとんど知られていない。

母・父・自然への愛

この映画の冒頭で、「偉大なる現代ロシア詩人、アルセーニー・タルコフスキーに捧ぐ」という字幕が出てきて、そのあとの画面で息子のアンドレイ・タルコフスキーが語る思い出からもわかるように、献辞はアンドレイの父で生前は不遇だった詩人、しかも詩集が出版されなかった父に捧げられている。アンドレイ・タルコフスキーはこの映画の中で、「映画は職業というよりも自分の人生そのものだ」というようなことを言っているが、彼の作品の中で最も自伝的色彩が濃いのは『鏡』である。その『鏡』からも推察されるように、タルコフスキーは幼少年期を母親と暮らしていたが、三、四歳の頃から両親の仲がうまくいかなくなり、両親は別居してしまった。タルコフスキーはモスクワ郊外から一〇〇キロほど離れた村に、母と祖母と、女系家族のような生活を送った。とはいえ、母のマリアは詩人としての夫アルセーニーを尊敬しており、息子を芸術家に育てたかったようだ。

タルコフスキーの映画には、自分を育ててくれた母親への深い愛情や懐旧の念と同時に、不在であった父親への強い思慕と寂しさとが共存しており、そのことは『タルコフスキー・アンソロジー』でもいっそう鮮明になっている。革命後のソヴィエト映画を代表する一人、エイゼンシテインもまた、父母の折り合いが悪く別居してしまったことではタルコフスキーに似ている。エイゼンシテインは自己の作品に私生活的な影をほとんど残さなかった。もっとも、騎馬警官の手でアパートの上から投げ殺される幼児（『ストライキ』二四）、オデッサの階段で兵士たちに踏み殺される少年（『戦艦ポチョムキン』二五）、チュートン騎士団の手で火中に投げ入れられる赤ん坊（『アレクサンドル・ネフスキー』三八）と、エイゼンシテイン作品の子供たちはどうやら残酷劇の小道具と化したきらいもある。フロイト流に解釈すれば、エイゼンシテインの幼児期の体験――両親の別居――と関係があるのかもしれない。

一方、タルコフスキーは自己の作品に私生活の影をたくさん残しており――第一作の『ローラーとバイオリン』（六〇）からそうである――それらの影は、『鏡』『ノスタルジア』『サクリファイス』と、きわめて濃厚な痕跡を残して、タルコフスキー映画の底流にある懐旧の情（ノスタルジア）を表している。エイゼンシテインが外へと向かう映画作家であったとすれば、タルコフスキーは内へと向かう映画作家であった。この映画では、幼い頃の思い出、特に母と密着した生活、父への憧憬、自然への愛が繰り返し語られるので、映画ファンにとってはタルコフスキー作品のモチーフが理解しやすくなるだろう。「子供時代はすべてすばらしい、どんな悲惨な生活を送ろうとも」と語るタルコフスキーには、ただ子供時代のノスタルジアに浸る感傷癖だけでなく、ちょうどアンドレ・ブルトンがかつて『シュルレアリスム宣言』（一九二四年）で述べたような、大人社会の常識や制度にとらわれない「純粋で無垢な」子供たちの想像力への信頼も感じられる。子供たちの想像力や感受性に見られる繊細な知覚や幻想もまた、タルコフスキー作品に色濃い。

ドヴジェンコへの親近感

この映画で、タルコフスキーは自己の経歴や経験についてさまざまなことを語っているが、影響を受けた映画人としてドヴジェンコの名を挙げているのが印象的だ。アレクサンドル・ドヴジェンコ（一八九四―一九五六年）はエイゼンシテインと同世代の映画監督で、監督としての名声はエイゼンシテインにやや後れを取ったものの、『ズヴェニゴラー』（二六）、『武器庫』（二九年）、『大地』（三〇年）などによって〈ウクライナの映画詩人〉と称されるほどになり、幻想味や叙情性の強い歴史映画・農村映画・革命映画を撮った人だ。タルコフスキーにとって「映画は時間の彫刻」であり、彼はエイゼンシテインよりもドヴジェンコの方に自己の資質との共通性を感じている。何よりも、〈ポエジー〉（詩情、詩想）を優先させるタルコフスキーには、時間が切り刻まれすぎたエイゼンシテイン作品よりも、もっと緩やかな時間的構成を見せるドヴジェンコの方が好ましく思えたのだろう。

タルコフスキーのもう一人の師は映画大学における実際の教師、ミイル・ロンム（一九〇一―七一年）である。ロンムは革命後のソヴィエト映画の第二世代だが、年齢的にはエイゼンシテインより三歳ほど若いだけだった。日本では『野獣たちのバラード』（原題『ありふれたファシズム』（六六）が知られている。タルコフスキーはロンムから映画への大きな視野を持つことを学んだと語っている。インタビューではふれられていないが、タルコフスキーはもう自分が師となる年齢に達していた。日本でも公開された『孤独な声』のソクーロフ、『死者からの手紙』（八六）

のコンスタンチン・ロプシャンスキーらが弟子とされる。この二人の作品に見られる映像の実験性やペシミズム、これはたしかにタルコフスキーとの共通性が感じられる。このインタビュー映画では、バリヴォが「愛とは」「幸福とは」「女性について」等々、おおまかで凡庸な質問を発しているにもかかわらず、タルコフスキーがきまじめに長く語っていることと、随所に彼の映画作品の断片が挿入されていることが見どころだろう。

☆ニキータ・ミハルコフについて

タルコフスキーよりひと世代若いニキータ・ミハルコフ（一九四五年生まれ）も、兄のアンドレイ・ミハルコフ＝コンチャロフスキーやタルコフスキー同様、卒業制作時に秀作『戦いの終りの静かな一日』（短編、七三）を発表している。以後、彼は本格的な長編劇映画『光と影のバラード』（七四）、『愛の奴隷』（七六）、『機械じかけのピアノのための未完成の戯曲』（七七）、『五夜』（七九）といずれもすぐれた作品を発表して、シナリオも書けば、俳優として出演までこなす才気煥発ぶりだ。これら初期作品のほとんどが日本でも上映された。中でもチェーホフ最初期の戯曲『プラトーノフ』ほかに基づく『機械じかけのピアノのための未完成の戯曲』（日本公開、一九八〇年）は映画ファンにとどまらず、演劇関係者はむろんのこと、中村雄二郎のような哲学者にまで影響を与え、日本にチェーホフ戯曲再発見と新演出の試みをもたらした。舞台は十九世紀末ロシアの地方、有閑階級の結婚祝い、そこに集う人々を描くこのドラマは、俳優たちのキャラクターと演技、監督の演出、構図や撮影の巧みさにより、みごとな演劇映画となった。無為に過ごす人々のむなしさと苛立ちも含めた人間喜劇であり、自嘲気味の医者役をニキータ自身が演じており、三十二歳の若さで成熟した彼の力量に驚かされる。これ以降の監督作、出演作も多いが、ペレストロイカ以降では、『太陽に灼かれて』（監督と主演、九四）で〝偽りの太陽・スターリン〟による大粛清の始まりを暗示するエンディングを見せ、革命の行く末に疑問を投げかけた。だが、それはプーチン政権のナショナリズム回帰と結びつき、続く『戦場のナージャ』(二〇一〇年、原題は「エクソダス」)、『遥かなる勝利へ』(二〇一一)と、ナショナリズムの戦争大作へたどり着く。私にはこれら以外の二作にふれた文章がある。[*3]

＊1 ヘルツォーク作品については、拙文「白い文体――『生の証明』」、「荒々しさと繊細さ――『アギーレ・神の怒り』」、『山を越える船――「フィッツカラルド」』参照。『シネマランド漂流』早稲田大学出版部、一九八五年。

＊2 タルコフスキー『映像のポエジア――刻印された時間』(鴻英良訳)はのちに文庫化された。ちくま学芸文庫、二〇二二年。なお、タルコフスキーの経歴と私生活、映画制作時のゴスキノとの交渉や監督として抱えた創作上の問題などは下記参照。西周成『タルコフスキーとその時代――秘められた人生の真実』合同会社アルトアーツ、二〇〇一年。

＊3 「生活の詩人『オブローモフの生涯より』」、パイオニアLD版解説、一九九〇年。「『ウルガ』至福の草原」、『テレビ・ロシア語会話』NHK、一九九八―九年。

IV

中国

——活気と鼓動

上海の輝き——中国映画の回顧 一九二二〜一九五二

中国映画という新大陸

一九八四年の火事で全国の映画ファンをやきもきさせた東京・京橋のフィルムセンター（現、国立映画アーカイブ）も、竹橋の国立近代美術館の講堂を間借りすることで上映を再開したが、一九八五年七月二十日から九月二十九日にかけて組まれた「中国映画の回顧 一九二二〜一九五二」の特集は画期的な催しだった。まず第一に、それが映画史的にすこぶる興味深いものであったことはむろんのこと、映画史の枠を超えて、日中相互の不幸な歴史——特に日中戦争における侵略国としての日本——に思いをはせるとき、戦後育ちのためその時代を知らない私にさえ胸を熱くさせるものがあったからである。

とはいっても、私は〈日中戦争の不幸な影〉を中国映画の中に確認するために近代美術館へ通ったわけではない。そんなことは映画を見るまえに、いくぶんなりとも予想がつこうというものだ。それよりも、上海を中心とする映画群の明るさとモダニズムぶりに魅了されてしまった、という方が正直な感想になるだろう。実際、今回上映された四十三本の作品のうち、圧倒的多数が上海を舞台にしているか、上海の撮影所から送り出された作品であった。

長い年月に及ぶ日中交流史の中で、このように体系的に日本で中国映画を見る機会が持たれたのは、なんと初めての出来事なのである。戦前戦後の散発的な輸入公開、若い人たちによる「現代中国上映会」の努力（今回も字幕の製作に協力）、そしてここ数年の数は少ないが継続的な新作映画祭を別にすると、私たちにはこの隣国の映画を見る機会がほとんどなかった。同様の事情は韓国をはじめ他のアジア諸国の映画についても当てはまるが、興行としての映画が相対的に力を弱めてしまった今の日本では自主映画その他の動きの中で、アジアやアフリカといった、これまでほとんど紹介されることのなかった国々の映画が紹介され出したことはまことに嬉しい現象である。

今回の特集は私たちに中国映画の歴史を〈発見〉させ、〈認識〉させてくれたことになるが、その一つは、一九三〇年代の中国映画が他の主要な国々――たとえばフランス・アメリカ・日本等――と同様、トーキー時代の第一時黄金期とでも呼べる秀作群を生み出していたことの発見であり、もう一つは、女性の解放や自立といったテーマでは、同時期の世界映画の中でもきわめて自覚した作品群を作り上げていたことへの認識である。発見という言葉は傲慢にすぎるかもしれない。コロンブスがアメリカ大陸を発見する以前から大陸と先住民たちは存在していたのだし、欧米が『羅生門』によって日本映画を発見する以前から日本映画は独自の世界を作り上げていたのだから。言い換えれば、発見はそれ以前には見えなかったことを告白していることになり、時代の偏見をさらけ出していることにもなる。もっとも、この時点では中国側も同じで、同時代の日本映画は一般にはほとんど見られないままだった。中国映画の三〇年代は、日本側の進出ならぬ侵略に苦しみ、民族意識を高めていた時代だったのだから、それもむりからぬことだったろう。

いま振り返って興味深いのは、中国人も日本人も、わずかの例外を除いてお互いを見ようとはせず、欧米の方に強いまなざしを向けていたことである。ただし日本が、欧米映画という緩衝装置を通して映画技術やモダニズムを間接的に吸収していったのに比べ、中国は租界地を抱える文字どおりの国際都市上海——ある人々はそこを魔都と呼んだが——の中で直接欧米映画やモダニズムに向き合うことになった。一九三五年に上海を訪れた映画評論家の岩崎昶は、上海を見ただけで中国を見たとはいえないが、上海の映画を見ただけで中国の映画を見たことになると述べている（『映画の芸術』一九三六年）。

三〇年代の上海映画は、即ち三〇年代の中国映画を代表していたのである。岩崎昶が上海を訪問した二年後、日独合作の『新しき土』（三七）は上海公開に際して中国映画人の激しい抗議に合い、ついに上映中止に追い込まれ、さらにその三年後の一九四〇年、岩崎自身も特高（特別高等警察）に逮捕されてしまった。上海で中国の共産党員と接触したはずだというのが理由の一つだった。残念ながら、短い滞在期間の中で岩崎昶は中国の著名な民族主義者にも共産主義者にも会えなかったが、三本のすぐれた中国映画（そのうちの一本は今回特集で上映された『新女性』）、そして明星・芸華・聯華・電通の主要撮影所、監督の応雲衛《インユンウェン》・史東山《シートンシャン》ほかの映画人たちと出会ったのである。ところで、「中国映画の現在」ではなく、なぜ「中国映画の回顧」なのだろうか。それは中国側にとっては、文革（文化大革命）の嵐が批判し否定してきた、さまざまな作品や映画人たちの名誉を回復させる救済の儀式である一方、中国人自身にとっても――特に、若い世代にとって――ブルジョアや娼婦や迷える知識人やらを描いた革命以前の映画が、私たち同様の発見をもたらしてくれるからだろう。そしてそれは、中国近代化の根（国家・民族の確立と、封建制からの個人の解放）を上海映画に探す自己確認の旅にもなることだろう（図1）。

図1『新女性』1935 阮玲玉（右）

私たち外国人にとっても、同時代ゆえの目隠しがはずれることによって――即ち時代のずれが生んだ風穴によって――見えなかったものがまったく新しく見えてくる発見のよろこび歓びなのである。すでに一九八〇年のロンドンを皮切りに、トリノ、パリ、その他の国でも回顧展が開かれたという。いま世界はやっと、中国映画という新大陸の存在に眼を向けはじめたようだ。

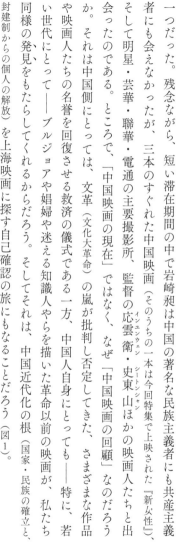

上海モダン

モダニズムが近代都市の成立とともに現れたさまざまな文化・風俗現象であるにしても、高層ビル群・オフィス街・デパート・自動車等に囲まれた都市の歩道を闊歩する自由を獲得した時点では、何よりも女性こそがその主役にふさわしい。モダニズムの能率社会は、ルネ・クレールの『自由を我らに』（三一）やチャップリンの『モダン・タイムズ』（三六）に風刺されてはいるものの、能率化（合理化）は一方で過去の因習や遺物を切り捨てるという大きな役割を果たしたからである。一九一〇年代までの長いドレス・長い髪・黒いストッキングという女性の重たい身なりは、口紅の金属容器化を皮切りに、二〇年代からのショート・スカート（ミニ・スカートも登場）、パーマやショート・カット（ボーイッシュな断髪のモガ＝モダンガールも登場）、肌色のストッキングという軽快な身なりに変わっていく。

朝から昼へ、昼から夜へ――一日のうちにその相貌を変転させていく都市のダイナミズムは近代女性のリズムにふさわしい。上海時代の映画の多くが、豪壮な高層ビル群をモンタージュし、あるいは夜の華やかなイルミネーションをモンタージュしていくクレディット・タイトル・シーン（映画の最初にスタッフやキャストの字幕が出るシーン）を見せるのは、あながちそれらが「大都市」を示す紋切り型の表現だったからばかりでもないだろう。強引な図式を作ってみると、刻々と変貌する都市の肖像はモンタージュの映画によって（たとえばワルター・ルットマンの『伯《ベル》林《リン》――大都会交響楽』二七、ジガ・ヴェルトフの『カメラを持った男』二九）、また静かな田園のたたずまいは長まわし撮影の映画によって（F・W・ムルナウの『サンライズ』二七）、いずれもサイレント末期からトーキー初期への移行時（一九二〇年代末）にその典型が現れている。もっとも、中国の都市映画がモンタージュを多用しているというわけではない。ドラマの部分ではモンタージュはそれほど目立たないのだ。

小柄で活発でチャーミングな女性・黎莉莉《リーリーリー》が主演する『スポーツの女王』（『体育皇后』一九三四）も、クレディット・タイトルは大都市上海の高層ビル群のモンタージュであり、物語は港に汽船が着いたところから始まる。出迎えの大金持ちの伯父が姪（黎莉莉）を探すと、なんとこの少女は汽笛のハシゴをよじ登っているところ。アメリカの豪邸なみに広い伯父の大邸宅。大パーティを開けるほどの広い一室、広い階段。日本の映画が戦前も戦後もブルジョアを描けなかったのは、映画人の思想性の希薄さというよりも、このような豪邸がほとんどなかったからではないか、とウサギ国ウサギ小屋住民としては少々ひがみっぽくなる。田舎から出てきたこの少女は、大都会の喧騒に眼をまるくしながらも茶目っ気ぶりを発揮する。実際、これほどお茶目で活発に動き回る少女像というのは、当時の日本映画にも珍しかったのではないだろうか。この少女は女学校で陸上の花形選手となり、全国大会に出場する。

この映画より前、すでにサイレント期の一九二〇年代に、スポーツ映画はアメリカのカレッジものを中心に流行していて、『娘十八運動狂』（原題 The Campus Flirt、二六）なる女子陸上選手物語が日本で公開されていたから、あるいは中国映画はその影響だろうか。日本では、近代スポーツ万能の新しきヒーロー・鈴木伝明が登場したことによって、日本映画のモダニズム化――この場合、現代の風俗を明朗に謳歌するテーマと、映画の語り口の欧米化――が推進された。牛原虚彦《きよひこ》監督が当時としては珍しい東京帝大出のインテリ、かつ欧米の文学や演劇・映画の事情通、さらには一九二六年にハリウッドへ――とりわけチャップリンに弟子入りして――映画遊学を果たした身であるのと同じように、『スポーツの女王』の孫瑜《スンユイ》監督もいち早く一九二三年に渡米し、大学で文学と演劇を学び、卒業後は撮影学校、そして再び大学の映画学科で学ぶという、欧米映画の事情通であった。残念ながら鈴木伝明主演のスポーツ映画――たとえば『陸の王者』（二六）ほか――はフィルムが残っていないので、『スポーツの女王』と比較することはできない。お転婆娘のイメージだけで比較すれば、これまた日本映画史上に名高い洋臭映画『路上の霊魂』（牛原虚彦脚本、村田実監督、二一）の英百合子《はなぶさ》がその先例となるかもしれない。もっとも、フラッパー・ガールのモデルは当然アメリカ映画である。しかし、日本も中国もフラッパー・ガールのコケティッシュな側面は極力薄めていて、健やかさと活発さとが強調されている。

『スポーツの女王』のハイライトともいうべき陸上シーンは、いささか期待はずれだった。走るスピード感に欠けるのだ。個々の走者の走る姿は仰角で撮られており、走る格好だけをモンタージュしていく安易さである。同じモンタージュやカメラ技法を使って、陸上競技のリズムや興奮にまで高めるところまではいっていない。しかし、全体としてこの映画は明るくて爽やか、健康でユーモラス、つまりはモダン・ライフの肯定的側面を楽しく描いて見せてくれる。その背景に、中国人の体力増進がねらいにあったにしろ、またラストで、東北地方（当時の満州）を侵略していた日本への抗議が暗示されていたにしろ、ブルジョアの大邸宅を描き、スポーツに力を入れる女学校を描き、抜群の運動神経を持つヒロインを描いたことで、当時の中国人観客に新しい時代の息吹を感じさせたことだろう。

スポーツ映画ではないが、『街角の天使』（『馬路天使』袁牧之《イエンムーツー》監督、三七）のタイトル・シーンも、まるでこちらこそ本家の「上海大都会交響楽」だといわんばかりに、欧風大建築をモンタージュしていく。白亜の超高層ビル（ミニアチュア）をカメラが下へ、地下（地層）へと断面図を見せるように下りていくと、そこに「上海地下層」の文字。画面が一転すると、街を通る結婚式だ。主人公（趙丹《チャオタン》）は結婚式の行列のラッパ吹きである。ここでもすばやいモンタージュが、結婚パレードの賑やかさを活写する。しかもユーモアに満ちていて、しばらくは音楽（楽隊）と映像のモンタージュのみによる、サイレント映画的導入部が進展する。この映画は全体としてはコミカルに、ときには悲壮に、ラッパ吹きやら街娼やら少女やらの貧しい人々を明るく描き出す。深刻な物語であるはずなのに、映画自体に深刻さはほとんどなく、観客はどんどん底生活の楽天的庶民活劇を見る思いになる。

スポーツ少女やトランペット青年に限らず、この時期の中国映画にはアメリカニズムが充満している。スラップスティック・コメディ『八百屋の恋』（『労工之愛情』張石川《チャンシーチョアン》監督）。これは今回上映されたものの中で一番古い一九二二年の作品。モダニズムにいささかエロティック・コメディを加味した『薔薇色の夢』（『粉紅色的夢』蔡楚生《ツァイチューション》、三二）。「頼りない男を助けて苦労する女」というモチーフは日本映画によく見られるが、上海映画にはほとんどそれが見られず、『薔薇色の夢』は例外的だろう。

『スポーツの女王』の孫瑜監督はアメリカ留学体験者だから、彼の作品に欧米映画の雰囲気が濃厚なのは当然のことだろう。たとえば、上海への流民男女を描く『夜明け』（『天明』三七）は、労働シーンが『メトロポリス』（二七）を、波止場の夜の陰影がフォン・スタンバーグ映画を、また随所に挿入される回想シーンがムルナウの『サンライズ』（二七）を想起させるし、ラストはスタンバーグの『間諜X27』（三一）とよく似ている。これは『スポーツの女王』に主演した黎莉莉が主演しており、彼女の転落の道に焦点が絞られていくが、悲壮感や暗さがなく、死刑直前でも鏡に夢中でお洒落に余念がない。この孫瑜監督には『大いなる路』（『大路』三四）という、道路工夫ミュージカル？　のような明るく楽しい映画まである。もっとも、『夜明け』にしても『大いなる路』にしても、反国民党、反日本帝国主義の精神はちゃんと示されている。

舶来品を誇示するデパート・モダニズムは『化粧品売場』（『脂粉市場』三三）に現れている。デパートの自動ドア、蝶ネクタイのマネージャーや社長の息子のプレイボーイぶり、運転手つき自動車によるデート、化粧品売場で悠々と流し目をする女子店員たち、彼女たちのアパートや室内調度の立派さ等々。この映画の張石川監督は『お年玉』（『圧歳銭』三七）では「中国のテンプルちゃん」を登場させて歌やタップダンスを披露する。

さらに、アメリカの〈アワーギャング〉(いたずら小僧たちのわんぱく喜劇)やチャップリンの『キッド』等、サイレント・スラップスティックを混在させた愉快な『さまよえる子羊』(『迷途的羔羊』蔡楚生監督、三六)や『三毛の放浪紀』(『三毛流浪記』趙明《チャオミン》・厳恭《イエンコン》監督、四九)もある。いずれもみなし児の一団を描いていて、問題はやはりひどく深刻かつ同情をそそるのだが、映画のタッチはおおらかさとユーモアにあふれている。

また、『深夜の歌声』(『夜半歌声』馬徐維邦《マーシユイウェイパン》監督、三七)と『麻瘋女』(同、三九)は最も自律した映画的世界を現出させる映画であるが、前者にはサイレント映画の『オペラの怪人』(二五)やトーキー初期の『フランケンシュタイン』(三一)そっくりのシーンがあって、正体不明の怪人がマントをひるがえして劇場内を逃げ回り、ラストはフランケンシュタインよろしく村人たちの松明《たいまつ》に追われて、塔へと逃げ込んだものの火をつけられてしまう。アメリカ映画の影響といえば、評論家の佐藤忠男は『慈母曲』(三七)は『オーバー・ザ・ヒル』(三一)の、そして『街角の天使』は『第七天国』(二七)の焼き直しではないかと指摘している。『深夜の歌声』も含めて、モデルがいずれもサイレント映画にあるのが面白い。このほか、映画の中に描かれたブルジョア趣味――欧米風邸宅、欧米風マナー(キスさえも!)、ピアノ、ダンス、マント、パーティ、洋装と、アメリカニズムを挙げていけばきりがない。

このような欧米趣味、アメリカ映画の影響は上海映画を開放的なものにしており、画面に明るさと活気を与えている。欧米と同時代を生きる国際的感覚が画面の中に入り込んでいるといってよいだろう。それは上海を包む巨大な中国から眺めるとき、地に足のつかないうわっつらの華やかさやモダニズムぶりだっただろう。また上海の中だけでも、その貧富の差や教育の差、そして国際都市であることの二面性からくる落差のひどさ——インターナショナリズムとナショナリズムのせめぎ合い、個人の自立と人間性の喪失、自由と無秩序、奢侈と頽廃、成金と孤児と苦力《クーリー》の群れ、租界地の特権と流れ者の吹きだまり——に気づくとき、あだ花のような存在であった。しかし上海映画が輝くのは、そのような矛盾をはらんだまま映画が映画として自律した姿を見せようとするからである。

自立をめざすヒロインたち

きびきびした活発な動きとふっくら顔の美人が黎莉莉であるとすれば、やや細面の憂いを含む美人が阮玲玉《ルアンリンユイ》である。阮玲玉は戦前の中国映画を代表する大スターだったが、彼女が出演している今回の上映作品を見るといずれも秀作であり、その気品と憂いによっていまなお私たちを魅了する。その黎莉莉と阮玲玉が共演した作品が『おもちゃ』(『小玩意』三三)である。監督は孫瑜《スンユイ》。一九〇〇年生まれのこの監督は健在だった〔一九九〇年に死去〕。

小さな川を舟で往来する人々。村の子供たちのさまざまな遊び。おもちゃ作りに精を出す村人たち。この映画もまた孫瑜監督らしいおおらかさとユーモア、スマートな演出にあふれていて、愛すべき作品に仕上がっている。前半は、「前進あるのみ」と、気丈な母親(阮玲玉)に、後半は十年後のその十七歳の娘(黎莉莉)に照明を当てる。中国女性のイメージはここでも潑剌として自主性に富み(おもちゃの工夫・発明、独立国への自覚等)、近代的である。全体はロマンティックな楽天主義に貫かれていて、帝国主義諸国に痛めつけられている現状よりも、それをはねかえそうとする気概にあふれている。行方不明の息子、娘の戦死(野戦病院)、気が狂う母と、ラストはすこぶる重くなるのだが。母親を演じた阮玲玉と娘役の黎莉莉は実際には五歳の年齢差しかなく、黎莉莉は当時十九歳だった。

黎莉莉のイメージが開放的、遠心的であり、いかにも『スポーツの女王』の活発な女学生にふさわしいとすれば、阮玲玉のイメージは内向的、求心的であり、『女神』(呉永剛《ウーヨンカン》監督、三四)の自立に苦しむ子持ちの娼婦、といった哀しみを湛えた美しさにある。その阮玲玉の代表作の一つが『新女性』(蔡楚生監督、三五)であることは間違いないだろう。

いまは音楽学校教師で生計を立てているが、女流作家たらんとするヒロイン(阮玲玉)。部屋にはピアノ、壁には美しい自分のポートレート、舞台は上海。楽天的なモダニズム映画かと思いきや、物語はメロドラマ仕立てながら徐々に重苦しさを増して、『おもちゃ』同様最後には鬼気迫るものがある。映画上の表現としてはワイプが比較的多用されていて、ダンスホールのシーンでは、外壁の大時計の針が一時間回る動きがワイプの働きをしていて、遊び戯れる人々と働く人々との姿をモンタージュして見せる。つまり、同時間における二つの階級の姿が大時計の中に示されるのだ。そのまえ、ヒロインが金持ちに誘われて自動車でダンスホールへ向かうシーンでは、車の窓に、最初にこの金持ちと出会った経緯が回想シーンで写される。この種の手法は、日本では木下恵介監督のデビュー作『花咲く港』（馬車の窓に映る回想、四三）にあって、新人監督の才気を感じさせたが、木下監督の方が八年ほどあとになる。

『新女性』では、金持ちの理事長、記者、出版社社長と、周りの男たちは好奇と好色の眼でヒロインたちを見るばかり。夫に逃げられ、幼児を引き取って自立しようとするヒロインの道はけわしい。この〈自立〉をめざし、毅然とした態度の中に女性らしさをなくさない阮玲玉の魅力がこの映画を支えている。薄幸の美女を次々と襲う難題。観客は共感を寄せながら、ヒロインの運命に涙するという仕掛け。ただし、同時代の日本映画のメロドラマにおける女性像と比べて中国映画の女性像はずいぶんと強い。男の手を払いのけたり、頬を叩いたりする女性はほかのいろんな映画にもあり、『新女性』ではヒロインの親友（女性）が男まさりに金持ちを投げとばしたりする。その金持ちの妻も夫に対してはすこぶる強いのだ。

一九三〇年代の世界の映画を見渡すとき、上海映画ほど女性の自立を強く主張した映画はなかったように思われる。娯楽路線をとっていた明星影片公司（映画会社）の『化粧品売場』でさえ、メロドラマをモダニズムでまぶしたその内実は「男女平等」の思想劇なのである。『化粧品売場』の十七歳のヒロイン（胡蝶《フーティエ》）は父の急死のため、病母とその世話をする姉の生活を支えるべくデパートへ働きに出る（デパートのモダニズムは先に述べたように、この時代の欧米趣味の先端的雰囲気を伝えてくれる）。女性はどうしてこれほど男たちから侮辱を受けねばならないのかというテーマで一貫しており、デパートの売り子であるヒロインのプライドは高く、意志は強い。

ヒロイン・胡蝶の演技――特にクローズアップや接近ショットの場合――は非常に大きく、眼と顔の表情のメリハリの強さや「みえ」のきり方は、まるで京劇を見ているようでもあり、かつ革命後（一九五〇年以後）の中国映画のヒーロー、ヒロイン像のパターン化ともつながってくる。シークウェンスが変わるごとに字幕（ドラの音と音楽が伴う）が出て、あらかじめヒロインの運命を観客に告げていくやり方はサイレント映画的であるが、トーキー映画にこのやり方を使うと、ブレヒト的叙事演劇とでも言おうか、メロドラマという感情移入劇に客観的な眼がもう一つ加わることになる。

もっとも、この張石川監督は右であれ左であれ思想性はなかったらしく、せっかく「女性自立劇」を撮ったのに、のちには封建的旧モラル劇へと傾いたため、革命後に漢奸罪に問われて病死したという。とすると、『化粧品売場』に思想性を与えているのは脚本家の丁謙平《ティンチエンピン》と推測される。そしてこの丁謙平こそ、前年に共産党の瞿秋白《チュイチウパイ》の指導下に映画小組を組織し、その責任者となった夏衍《シアーイエン》*の変名であったことを知るとき、メロドラマと京劇とモダニズムが奇妙に混合したこの映画の地下層に、固い核があることへの納得がいくのである。

『化粧品売場』のラストで、ヒロインはどうにか自立して店を開くに至るが、『十字路』（『十字街頭』沈西苓《チェンシーリン》監督、三七）では、紡績工場に勤めるヒロイン（白楊《パイヤン》）はラストで逆に失業してしま

図2　『十字路』1937　白楊（中央）

う。そこで主人公の青年（趙丹）と結婚して一緒になろうかと一時は決心するものの、結婚して相手に頼ってしまうことよりも、自立したのち対等になって再会しようと、一緒になることをあきらめる（図2）。

たいていのメロドラマや男女の葛藤劇が、〈結婚〉あるいは二人が結ばれることの暗示を最終ゴールに設定しているとすれば、『十字路』のヒロインの決断はきわめて珍しく、しかもこれが三〇年代の作品であることを思えば、その自立劇の早い登場に驚かされる。同じ年の日本映画『朱と緑』（島津保次郎監督、三七）も個性的で堂々とした二人の女性（高杉早苗と高峰三枝子）を描いており、ことに高杉早苗扮するブルジョア娘の独立――常識や慣習からの独立――は日本映画のメロドラマに珍しい颯爽とした姿を与えているものの、経済的には自立しておらず、主人公（上原謙）との最終目標も〈結婚〉である。

自己主張のはっきりした行動的女性という点では、アメリカ映画の女性像がポピュラーだろう。たとえば同じ三〇年代の『或る夜の出来事』（三四）のクローデット・コルベールや、『赤ちゃん教育』（三八）のキャサリン・ヘプバーン扮する常識逸脱型の女性である。これらはコメディであり、メロドラマやリアリズム映画ではないので比較するのは無理かもしれないが、ヒロインたちが経済的には自立しておらず（ブルジョア階級）、〈結婚〉が最終ゴールである点では同じだ。一方、四〇年代になるが、中国映画では「現代女性論」をぶつその夫から〈自立〉していく妻（『遥かなる愛』陳鯉庭《チェンリーティン》監督、四七）や、離婚をつきつけてみごと亭主をやっつける妻（『奥様万歳』桑弧《サンフー》監督、同）と、状況はまるで現代日本のテレビドラマそっくりではないか。中でも『奥様万歳』はみごとなウェル・メイド・プレイである。

上海映画を中心に、そのアメリカニズムと女性映画を取り上げてきたが、一大メロドラマ『春の河、東へ流る』（『一江春水向東流』蔡楚生・鄭君里《チョンチュンリー》監督、四七）をはじめ、まだまだふれておきたい作品はいくらもある。だが、ここで同時代の日中両国の映画を簡単に比較してみよう。

中国映画の物語は、ときに混乱や逸脱があり、際限のないエピソードの積み重ねがあったりするものの、逆にそれが大きな魅力にもなっている。つまり、全体としてはメリハリのはっきりした明快な構造をとっているように思われるのだが、これに対して、三〇年代の日本映画を代表するとみなされている小市民映画や文芸映画は、私小説や心境小説、記録映画等に近づいており、物語映画としての骨格は希薄である。

また、戦前の上海映画は同時代の日本映画よりも表現が自由だったように思われる（たぶん、国民党時代に「抗日」意識をはっきり出せなかったことを除いては）。キス・シーンは上海映画にはいくらもあるのに、日本映画では検閲のため皆無だった。中国映画には『青年行進曲』（『青年進行曲』、史東山監督、三七）のように、メロドラマの枠組の中で〈資本主義経済〉の仕組みを絵解きしていくような映画もあった。日本でも傾向映画の時代はあったが、検閲のためカット（削除）がひどかったし、監督や脚本家も思想ゆえというよりも、流行ゆえに作るというありさまだった。従って、戦後の国民党の厳しい検閲下で国民党を風刺した『からすとすずめ』（『烏鴉与麻雀』鄭君里監督、四九）のような、一種のレジスタンス映画も日本にはなかった。楽天的モダニズムの背後に、国民党時代と文革期との二度にわたり、著名な映画人たちが投獄、あるいは迫害され、中には非業の死を遂げた人々もいる。このような厳しい政治との関わりも、同時代日本の映画人にはほとんどなかった。

私たちはかつて、自国でさまざまな規制や検閲を受ける一方、中国映画の中で自立をめざす女性像も、みなし児の群れも、失業に苦しむ若者も、日本の企業や軍人に迫害される労働者や農民の姿も見なかったのである。今回、一群の中国映画をまとめて見る機会を得たことによって、私たちは日本映画を複眼的に見る視点を得たことにもなる――とりあえずは欧米・中国・日本の三極構造の中の複眼的視点ではあるが。細かい論証は省くが、戦前・戦中の日本映画はいかにも日本的なるもの――つまりは形式的にも内容的にも外を遠ざけ内へと籠る姿勢を見せていて、欧米とも中国とも異なる孤立した特異性を見せている。上海は中国全域の中では特異な都市であっただろうが、その幾重もの矛盾や対立物を抱え込むエネルギーによって、ハリウッド・モダニズムとロシア・コミュニズムを併せ持つ、開放的で、外へと向かう映画群を生み出すことができた。

＊夏衍（一九〇〇－九五）は一九二〇年に日本留学。二七年に帰国、以後左翼芸術運動に参加、戯曲（中国話劇）や映画シナリオの創作で活躍。文化大革命中は投獄されたが、のち復権、映画演劇関係の要職を歴任、中日友好協会会長も務めた。自伝三部作の第二巻『上海に燃ゆ』（阿部幸夫訳、東方書店、一九八九年）では、リイレント映画末期からトーキー期にかけて、マルクス主義やソ連映画理論の影響など、上海映画界の状況が述べられている。

なお劉文兵には、博士論文（東京大学）をまとめた研究書に『映画のなかの上海――表象としての都市・女性・プロパガンダ』（慶応義塾出版会、二〇〇四年）がある。

近年では二〇二一年一月、国立映画アーカイブが「中国映画の展開――サイレント期から第五世代まで」を開催している。

第五世代新潮流——現代中国映画の台頭

1……文革期の空白を経て——『茶館』絶望からの再生

中国映画祭、一九八三年の第六回目は全作品を見ることができた。そしてそれらはかなり充実していたように思われる。文化大革命期（一九六六―一九七六）以来の空白期を経て、映画製作が少しずつ回復するとともに、たとえば前年上映の『牧馬人』（謝晋《シェチン》監督、一九八二）のように、文革の偏向そのものを見つめる映画も出はじめてきた。そうした中で、六本のうちの四本は、特に現在の問題や苦しみや感性と率直に向き合っており、私は強い感銘を受けた。これらの映画は現代中国が決してマルクス＝レーニン＝毛沢東の光にくまなく照らされた一元的世界ではなく（当たり前のことだが）、いまなお多くの矛盾を抱え込みながら、前進すべく模索していることをはっきりと示していたからである。

『人、中年に到る』（孫羽《スンユイ》・王啓明《ワンケーミン》監督、八二）の知識人階級の苦悩、『逆光』（丁蔭楠《ティンインナン》監督、八一）の、物質文明と精神文明の止揚を願う青年労働者の志、この二本は目下の中国の最も差し迫った問題を扱っていて、前者には静かな批判の眼が、後者には改革への熱いメッセージが漂っている。誇りと情熱、改革への熱い志、と呼べばいまの日本にあっては時代錯誤めくが、この熱っぽさは中国映画のみならず近年の南アジア映画祭のいくつかの作品にも共通していた特質だ。しかし、これら差し迫った〈前向き〉の二本ではなく、過去の出来事を扱った〈後向き〉の二本について述べよう。

自律する映画としては、美しい感傷に徹した『北京の想い出』（呉貽弓《ウーインユン》監督、八二）と、深いペシミズムを漂わせた『茶館』（謝添《シェティエン》監督、原演出は焦菊隠《ジャオチュイイン》・夏淳《シァジュン》、八二）とが完成度が高いからである。ひたすら過去を向いた『北京の想い出』は、幼い少女の眼を通して、心に残る人々との出会いと別れとを描いていて『泥の河』（小栗康平監督、八一）を思い出させる。少女は〈別れ〉を通して、人生の裏面、人間の悲しみを知っていく。この惻々《そくそく》と胸を打つ映画は、現代中国人の感性を率直に吐露していると同時に、普遍的な成長物語としても完結した世界を提示しており、美しくはあるが過去のみを映し返す思い出鏡である。

ところが同じ過去を扱ってはいても、『茶館』はその深い絶望感なしに現代中国の再生がありえないことを示唆している点で、きわめて現代的な映画だ。ただし、『茶館』をベストに推すには少々ためらいが生じる。映画『茶館』に先立って老舎《ラオシャー》のすぐれた戯曲があり、さらにそのすぐれた舞台上演があるからだ。映画は一九八三年の日本で上演された舞台の『茶館』とほとんど同じ演出と思われるので（私はテレビで見ただけだが）、ためらいがあるものの、二つの理由からこの映画をすぐれていると評価してよいだろう。

一つは、映画の演出が舞台の演出を踏襲しながら、ウィリアム・ワイラーの演劇映画を彷彿させるコンティニュイティの巧みさを見せていることである。演劇映画が簡単なようでいていかに難しいかは、過去の多くの平板な〈演劇の缶詰〉映画が例証ずみである。それでも欧米にはすぐれた演劇映画の例が多々あるが、この分野は日本映画が最も不得意とするものだろう。謝添監督は映画冒頭の茶館の賑わいを細かいカット割りで見せながら、しかも全体の連続感を損なわず、流れるように展開して見せる。これは原演出を映画へ移し変えるのに、細かい工夫がなされていることを示している。ただ、ワイラー風の奥行方向の演出空間はほとんどなく、接近ショットを組み合わせたシーンが多いので、そのぶん芝居のわかりやすいイラストにもなっている。

もう一つは、ラストの絶望感の深さである。『茶館』では、風格と優雅さを持った清朝末期の茶館から、第二次大戦後の落ちぶれはてた姿まで、生活の苦しさと揺れ動く国のみじめさ、出口なしの状況が描かれる。特にラスト二十分近く、いまは老人となった三人が集ってそれぞれの人生の感慨――「なんとむなしかったことよ！」――を呵々大笑しながら語り合うシーンは圧巻である。中国の現実を絶望しながら、三人の笑いは高らかに、そしてむなしく響きわたる。

笑いが静まり、礼をして立ち去る二人。紙銭（棺に入れる銭型の紙）は真っ黒な空間に白く舞い上がって落ちる。一人残った茶館の主人は死を決意して台所へ消える。あとは静寂……。原作の老舎も、最初の演出の焦菊隠も、文革期に悲惨な最期を遂げている。茶館の主人が死を決意するのは、その後の夏淳演出によるものらしい。映画ではさらに舞台の外からの音楽もそぎ落とし、静寂がスクリーンを支配する。笑いのあとの慄然とする静けさ。戯曲、舞台、映画とメディアを変えながらいっそう深まっていく絶望。このラスト・シーンを持ちえたことだけで、映画『茶館』は筆者の心に深く突き刺さる。

一九八五年、フィルムセンターで開催された「中国映画の回顧　一九二二―一九五二」は私にとって大きな収穫だったが、モダニズムの視点からは本書「上海の輝き」でふれたので、ここではモダニズムの明るさとは異質の、暗い魅力で印象深い三本の作品を挙げてみよう。

馬徐維邦監督の二本、『深夜の歌声』（三七）と『麻瘋女』（三九）、そして呉永剛監督の『孤島の二人』（三六）である。いくらでも欠点はあるのだが、いずれも独自の映像世界を作り上げていて、見る者をその不思議な映画的世界の中へ魅了してしまう。『孤島の二人』は、ラストの孤島のシーンを除くほとんどのシーンが夜、または霧という暗黒の世界の中で、直接の利害関係はない偶然の殺人犯と、たまたま刑事であったにすぎない二人の男が一方は逃亡し、他方は追跡する物語だ。コントラストの強い照明で浮き彫りにされる、ゆがんだ顔。アメリカのギャング映画、なかんずくフォン・スタンバーグやオーソン・ウェルズ、表現主義等の影響があるようだ。

といっても、中国映画にしては珍しいスタンバーグ風暗黒映画、といったもの珍しさだけがこの作品の魅力ではない。冒頭を除けばほとんど音楽がなく、ショットがいつも間延びしていてテンポがのろいこの映画は、ほぼ二人だけしか登場しないこと、孤島では文字どおり、まったくの二人だけであること、絶望を前にして高らかに笑い続けるエンディングと、不条理劇的シチュエーションを描き出しており、その暗さ、その絶望が乾いていて奇妙に明るく、三〇年代に作られたにもかかわらず、実験ドラマのような新しさを感じさせる。

さて、その暗黒の世界――怨念・復讐・悲恋・難病等の――をもの悲しくも美しい情感で満たし、陶酔的幻影境を出現させるのが馬徐維邦である。そのあまりにも暗く悲しい世界は、肺腑を突く朗々たる歌声の美しい響きによって、『深夜の歌声』であれ、『麻瘋女』であれ、そこに描かれる暗黒世界とは別種の透明な世界を出現させてもいる。朗々と響く謎の歌声。正体を見せぬマントの怪人。乳母とともに柱廊を無言で進む白衣の美女――目をかっと見開き、無言のまま放心したように歌声に導かれて歩むその姿。と、『深夜の歌声』の冒頭はゴシック・ロマンスの雰囲気を湛えており、ロシア映画『スタフ王の野蛮な狩り』(ワレーリー・ルビンチク監督、七四)を思い出させたりする。ゴシック・ホラー＋中国歌劇＋革命劇＋悲恋メロドラマと、趣向は盛りだくさんで、全体として演出のバランスに乱れがあり、技術が幼なかったりするものの、そしてドイツ表現主義の怪奇性やアメリカの『オペラの怪人』(ルパート・ジュリアン監督)やら『フランケンシュタイン』(ジェイムズ・ホエール監督)やらのシーンがそのまま移しかえられてはいるもののの、この監督はマントの怪人の顔の欠如への恐怖と偏愛という、アンビバレンツな妄執を描き出しており、その妄執が逆らいがたく私の中へも侵入してくる。

この妄執は崩壊する顔として『麻瘋女』の中にも強く入り込んでいて、人間の顔が崩れていくことへの恐怖（感染病と信じられた当時の偏見）と忌避、同情と憐憫のほかに、裕福な家の美女の顔が崩れていくことへの倒錯した心理も混在させている。清朝末期の湖南地方、放浪の青年は、難病にとりつかれた患者たちが街なかで袋叩きにされるのを目撃する。青年は自分の身の上を切々と朗唱する。『深夜の歌声』と同様、この歌声の優雅さと哀しさ、美しい声の響きは私たちの情感に強く訴える。一種の中国風ミュージカルと呼んでもいいだろう。時代がかった演技、純真な主人公男女、絶望的な運命。いまの世であれば克服されているその病、そして監督自身もこの病の科学的克服を最後には訴えている。しかし、伝奇ロマン、ホラー・メロドラマとしての雰囲気が濃厚で、その引力が大きい。現代では一般上映が難しい作品だ。佐藤忠男によれば、この監督にはもう一本、顔を刀で傷つけられる作品があるという。顔への偏愛ばかりでなく、馬徐維邦作品を映画的に成立させているのは、独自の幻影世界を形作るカメラワークと中国オペラとの官能的結合にある。官能性とは、映像に生命を与える色気、または息づかいのことであり、映像感覚とでも呼べる、作品固有の感情のことである。新しい中国映画『黄色い大地』（陳凱歌《チェンカイコー》監督、八四）の呪術的・原始的シーンにもその徴候が見られる。

2……中国映画祭一九八六

一九八六年もまた数々の映画祭で賑わった。少なくとも東京などの大都会では、従来の映画館とは異なる上映会がきわめて活発化しており、映画ファンはむろんのこと、職業的な映画批評家でさえ、これらの動きすべてを追跡することはもはや不可能な時代になってしまった。ぴあ映画祭、イタリア映画祭、ファンタスティック映画祭、実験映画祭、中国映画祭、あるいはインディーズ映画、スイス映画、台湾映画、カナダ映画、オーストラリア映画、インド映画、韓国映画、スペイン映画、ブラジル映画、エジプト映画、トルコ映画、ニュージーランド映画……うーん、本当にすごい！　新作ではないが、この賑わいにフィルムセンター（現、国立映画アーカイブ）の松竹蒲田映画特集、あるいは古いハリウッド映画のリバイバルを加えてもいいだろう。一般の商業映画の大半を、ハリウッド資本による大作娯楽映画が占めていることにかわりはないが、ひとたびその周辺へ日を向けると、ハリウッドとは異なる映画群があちこちに出没している。

こうした目白押しの映画祭・映画群の中で、中国映画の新作公開は十年目を迎えた。文革期の長い映画製作の空白のあと、一九七七年に第一回が日本で開かれている。石子順の『中国映画の散歩』（日中出版、一九八二年）巻末の詳しい年表を参照してみると、第二回までは文革前の作品の名誉回復と毛沢東や周恩来を称える映画だったので、日本の映画ファンの関心を広く引き付けるまではいかなかったようだ。国際社会に出遅れた中国映画ではあったが、日本とはいつのまにか十年の交流の歴史ができた。はじめはもの珍しさから適当につまみぐいしていた私も、少しずつ中国映画に引き寄せられていった。

『青春祭』の美しい叙情

十年目の映画祭では八本の新作が上映された。一年前、彗星のごとく登場した中国映画のヌーヴェル・ヴァーグ〈新潮派〉、たとえば『黄色い大地』（一九八四）の陳凱歌（一九五二年生まれ）と同世代は『絶響』の張沢鳴《チャンツォーミン》監督（五一年生まれ）だけであるが、独自の映像美（特に、色調）を見せている監督として、一世代上の張暖忻《チャンヌァンシン》監督（四〇年生まれ）の『青春祭』と黄健中《ホアンジェンジョン》監督（同年）の『トンヤンシー　夫は六歳』が印象に残った。

『青春祭』（原題どおり、一九八五）は、「失われた青春への鎮魂歌」という意味らしい。実に美しい映画である。物語は文革期の辺境、タイ族が住む山村の密林を歩く若い女性の姿から始まる。下放（都市の青年知識人たちが農山村で労働経験を積むこと）してきた主人公の李純である。荷物を背負い、出迎えのタイ族のおやじさんに案内されて、電気もガスも水道もない粗末な家にたどり着くと、寡黙な老婆が温かく迎えてくれる。翌朝は、瓶にたまった水で歯をみがき、水汲みが李純の最初の仕事になる。水汲みに集ったタイ族の娘たちの色とりどりの衣装や髪飾り。一方、地味でさえない李純の人民服。娘たちの裸足の生活、休憩時の全裸の水浴。裸にはむろんのこと、裸足にさえなれない李純。まさに歌垣《うたがき》（男女が歌で呼び合う風習）さながら、村の青年たちと歌を交わしながら率直な感情の吐露をする娘たち。感情を素直に吐露することのできない李純。主人公の李純は、一見原始的とも見えるタイ族の生活に暮らしながら、彼らの生き方の率直さに惹かれていく。そして、文革最中の都会では〈悪〉とみなされていた〈美しいもの〉へ、少しずつ目覚めていく。……これまでの中国映画には文革期への告発や苦渋に満ちた作品が多かったが、『青春祭』には告発も苦渋もない。そこには、過ぎ去った青春を見つめる淡い叙情詩のような美しい郷愁が漂っている。色調がとてもよく、夕焼けの田園、夕暮れの山並み、もや、霞、煙雨等々、全体として中間色や薄明かりの色彩がうまく調和していて、ときおりクローズアップで挿入されるトンボ、睡蓮、木の葉、雲などの点景がまるで俳句の世界のような静寂さと小宇宙を感じさせる。

かすんだ風景の美しさは中国伝統の山水画にあるとはいえ、ときにタルコフスキーやインドのショトジット・ライの風景を想起させるほどだ。これは繊細な美意識と優しい感受性に貫かれた、静かで抑制のきいた作品であり、せりふでメッセージを伝えることの多かったこれまでの中国映画（日本の普通の映画やテレビドラマでもそうだ）に比べて、すべては映像の中で語られ、暗示されている。このように、文革期への憤懣や批判ではなく――むろん文革期への懐旧などではなく――当時を静かに振り返って、自己の青春を沈思する作品が登場するようになったのは、文革の嵐を過ぎたあとの中国映画がようやく自律し、成熟期を迎えつつあることの証だろうか。ちなみに、監督が女性であることを知ったのは映画を見終わったあとのパンフによってであり、中国映画界に女性監督が少なからずいることを思うとき、女性がその才能を一般の劇映画創造の中に発揮できない日本を残念に思わざるをえない。『トンヤンシー』もまた『青春祭』同様、いやそれ以上に茫漠とした、はたまた縹渺《ひょうびょう》とした風景が過去（解放前の中国）の中に強く封じこめられていて、中間色や暗色が基調になっている。トンヤンシー（童養媳）とは、昔の中国で、幼い跡取り息子の世話をするために労働力として買い取られた娘のことを指すという。前半は少々単調だが、後半、悲劇へのパトスが高まり、ラストは一転して解放へ向かう。壮大な滝、峨々たる山々、ここでも風景画がとても美しい。

『野山』ほか

さて、夫婦交換劇で話題の『野山』（顔学恕《イエンシュエシュ》監督）はどうだろうか。これは実に面白かった。すぐれた短編（あるいは中編）小説を読んだあとのような、ある充実した読後感ならぬ見後感（？）を得られたからである。ひどく貧しい山村の生活を描きながら、井伏鱒二の世界のようにユーモラスなのである。電気も水道もない貧しい生活を描き出しながら、その貧しさがリアリズムといった四角張った描写ではなく、〈自然体〉とでも呼ぶべきむりのないカメラの自然主義の中に描き出されるのだ。封建的な慣習や貧しさに抑圧された人々、といったテーマや描写が多い中国映画の中で、この自然体は悠々たる生の営みをおおらかに歌い上げ、ささやかな人生をそれなりに肯定してくれる。

主役四人がとてもいい。二組の夫婦それぞれの性格や生き方が最初は全然合わず、映画が終わる頃には、それこそ〈自然体〉で二組の夫婦が入れ替わっているのである。したがって夫婦交換劇とはいっても、不自然さや、スキャンダラスな事件はない。噂が力を持つ村にあっては大事件に違いないだろうが。もう一つの話題、ベッド・シーンについては、冒頭の薄暗がりの家のベッドで一緒に眠っている夫婦（当たり前！）と、物語途中でもう一組の夫婦がベッドで一緒に横になっているシーンくらいしかない。後者は、上半身裸の夫の胸に下着姿の妻が頭をもたれかけているだけ。なるほど、ベッドにいるシーンではある。

張良《チャンリャン》監督の『少年犯』は、上海にある現実の少年院を舞台に実際の少年犯たちを登場させたドラマであるだけに、中国にとっては（また中国社会の否定的側面に関する情報が少ない私たち外国人にとっても）、何よりも題材のなまなましさが話題になった。私は羽仁進監督の『不良少年』（六二）を想起したが、『少年犯』は教育映画、あるいは国民啓蒙映画、シナリオに基づく〈更生劇〉であって、少年たちの浮遊する生そのものを捉えようとした『不良少年』とは当然のことながら異なっている。しかし、中国の社会・家庭問題の暗部をさらけ出したという点だけでも画期的な映画である。『未亡人』（白沈《バイチェン》監督）の前半は、文革期の夫に獄中死され、幼い一人息子を抱えて苦労する母の物語。だが、映画のメッセージは名誉回復後の後半にある。未亡人である主人公は、亡夫のため、息子のため、自己をいつまでも犠牲にしなければならないのだろうか、恋愛も自由な生き方もできないのだろうか、噂や身分違いなど、文革を経たあとでも以前と同じような障壁が残っているのはどうしたことかと。つまり、人間としての女性個人の権利、自由を問うている。映画自体は決して新しい感覚を見せてはいないが、この問いかけは中国映画の中で新しい。ほかに、中国で高い評価を受けた張沢鳴の『絶響』は、文革期とその後の時代を生きる民間音楽家の絶望を重厚に描き出した作品で、監督が三十四歳の若さであることを思えばその演出力に将来が期待される。

テレビのスタジオを舞台にしたミステリー『女優殺人事件』（張今標《チャンジンビャオ》監督）は、日本でもこの種の推理劇にすぐれたものは少ないので、それに比べるとなかなかよくできていた。映画の中で映画（テレビ）撮影が進行中であり、劇中劇の殺人が現実に起きてしまうという設定の二重性、この二つがうまく噛み合っていたらもっと面白くなっていただろう。せりふ中心の謎解きの展開は直線的描写でむだがないにしても、もっと映像で語ることができたら（たとえばヒッチコックばりの）、映画としての快楽性が高まっただろう。しかし、主演男女優の容貌やファッション、生活スタイルが欧米風であるのに対して、身なりのぱっとしない私服刑事が活躍、大勢登場する制服組の警察たちの服装が社会主義国であることを思い出させる、そのちぐはぐさが面白かった。

徹底したアクション映画『大平天国伝』（周康渝《チョウカンユイ》監督）は、日本のお家再興もの（たとえば徳川方に負けた豊臣方の残党、あるいは『忠臣蔵』の浪士たち）とまったく同じで、苦難をなめた少数派が一時的にしろ勝利する物語は、観客の溜飲をさげさせる物語映画共通のパターンだ。この種のジャンルにおける日本映画のセンチメンタリズムに比べて、『大平天国伝』は乾いていてスピーディ、かつ体操競技のごとき訓練されたアクロバット武闘の連続であり、単純でもあるが壮快でもある。

さて映画祭プログラム全体の印象としては、個人、特に女性の権利や自由の問題が物語のテーマに入ってきたこと、イデオロギーやメッセージ優先ではなく、映像そのものの造形力が強まっていることを感じた。テレビが普及しはじめた現在、中国映画は新たな映像メディアからの挑戦を受けはじめている。

3……第五世代と新潮派――個性的、かつ映画的に自立しようとする野心

一九八七年、日本では珍しいキューバの映画がいくつか紹介されており、いずれも粒ぞろいの秀作ばかりであったが、粒ぞろいという点では、中国映画祭の新作八本も例年以上の話題を呼んだ。東京国際映画祭でグランプリを獲得した『古井戸』や、新潮派（ヌーヴェル・ヴァーグ）の代表選手・陳凱歌監督の『大閲兵』、荒誕派（荒唐無稽派）の『黒砲事件』『スタンド・イン 続黒砲事件』ほかが上映された東京池袋の文芸坐はかなりの観客で賑わい、特に『古井戸』と『盗

馬賊』の二本立てでは、一週間のアンコール追加上映が組まれたほどだった。また、これらに先立ち、東京のフィルムセンター（現、国立映画アーカイブ）では十月十七日から「中国映画の回顧・一九三二―一九六四」が始まり、二年前の特集に続く戦後中国映画の流れが日本で紹介されることになった。また、十月末には横浜で「中国映画in横浜」が開かれ、初日には「新潮派の今昔」というイベントに刈間文俊・村山匡一郎・私の三人が参加して、そのあと戦前の上海映画『街角の天使』を上映した。そしてこれも盛況であった。

このように、なにやら中国映画ブームらしきものが起きてきたのだが、なにより私の関心を引いたのは、新作に中国映画の新しい力がふつふつとたぎるのを感じたことである。これまでの新作映画のほとんどが、映画の作り方という点ではオーソドックス、かつ党が主導する中国映画のメッセージや文法らしきものをはずれない作品であったのに比べて、今回の作品はいずれも映画としての自律性を持つべく奮闘している様子がうかがわれた。第五世代、新潮派、荒誕派等、いろいろなレッテルを貼られているが、一九五〇年代生まれの監督たちの作品と、それを受け入れる若い観客たちとの間に、ある映画的熱気が醸成されているようだ。中でも私は『大閲兵』と『盗馬賊』の二本に最も感銘を受けたので、この二本を中心に感想を述べてみよう。

『大閲兵』――ストイックな美学の両義性

まず陳凱歌監督の『大閲兵』（一九八五）。建国三十五周年の国慶節を祝う天安門前広場での大閲兵式を控えて、若き兵士たちの特訓を描く作品だが、これがなかなかすばらしい映像感覚を見せている。カメラは『黄色い大地』と同じ張芸謀《チャンイーモウ》。このカメラマンは『古井戸』の主役もやるという活躍ぶりである。『黄色い大地』では、原始的かつ土俗的な力強い映像を披露したこのコンビは、『大閲兵』では鋭い映像感覚だけでなく、それにもましてすぐれた編集感覚を見せている。望遠レンズの中にとらえられた練兵場の揺れる大地と空気。大地に直立するひと塊りの黒い集団、孤独な黒い塊に見える兵士たち。熱を隠した一人の兵士がふらふらと迷い込む、広大な畑の静かな美しさ。一陣の風。黙々と野良仕事に励む農民たち。世間や世俗、一般の若者の放縦や欲望から切り離され、練兵のための大平原でひたすら訓練に励む兵士たち。それも、閲兵式のためにだけ、ただ〈歩く〉ことをその極限まで強いられる訓練。せりふでドラマを運ぶことを極力避けて、思いのすべてを映像に託しているように見えるこの映画には、凛とした気迫と力強さが、画面に張り詰めている。そこには「兵士の訓練」という題材と合わせて、物語ることへの禁欲的な姿勢が見られるので、この映画にはかつての日本の軍人魂やら武士道精神やらに結びつく、滅私奉公的な危険な臭いも漂ってくる。しかも、画面の叙情を断ち切るかのような簡潔でむだのない軍隊生活の外見と一致して、ちょうどレニ・リーフェシュタールが『意志の勝利』(三四)で達成したような行進とパレードへの陶酔感を生じかねない。それはまさにファシズムの美学に通じる危険な美しさでもある(図3)。

むろん、この映画にはさまざまな人物群像が配置されていて、訓練のばかばかしさに反抗す

図3 『大閲兵』1985（パンフレットより）

る兵士も登場する。実際、教官や先輩兵に対する後輩兵の率直なもの言いや態度、あるいはこのような軍隊組織への疑問は、かつての日本映画の軍隊ものには見られなかった民主性を見せている。しかし、この映画のもたらす感銘が、ストイックな美学とそれへの反抗という両義性の危うい バランス、もしくはその緊張関係から生まれていることもたしかだろう。私はこの映画を見ながら、もし三島由紀夫が生きていたら何と言っただろうかと、亡き三島の姿を思い浮かべた。この映画が両義的であるのは、あるいは中国における映画製作（および公開）への配慮と妥協の結果からきているのかもしれない。事実、この映画は八五年に製作されたものの、内容の修正をまって二年後にやっと公開されたという。『大閲兵』は、画一的な規律・訓練の過酷さや非人間性をみごとなカメラワークと編集によってとらえる一方、それに耐える兵士たちの雄々しさをも写し出した。また、物語性を排除する一方、過剰なまでに映像の美しさを追求した。そして、集団の規律と訓練を、映像と編集の形式美の中に収斂させた。このような特長を感じながら見ていると、三島由紀夫の次に浮かんできたイメージは、まるで唐突ながら、アントニオ・ガデス主演、カルロス・サウラ監督の『血の婚礼』（八一）や『カルメン』（八三）など、〈立ちつくす姿〉、〈足を踏み鳴らす姿〉の集団が見せる形式美やリズムとの共通点だった。まさにこれは、フラメンコ・リズムが見せるあの張り詰めた情熱、あのリズムを秘めた映画と似た息づかいを見せる映画でもある。

ラストで、さまざまな部隊・男女の大閲兵行進をスローモーションで次々にモンタージュして、ぴたっと叙情を断ち切って終わる。監督は『黄色い大地』のあとまだ二作目であり、制作当時は三十三歳の若さであったことを考えると、このみごとに構成されたプロフェッショナルな形式美は驚嘆すべき才能だ。そして、この叙情を断ち切る客観性、つまり少し距離を置いた姿勢、そしてそれゆえの両義性、集団の規律と画一性、その危うさ。第三作『子供たちの王様』（八七）が日本で公開されたのは一九八九年四月、天安門事件が起きたのは同年六月。同年に陳凱歌はニューヨークへ発った。亡命ではなく、自己の映画制作法を語り、またアメリカの映画制作法を研究するために。*

* 幼少期から青年期（文革期）までを回想した陳凱歌の『私の紅衛兵時代　或る映画監督の青春』（刈間文俊訳、講談社現代新書、一九九〇年）は彼の教養と思索の豊かさを示す好著である。

『盗馬賊』——静まりかえったパトスみなぎる

せりふは沈黙し、映像みずからもまたストイックに表現を抑制する点では、田壮壮《ティエンチュアンチュアン》監督の『盗馬賊』（八七）が『大閲兵』を上まわっている。一九二三年のチベット。厳しい自然とあまりにも貧しい生活。この映画の物語は『大閲兵』以上に希薄であり、『大閲兵』の両義的な危うい美の緊張感に対して、『盗馬賊』にはただ自然と生活とが差し出される、多義的な曖昧さと美しい映像があるだけだ。「多義的な曖昧さ」と呼ぶには余計なものを一切そぎ落とした鋭角的な画面であるし、「美しい映像」と呼ぶには、峻厳すぎる風景と表情である。『大閲兵』で三島由紀夫と、アントニオ・ガデスのフラメンコ・ダンス主演映画を想起した私は、『盗馬賊』ではアンドレ・バザンと、新藤兼人の『裸の島』（六〇）という、これまた唐突な二つのイメージを思い描いてしまった。若死にした稀有の批評家アンドレ・バザンが生きていれば、自然と生活を差し示すだけのこの映像を見て、きっと賛嘆の批評を書いたことだろう。ここには、観客の心を休めるBGMとしての音楽すら欠けており、ときおり、チベットの民族楽器らしい打楽器の音色が響くだけだ。この点で、同じく厳しい生活を無言の映画に作り上げた『裸の島』は、林光作曲の美しく、のどやかな音楽を持っているため、画面の中の厳しさとはうらはらに、感傷と叙情――自然と人間との美しき融合・巡りくる季節と人間の営み――を与えている。かといって、『盗馬賊』は厳しい印象だけを与える映画ではない。見える世界の厳しさや貧しさとは逆に、ここに示される映像のなんと優しくも豊かであることか。冒頭の、高原に翻るタルチョ（悪魔祓いのための経文を書いた布切れ）、鳥葬の儀式、テントの中の生活、マニ車への祈願、聖なる川での水浴、五体投地の巡礼、死児を前に吹雪の中の祈り、村から追放された主人公の放浪等々が、チベット高原の季節の移り変わりを背景に描き出される。激しいドラマも、声高の議論も皆無のこの映画には、静まりかえったパトス（情念）がみなぎっており、哀しみのパトスが充満している点で、トルコのギュネイ作品の『路』（八二）にも似た雰囲気を漂わせている。

陳凱歌と田荘荘は北京電影学院の同期であり、二人とも北京映画製作所で助監督をやり、陳凱歌は広西製作所（すでに張芸謀がいた）へ移って『黄色い大地』と『大閲兵』を完成、田荘荘は西安映画製作所で『盗馬賊』を発表した。田荘荘は陳凱歌と同じく文革期の下放（労働体験のため地方へ行かされること）を経験している。デビュー作は『狩り場の掟』（八五）、内モンゴルにおける狩りの厳しい伝統生活を追った佳作であり、『盗馬賊』へと続く。東京国際映画祭でグランプリを受賞した『青い凧』は中国の戦後史を描く力作だったが、国内で批判され、以後十年間も監督を禁じられた。

批判性と表現の実験性

新作映画祭には別の話題作もあった。黄建新《ホアンジェンシン》監督の『黒砲事件』『スタンド・イン　続黒砲事件』、黄健中監督の『死者の訪問』であり、これらは従来の中国映画に比べると、まさしく脱社会主義リアリズムの異色作である。

夜、強い雷雨の中を電報局へとやってくる主人公。『黒砲事件』の出だしはなかなかいい。サスペンス映画として十分の期待感を抱かせるからだ。また、この映画の主題のような、公安や政治を優先させることから生じる疑心暗鬼に似たものが、経済発展を阻害したり、損失をもたらしたりしていることへの率直な問題提起（原作の力？）も、現在の中国にあっては大事なことに違いない。そうした社会性が先にきており、映画的には途中でややだれてしまう。メッセージがわかってしまうからである。赤で統一されたレストラン、白で統一された党委員会、その壁の巨大な時計等、デフォルメの試みはあるのだが。

『スタンド・イン』は主人公が前作の現場技術者タイプから、エリート局長へと出世していて、眼鏡のフレームも軽快な、身なりもビジネスマン風に変わっている。しかし、会議が多すぎて研究ができないので、主人公は人工知能を埋め込んだ自分そっくりのロボット（主人公はロボット役も同じ、つまり二役）を作り、退屈な会議にはロボットを出席させるが、そのうちロボットはだんだん自立を始めて……という発想とストーリーはなかなか面白い。だが、せっかくの風刺性や皮肉に笑いが生じないのは、映画に独自のテンポやリズムがないためだろうか。実験的な点では前作以上だし、この作品が現代中国映画に占める新しさと問題性は認めたい。

作品の出来栄えはともかく、作品の実験性と野心の点で〈荒誕派〉の代表は『死者の訪問』だろう。火葬場へ向かうバスの中で、マネキン人形を抱いた男が暴漢に殺されるという発端からして奇抜だが、この殺された男はあとでバスの乗客たちを訪ねて回るのである。「あなたはそのとき、何をしていたか。どうして助けてくれなかったのか」と。つまり、死者と生者との対話が行われるのだ。原作は評判の舞台劇らしい。ちょっと安部公房の世界を想起させる劇構造を持っており（安部のシナリオによる一九六二年の映画『おとし穴』も殺された男が現世をうろついていた）、無数のマネキンがたたずむフロア、荒涼とした岩場、平原で一人太鼓を叩く裸の女、モダン・ダンス風の踊りを踊る女たち、SF的空間の火葬場等々、モダン・アートのような無機的な風景が散りばめられている。

『スタンド・イン』の場合も、『死者の訪問』の場合も、その実験的な語り口や前衛的なデコールは、ただそれだけが目的ではなく、前者であれば、党の官僚主義批判、効率の悪い研究や経済制度とか、後者であれば、他者の無関心、都会の孤独、衝動殺人とか、そういう現実の問題と結びついている。つまり、明確な社会的メッセージを持っているため、表現上は脱社会主義リアリズムであっても、メッセージを読み取ることは可能だろう。これらの作品がその語り口の複雑さにもかかわらず、我々に多様な解釈なり知覚体験なりをもたらさないのに比して、映像自体は明確なものを見せる『大閲兵』や『盗馬賊』の方が、観客にさまざまな思いをめぐらしてくれる。一九六〇年代前後から、アラン・レネからゴダールまで、大島渚・吉田喜重から植木等の無責任（あるいは日本一）シリーズ、鈴木清順などを見てきた我々にとって、『スタンド・イン』や『死者の訪問』はそれほど新しい映画には見えない。ただ、革命後の中国映画の流れの中で、これらの映画が批判性と表現の実験性とを併せ持っていることは、やはり評価されるべきだろう。それは中国映画の問題だ。

こうして見てくると、東京でグランプリを受賞した『古井戸』（呉天明《ウーティエンミン》監督）はオーソドックスな映画であり、内容・表現ともわかりやすい映画ということになる。また内モンゴルの女性監督ウアルシャナ第一作の『恋愛季節』も、自由恋愛と自由結婚いや〈結婚しない自由〉を新しいメッセージとして持ってはいるものの、語り口が新しいわけではなく、現代中国の女性問題や風俗を知るうえでの参考といったところだろうか。陳凱歌監督と同世代、呉子牛《ウーツーニュー》監督の『最後の冬』は、やはり映像派らしい感覚を見せるものの（たとえば冒頭で、赤い大地に黒い囚人の長い列を見せるシーン）、『大閲兵』や『盗馬賊』のような独自の境地には達していないように思われた。とはいえ、これらの中国映画はこれまで最も個性的、かつ映画的に自立しようとする野心にあふれており、これからのさらなる変貌ぶりに期待させるものがある。

二つの棘《とげ》

中国とロシアという二つの大国から来た二本の映画が、どうも小さな棘《とげ》のように私の胸に突き刺さっている。前者は『黒い雪の年』（八九）、天安門事件以降に製作された中国映画の日本初公開作品。後者は『僕の無事を祈ってくれ』（八八）、ロック世代の若者たちの挫折を描くカザフ共和国（現、カザフスタン共和国）の映画。

『黒い雪の年』の監督は謝飛《シェフェイ》、主演は姜文《チァンウェン》（『紅いコーリャン』の主演男優）。チンピラ同士のいざこざからムショ送りになった主人公の青年に姜文が扮する。映画はこの青年が刑期を終えて帰ってくるところから始まる。青年は路上で小物（衣類）商売をしながら、その日暮らし。もうムチャな乱暴はしないが、人生を前向きに生きる張りも希望もなさそうに見える。新人の女性歌手に好意を寄せつつも、彼女は純粋さや希望の象徴にとどまり、距離を置いて付き合うだけで、それ以上踏み込むこともしない。傍観者としての人生、無力感、ペシミズム、なげやり。ゴダールの『勝手にしやがれ』（六〇）や、吉田喜重の『ろくでなし』（同年）を想起させるが、主人公がほとんど無為に徹していることで、この新しい中国映画はペシミズムをさらに沈潜させている。映画としてもよくできており、監督が〈第五世代〉より上の世代のこともあってか、映像感覚の鋭さや実験精神には欠けるものの、寡黙さと無為に生きる主人公に似合った抑制のきいた描写がいい。うまく社会復帰できないもと不良少年。映画はそのような若者の精神の荒野、その荒涼とした心の風景の哀しみを、静かに凝視する。ラストの、お祭りで賑わう沿道を、不良少年たちに刺された主人公はヨロヨロと歩き、人けのなくなった広場で孤独のまま息絶える。その寂しさ。主人公の心と体の傷痕が私の胸に棘となる、その痛み。

『僕の無事を祈ってくれ』の監督はラシド・ヌグマノフ、一九五四年生まれなので、中国風にいえば〈第五世代〉と同じ世代だ。この映画もまた、不良少年だったらしい主人公が故郷に帰ってくるところから始まる。定職もなく、生きる張りや希望がないことも『黒い雪の年』の主人公に似ている。寡黙さも、投げやりも同じだ。かつての恋人も友人たちも麻薬に冒されており、主人公は彼女を救《たす》けることができない。故郷の乾燥した砂漠のような土地を風が吹き抜け、枯れ草が風に舞っていく。ここでは荒涼とした風景が精神の寂寞さを象徴しており、主題歌の

「僕の無事を折ってくれ」が切なく聞こえる。この歌はアフガン戦争へ出征していった兵士たちのメッセージ・ソングなのだろう。プロテスト・ソングであり、アフガン世代の心の傷痕をかいま見せてくれる歌だ。この主人公も刺されて、ヨロヨロと画面の奥へ遠ざかっていく。主演はヴィクイトル・ツォイ。揺れ動く二つの国でさまよう若者たち、その孤独ゆえの挫折、そして私に刺さった二つの棘の痛み。

4……『画魂』と『レッドチェリー(紅櫻桃)』——運命の女性二人

強い印象を受けた二本の中国映画。一つは、中国の先駆的な女性画家を描いた『画魂　愛、いつまでも』(黄蜀芹《ホアンシューチン》監督、台湾と合作、一九九二)。もう一つはドイツ軍将校から肉体的に深い傷を受けた中国女性を描く『レッドチェリー(紅櫻桃)』(葉纓《イエイン》監督、一九九五)。いずれも実話に基づいており、見終わったあとの感銘は深く、重い。もっとも、『画魂』の感銘は重いというよりも、救いのある感慨、主人公が一つの人生をみずから選び取った清々しい感慨が残る。一方、『レッドチェリー』の感銘は、主人公の人生が戦争とナチズムの暴虐から踏みにじられた無残、悲哀、不条理ゆえに重くなる。

『画魂』の物語は一九二〇年代、上海の妓楼から始まる。そこで雑用をして働く小娘がヒロインで、名前はパン・ユイリヤン(潘玉良)。家が貧しいため、妓楼へ売られた娘である。このヒロインを演じるのは、数々の秀作に出演して日本でもおなじみになったコン・リー（鞏俐）。客をとらされそうになった彼女は、顔を知っていた税関所長の邸宅へ逃げ込んで庇護を求める。運命の出会いから二人は恋に落ちるが、彼には故郷に妻がいるので、ヒロインは愛人として彼と暮らすことになる。生活に余裕ができたヒロインは絵の勉強を始め、めきめきと上達して、上海の美術学校へも通わせてもらう。

　この女性監督黄蜀芹は時代や風俗、人物の心理などをていねいに描いており、ヒロインの運命の転変、そして画家として、また人間として成長していく姿をじっくりと見せていく。興味深いのは、彼女がヌードモデルを描くことによって、当時の中国の社会規範や古いモラルへ反逆する位置に立ってしまったことである。私は美術教室を破壊する暴徒の場面を見ながら、日本における洋画の先駆者黒田清輝の裸体画事件を思い浮かべたりした。鏡の前に立つ裸婦を描いた黒田清輝の絵は論議を呼びながらも、展覧会で展示され続けた。しかし、この映画のヒロインは逃げるようにパリ留学の旅に出てしまう。数年に及ぶパリ留学で画家としての名前を上げた彼女の努力と才能もさることながら、彼への変わらない恋慕、そして彼からの一貫した援助、二人の愛のあり方も稀有である。ちなみに、この頃の日本では洋画家小出楢重が「支那寝台の裸女」（一九三〇）を描いている。美術における裸体美への関心は古代ギリシア、そしてルネサンス期以降のヨーロッパに見られ、とりわけ十九世紀後半のヨーロッパの画家たちの中にそれが強くなる。ヌードそのものが絵画の主題になっていくのである。ヨーロッパ以外にはない主題とみなされるので、日本でも中国でも反裸体画の論争が起こったのは当然のことだろう。しかし映画には、女性画家が女性のヌードを主題にしていく必然性、その魅力の説明が少し足りないようにも思われる。製作国が中国（台湾や香港の協力も含めて）であるという事情が、ヌードそのものの美を前面に押し出すことを控えさせたのかもしれない。もっとも、我が日本では公共空間における彫刻になぜ女性のヌードが多いのかと、ヨーロッパ男性社会が築いた現代文化への疑問の声が女性側から投げかけられる時代になった。

さて『レッドチェリー』は、日中戦争下にソ連留学中だった十代の中国男女の運命を描いた力作である。ヒロインの若い娘はロシアの疎開先でドイツ軍の侵略を受け、刺青に凝る将校の手で背中一杯の刺青をさせられてしまう。ロシアを舞台に、全編ほぼロシア語、またはドイツ語が聞こえるこの映画は、中国映画という既成のイメージを超えて、戦争下の一少女の悲劇を切々と訴えてくる。当時三十七歳のこの監督葉纓の力量は相当なものであり、歴史を見据え、人間を見据え、骨格太く、時代の悲劇を凝視するまなざしには力がこもっている。ヒロインのチュチュ（楚楚）を演じた若い女優（クオ・カーユイ＝郭柯宇）はこの映画が初出演。一九九五年秋

図4 『レッドチェリー』1995
（パンフレットより）

の上海国際映画祭では、本命視された『レッドチェリー』がグランプリを逸したことに会場の多くの観客から不満の声が上がったという。それでもクオ・カーユイには最優秀女優賞が与えられた（図4）。

『画魂』のパン・ユィリヤンは遊郭奉公から第二夫人へ、絵画への興味から画家へ（一時は美術学校の教授へ）と変身していった。彼女は強い意志でみずからの運命を切り開いていった。だが『レッドチェリー』のチュチュは戦争という狂気に満ちた巨大な暴力の前で、ただ不条理な運命にもてあそばれるほかはなかった。対照的な人生を生きた二人の女性。

映像の染物師——張芸謀 初期三部作

『紅いコーリャン』と私との出合いは幾重にも衝撃的だった。それは第一に、『紅いコーリャン』が作品としてすぐれた形式美と荒々しい力とを併せ持っていた魅力。第二に、これが監督としての張芸謀《チャンイーモウ》（張藝謀）の第一作であることへの感嘆。第三に、張芸謀にはカメラマンとしてのすぐれたキャリアと俳優としての新しいキャリアとがあり、いずれも高く評価され、それぞれのキャリアで受賞もしていることへの驚き。*1

『紅いコーリャン』はベルリン映画祭（一九八八年）のグランプリ受賞作だから、当時の誰かの言葉を借りて言えば、張芸謀はまさに映画の「三冠王」ということになる。別々の作品であるにしろ、撮影・俳優・監督という仕事において、一人の映画人がこれほどの才能を見せた例はないだろう。ただチャップリンのみが、その多才ぶりにおいて際立っているが、そのチャップリンでさえカメラマンまでやってのけたことはないはずだ。『紅いコーリャン』、そして監督張芸謀の登場はまさに衝撃的な事件だった。

張芸謀監督の初期作品は『紅いコーリャン』（八七）、『ハイジャック　台湾海峡緊急指令』（八八）、『菊豆』（九〇）、『紅夢』（九一）、『秋菊の物語』（九二）の五作である。『紅いコーリャン』の系譜にある、時代を過去に置いた形式美あふれる耽美的な作品が『菊豆《チュイトウ》』と『紅夢』。これらは三部作と呼べるもので、いずれも女優コン・リー（鞏俐）が閉鎖的空間の中で伝記的ヒロインを演じている。一方、『ハイジャック』（共同監督・楊鳳良《ヤンフォンリャン》）は邦題どおり、テロリスト・グループによる飛行機乗っ取りを主題にしたアクション映画、『秋菊の物語』は農村におけるやや滑稽な殴打事件を扱った写実的映画、というように作風はがらりと異なっている。

だが張芸謀作品の鮮烈なイメージは『紅いコーリャン』にあり、またその系譜上の『菊豆』と『紅夢』にあることはたしかだろう。『紅いコーリャン』はスクリーンへデビューするや、たちまちのうちに一つの伝説、一つの神話と化した作品でもあった。

真っ赤な太陽——『紅いコーリャン』

監督第一作『紅いコーリャン』の完成は張芸謀が三十七歳のときである。この年齢は今の映画界の状況の中で、早いのか遅いのか、日本では必ずしも遅いとはいえないが、国によって異なってくるだろう。ただし張芸謀が撮影の専門家として出発していること、さらにその出発からして平均よりは遅れていたことを考えると、絶妙な年齢だった。いわゆる第五世代の仲間たちからの刺激や、『黄色い大地』『大閲兵』など陳凱歌監督作品への撮影協力と経験を経て、みずからの創作意欲と新鮮な感受性がみなぎり、うまく噛み合った年齢、若い情熱的な感受性がまだ鈍化することもなく、逆に未熟さを武器にするほどは若くもない年齢。力感あふれる美的感受性と、映画人として成熟していく過程とがみごとに一致した年齢。まさにこのとき、『紅いコーリャン』は満を持して引き放った弓矢のごとく、観客の心臓をみごとに射抜いたのである（図5）。

ドナルド・リチーは『紅いコーリャン』を黒澤明の『羅生門』（五〇）に匹敵する作品と讃えている。[*2] たしかに『羅生門』と『紅いコーリャン』とはいろいろと共通点がある。まず映像美、というかフォトグラフィーの美しさ、フォトジェニックな美のすばらしさがある。前者はモノクロ・スタンダード、後者はテクニカラー・ワイドスコープという、外見上の差異はあるものの、視覚的処理のみごとさにおいては同様だ（ちなみに後者の撮影は顧長衛《グーチャンウェイ》）。『羅生門』制作時の黒澤明は四十歳。『姿三四郎』という柔道伝説によって映画デビューし、『酔いどれ天使』『野良犬』『醜聞』等々で現代的な題材へ果敢に取り組んだあと、時代を日本中世へ遡った『羅生門』の発表へと至

図5 『紅いコーリャン』1987（パンフレットより）

る。『紅いコーリャン』から『秋菊の物語』へ、伝奇的寓話から現実的題材へ、彼は三〇代当時の黒澤明と逆の方向へ動いているように見える。

『紅いコーリャン』はその色彩設計によっても大きな効果を上げており、とりわけ赤はヒロインが花嫁として輿入れする乗り物の色をはじめ、太陽、赤土、コーリャン酒、血の色（肉屋のシーンとラストの殺戮のシーン）と、映画全体の基調色となっている。この赤の意味の両義性——生産と豊穣／暴力と殺戮——については、鈴木布美子のエッセーに興味深い指摘がある。[*3] 曖昧な、あるいは微妙な色彩のニュアンスよりも、鮮やかで明確な色彩への好みは、『紅いコーリャン』に限らず、『菊豆』や『紅夢』にもはっきりと現れており、こうした大胆な色彩の使い方はそれぞれの作品に力強いイメージ、印象深く鮮烈な輪郭を与えている。

『紅いコーリャン』にあっては、赤茶けた大地の色まで含めてたしかに赤の強烈さが印象に残るが、もう一つの色、コーリャン畑の緑もまた忘れられない色である。とりわけヒロイン・九児（コン・リー）が粗野な男・余（姜文姜、チアン・ウェン）に畑の中へかつぎ込まれて暴行を受けるシーン、ここでは風にはためくコーリャンの緑の葉の波と、葉ごしに洩れてくる陽の光だけで、性的略奪もしくは性的儀式を暗示的に描き出す。波のように揺れ動くコーリャンの緑の葉と、キラキラと輝く陽の光。この絵画美、フォトジェニックな映像美、そして背後にみなぎる荒々しい力と官能性、これこそ『紅いコーリャン』がドナルド・リチーに『羅生門』を想起させたものに違いない。揺れる葉の美しさと性的なものとの結びつきは、吉村公三郎監督の『越前竹人形』（六三）にもあり、そこでは竹林の竹の葉の揺れ動く美しさと、元遊女（若尾文子）の性の悲しみとがモノクロ映像の中でみごとに溶け合っていた。ちなみに、『羅生門』も『越前竹人形』も撮影は宮川一夫である。もっとも、コーリャン畑の男女の結びつきには本能的生命のエネルギーが感じられるので、『越前竹人形』の暗い叙情とは異なって、やはり『羅生門』の森の中に差し込む陽光、その光を受けながら抱擁する男女の情熱に近い。

『紅いコーリャン』の民話的性格、神話的形式もよく指摘される特徴だが、これは莫言《モーイエン》による連作小説『赤い高粱』（一九八七年）の語り口から導き出されたものであるだろうが、こうした特徴をもたらしている大きな要素に音楽の扱い方、とりわけ歌（合唱）の挿入がある。たとえば映画の冒頭で、花嫁の御輿を担いでいく男たちが花嫁をからかいながら歌う「花嫁さんは大ブスで、新郎こそは身の不運」の歌。この歌詞は花嫁をからかうというよりも花嫁いじめに近いのだが、映画の物語内容とは逆の意味の歌詞になっている。映画の物語では、若くて可憐な花嫁が五十過ぎの難病持ちの男に嫁いでいくからである。大声で囃し立てる御輿担ぎの男たちの歌は、花嫁がいかに醜女であるかを鳴り物入りで公言するのだから、むしろ道中で花嫁が災難を被らないように、悪鬼が寄ってこないように、一種の「魔祓いの歌」を歌っているのだともいえる。実際、行列は歌のあと強盗に出遭うものの、御輿担ぎの男たちは結局この強盗を撃退してしまう。

粗野な男・余がコーリャン畑でヒロイン・九児に暴行を働いたあと、畑の中を歩きながら歌う「一緒に飲もうコーリャン酒、真っ赤に燃えるコーリャン酒」は、この映画全体の中核をなすイメージを象徴している。即ち、この歌は男女の官能的な性的結合を、また、紅いコーリャンを媒体とする二人の新しい人生を（ヒロインは造り酒屋の嫁である）、そして本物の悪鬼（日本軍）と戦う流血を暗示しているのだ。終幕近く、その悪鬼との戦いの前夜、九児・余・使用人たちが集まって炎の前で歌うのは、必ずしも直接的な戦闘の歌でも、憤りの歌でもなく、新酒を讃える歌であり、この新酒を飲むことによって何者も恐れず、人生をまっすぐに進もうと自分たちを鼓舞するのである。「勇気を持って前に進め」という意味の歌詞は、すでに余がコーリャン畑で歌う「真っ赤に燃えるコーリャン酒」の中にもあり、ヒロインの人生を鼓舞するとともに、凄惨な終幕にもひと筋の光を与えている。その終幕で再び、余の歌声「真っ赤に燃えるコーリャン酒」が響きわたり、母（九児）を亡くした子供が「母ちゃん進め　西の空」と歌を引き継いでいく。歌の中に人生と民族へのメッセージがこめられ、旋律にも土俗的な強さがみなぎる（音楽は『黄色い大地』と同じ趙季《チャオジ》平《ピン》）。戦闘の中で中国人も日本人も大勢が死に絶え、余父子の前方に輝く真っ赤な太陽が、静かに日食に入るラストシーン。九児が花嫁となる被り物の赤から始まり、流血の血と太陽の赤で終わる幕切れ。非日常と、天変地異を告げる赤のイメージ。反復する象徴的なイメージ。反復する象徴的な歌。民話の土俗性と進行中の虐殺が結びつき神話となる雄大さ。みごとな終幕である。*4

赤い提灯――『菊豆』と『紅夢』

『紅いコーリャン』に続く第二作『ハイジャック　台湾海峡緊急指令』では、題材も作風も前作とは一変した。若いうちに一つのことに固まりたくないという張芸謀当人の考えと、なんでもできるのだという彼の自信の現れなのだろう。これは飛行機のハイジャックを中心にしたサスペンス映画であるが、どうも張芸謀の資質に合っているとは思えない凡庸な出来栄えになった。この種の題材では、これまでハリウッドのアクション映画が手なれた作品を送り出しているので、かなり趣向を凝らさないとそれらを超えることはできないだろう。もっとも、これは楊鳳良との共同監督であり、張芸謀自身あまり気乗りがしていない作品のようだ。

第三作『菊豆』と第四作『紅夢』はやはり張芸謀独自の世界である。そこでは、『紅いコーリャン』に連なる鮮やかな原色のイメージが強烈な印象をもたらしている。一九三〇年代に時代背景を置いた『紅いコーリャン』に対して、『菊豆』と『紅夢』は一九二〇年代。そして革命前の因習強き地方が舞台であることは三作共通である。『菊豆』は古い染物屋、『紅夢』は素封家の大邸宅と、場所をほぼ狭い空間に限定している。『菊豆』の原作の舞台は染物屋ではなく、普通の農家とされているので、明らかに色彩効果をねらって張芸謀が染物屋へ変更したようだ。もっとも、脚本は原作者の劉恒《リウホン》が担当している（図6）。

『菊豆』冒頭のカメラの大俯瞰がとらえた灰色の大きな屋根。その屋根に囲まれた小さな空間。矩形・垂直・水平の線が織りなすシンメトリカルで幾何学的な造形美。この造形美は旧家の大邸宅をとらえた『紅夢』ではさらに徹底されることになる。『菊豆』の古い染物屋では、赤・青・黄色の大きな布が垂直に垂れ下がっており、まだ染められていない布はむろん真っ白。ガランとしてただっ広い木造の染物小屋の木肌や道具類は、茶色ないし黄土色である。ここでもコン・リー扮するヒロイン＝菊豆は、五十を過ぎた男のもとへと嫁いでくる。いわば真っ白な布としての嫁入りだ。菊豆を金で嫁にした染物屋の主人＝楊金山は子種ができないらしく、菊豆に対して夜ごとどうもサディスティックな行為に及んでいる様子。主人の甥で寡黙な使用人でもある天青は、母家からの菊豆の悲鳴をしばしば耳にする。そしてある日、天青は小屋の壁の穴から菊豆が体を洗うのを盗み見する。

図6 『菊豆』1990（パンフレットより）

年齢の離れたサディスティックな夫、黙って盗み見る使用人、その使用人とただならぬ関係に落ち込んでいくヒロイン——閉鎖空間の中の頽廃的男女関係。題材的にはこれまでの中国映画から大きく逸脱しており、むしろ日本映画が得意とする題材だろう。実際、この映画はおそらくその性関係の不健全さゆえに、中国ではしばらくの間公開が許されなかったという。不貞の居直り、女性みずからの性の欲求と選択、みずからが生んだ子供への憎悪と子供からの反逆。一九二〇年代という過去に背景が設定されてはいるものの、革命を経たとはいえ儒教的規範がいまだに根深い中国にあって、これはきわめて現代的で挑発的な映画なのだ。張芸謀はいくつかのインタビューの中で、現代中国人が情熱をなくしたことを憂い、自分は情熱的人間を描きたいと語っている。*5『紅いコーリャン』でも『菊豆』でも、本能のままに行動する若い男が、嫁と年齢差の大きい不能の夫に取って代わり、子種まで植えつけてしまう。一方、両作品ともヒロインが若い男を受け入れるのは、性の解放が自己の新しい人生の解放にもつながることを、ヒロインが無意識に感じとるからだろう。板壁の穴から覗き見をする天青。それに気付いた菊豆はみずから天青を誘惑する。二人が情熱の赴くまま抱き合うシーンでは、垂れ下がった染物の赤い布が水槽の中にカラカラと滑り落ちる――その真っ赤に垂れ落ちた長い布。染物の布の色彩の鮮やかさ。それらの彩りはこの映画にとりわけ視覚的な特質を与えるとともに、『紅いコーリャン』に続く形式美と象徴性をもたらしている。

このように映画はそのどろどろとした題材を形式美の中に閉じ込めており、物語空間と視覚的形式のいわば二重の閉鎖的構造の中で、官能とエロスの発散を密閉する。抽象的な構図や明快な色彩設計、省略的演出や暗示的演技など、すべて美的かつ象徴的に処理されているからである。もっとも、染物屋の建物も道具も、染色の工程もすべて映画が作り出した創造物であり、現実のものでないことは、続く『紅夢』の〈提灯点灯の儀式〉も同様である。張芸謀がいかに色彩の形式美にこだわったか、いかに現実を創造し、習慣を創造したかを思い知らされる。

ところで、ヒロインの菊豆には自我の強さは感じられても、性的なもの、エロス、あるいは母親的なものは感じれられず、その青い性の固さや清潔さは、コン・リーの持ち味の長所でもあり物足りなさでもあるだろう。女性の自我の発露といえば、かつての増村保造監督がしきりに日本映画の中に持ち込もうとした主題でもあり、たとえば『清作の妻』（六五）では、老人の囲われ者となっていた若い女（若尾文子）が、老人の死後とはいえ若い男（清作＝田村高広）と結ばれ、一度戦争から帰還したその男を二度と戦場へ行かせぬため、男の眼を刺し潰してしまう。『菊豆』のラストでは菊豆が家に火を放ち、『紅いコーリャン』同様〈赤〉の終幕へとたどり着く。この紅蓮の炎はまさしく菊豆の自我と情熱が放った炎である。

自我の強さ、あるいは意志の強さという点では、『紅夢』のヒロイン頌蓮（コン・リー）も同じだ。『紅いコーリャン』で嫁入りの駕籠に乗ったヒロインの顔はクロースアップでとらえられ、少女妻とも見える可憐な顔立ちの中にも、彼女の意志と意地の強さを感じさせたが、『紅夢』でもヒロインの顔のクロースアップから始まる。正面を向き、やや無表情で投げやりに見えるものの、彼女の意志の強さは隠しようもない。その顔の画面に、母親の声らしく「お妾として先方へ行くことになるが、かまわないかい」という意味のせりふが画面外から聞こえてくる。ヒロインは第四夫人として、一人で大邸宅へ向かう道を選ぶ。背筋をまっすぐ伸ばしての凛とした姿勢。その姿と表情の裏には、誇りと傷心、意地と諦観、覚悟と迷いが同居しているようだ。

これからヒロインが暮らすことになる屋敷。いくつもの大きな屋根が俯瞰で、あるいは正面からと、絶えずシンメトリカルな構図で画面に収められている。構図のシンメトリーは、この映画に静謐さ・不動性・厳粛さ・規律性、そして伝統・調和・美・保守・儀式・空虚・因習……と、まるで連想ゲームのように一連の言葉とイメージを喚起させていく。軒下の大提灯。画面が変わるごとにカメラは遠ざかり、時間の経過が暗示され、夕闇から暗闇へ、提灯の灯の橙色が鮮やかさを増していく。きわめて視覚的に表現された、美しく静かな時間のたたずまいとその微妙な推移。静まりかえった屋敷の、平和な見せかけの背後に、残虐な生（＝性）の囲い込みがあることを観客はあとで少しずつ知ることになる。

屋敷の室内にも大小さまざまな提灯が下げられ、赤・橙・緋色それぞれの美しさ。『菊豆』で染物の布の色々が担った役割を、ここでは提灯の色々が担っている。ヒロインの顔のアップとは対照的に、肝心の主人の顔はほとんど判別できず、個性も顔もない男。『紅いコーリャン』でも『菊豆』でも主人の存在は影が薄く（後者ではネガティヴなかたちでやや個性を持たされたが）、彼らはヒロインが自我をあらわにする反作用の契機としてしか存在しない。『紅夢』のヒロインが初夜を迎える重要なシーンでさえ、薄物の帳《とばり》越しにロングショットで室内の遠い隅から二人を見せるだけ。また、カメラが接近しても、二人の行為は暗示にとどめ、観客には時間の経過ですませてしまう。これは当時の中国映画で、このようなベッド・シーンを避けるのが適当だったという理由よりも、当然のことながら張芸謀の演出意図がそこにはなかったことによる。顔のない男――それは誰でもよい男、どこにでもいた男の類型であり、言い換えれば女たちの生（＝性）

を金銭で囲い込んだ男たちすべて、即ち第一夫人であろうが第四夫人であろうが、一夫一婦制の見せかけで安住している男たちをも含む類型なのである。

意志の強さを見せたヒロインも、主人に隠れて密通した第三夫人が処刑同様の死を迎えたことを目撃して、一挙に精神のバランスを崩してしまう。気がふれて呆けたヒロインの顔のアップ。ラスト・シーンは第五夫人の到着。色彩と形式の美を通して描かれた閉鎖空間のむなしき頽廃(『菊豆』の系譜)。停止したような時間の不思議な繰り返し——第五夫人の到着による循環性。淡々とまた粛々と語られる女たちの哀しき人生。

真っ赤な唐辛子——『秋菊の物語』

『ハイジャック』というアクション映画もあったが、前述した三部作の美的映像、あるいは頽廃的、耽美的物語からガラリと一変したのが『秋菊の物語』である。形式美よりも雑然とした現実主義を、悲壮よりも笑いを、寡黙の忍耐よりも発言による自己主張をと、これまでの作品のいずれとも異なる様相を呈している。

この映画は、ヒロイン=秋菊(コン・リー)の夫の股間を村長が蹴り上げたという、蹴られた当人と妻にとっては重大な、しかし他人にとっては些細でもありおかしくもある事件の物語だ。あくまで村長に謝罪を要求する秋菊は身重でもあり、大儀そうに体を運びながら、一向に追及の手をゆるめない。一見のんびりとした農村地帯で起きるおかしな不条理のドラマ、あるいは、ややゴーゴリ的農民喜劇を連想させるが、ゴーゴリの誇張やグロテスクの笑いはなく、むしろ抑制された淡々としたリアリズムで物語は進んでいく。

クレディット・タイトル・シーンから続く冒頭の市街の雑踏。そこは秋菊が義妹と一緒に亭主を荷車に乗せて医院（しかも獣医！）へと歩く大通りだ。農村地帯の広い空間と市街地の人混み。のんびりと、悠々と、秋菊はあくまで村長の非を訴え続け、村長の家まで押しかけていく。そこでは一家が食事中であり、奥さんも子供たちも秋菊に悪意や反感は持たず和気あいあい、というか、まるで何事もないような近所付き合い。村長も、やや辟易しながら感情を抑えてむしろ淡々。しかし、あくまで非を認めない村長に、とうとう秋菊は郡の警察へ訴え出る。その署内の雑然とした雰囲気。何人もの会話が重なり、せりふもよく聞こえない。あるいは、県の上級機関へさらに訴え出る途中の街頭や市場の雑踏ぶり。このへんはドキュメンタリー的描写が濃厚であり、これまで構図の緻密さや、シンメトリー、造形美にこだわってきた張芸謀作品とは異なる開放性だ。

訴訟は訴訟、日常は日常、どろどろにならない人間関係の実直さ、おかしさ、おおらかさ。この映画で張芸謀は、これまでの硬質な人間関係から柔軟な人間関係へと視点を移し変えたように見える。しかし、自我の強さのためか、自己の信念を貫きとおす秋菊の姿は、『紅いコーリャン』の九児、『菊豆』の菊豆、『紅夢』の頌蓮の中にある特質と変わるものではない——たとえすべての役柄が女優コン・リーによって演じ続けられてきたにしても。形式美から離れたとはいえ、農家の庭先で大量にぶら下がっている真っ赤な唐辛子——画面を占領するこの鮮やかな赤色は、視覚的にも強烈なアクセントとして観客の眼を射抜くに違いない。訥弁の秋菊が見せる頑固な自我。真っ赤な唐辛子は秋菊の姿である。そして、多才な監督が放つ情熱的な自我——真っ赤な唐辛子は監督張芸謀の姿でもある。その後の張芸謀の活躍と作風の変化、とりわけ超大作の歴史スペクタクル映画については大味になってしまった印象も強い。オペラの演出や北京オリンピックの演出などもあり、彼は大きな芸術と祭典の演出家となった。『紅いコーリャン』の鮮烈な伝説譚と歌声と音楽の響きがこだましているようでもある。

＊1　張芸謀の『紅いコーリャン』以前の受賞歴には、『黄色い大地』（陳凱歌監督、八四）で香港映画祭撮影賞、『古井戸』（呉天明監督、八七）で東京国際映画祭最優秀主演男優賞。なお『古井戸』では主演と撮影（共同）も兼ねている。
＊2　ドナルド・リチー、『紅いコーリャン』パンフレット、一九八九年一月。
＊3　鈴木布美子「神話的宇宙としての映画」。『紅いコーリャン』パンフレット。なお、『紅いコーリャン』の原作は邦訳されている。『赤い高粱』（莫言著、井口晃訳）岩波現代文庫、二〇〇三年。
＊4　バフチンのカーニバル論や、ニーチェのギリシア悲劇論などを踏まえながら、この映画を「身体のイデオロギー」として解釈する論文も書かれている。力、筋肉、裸の男たち、紅いコーリャン酒、セックス——この論文では肉体の解放が第三世界の革命思想と結びつけられ、かつ中国という国家自体の解放へと結論づけられていて興味深い。Yingjin Zhang, *Ideology of the Body in Red Sorghum: National Allegory, National Roots, and Third Cinema.* in

Colonialism and Nationalism in Asian Cinema. (ed. by Wimal Dissanayake), Indiana University Press. 1994.

＊5　たとえば、富山加津江による張芸謀へのインタビュー。『イメージ・フォーラム』、一九八八年五月号、ダゲレオ出版。（キネマ旬報社刊『張芸謀コレクション』に再録、一九九三年六月）。

エピローグ――デンマーク・ドイツ・イギリス

映画の中のハムレットたち——演劇との回路

シェイクスピアと映画

シェイクスピア戯曲の映画化、映像化は数多い。せりふがきわめて重要な芝居であるにもかかわらず、サイレント映画時代でさえ映画化の回数は少なくない。それは初期の映画が短編中心であったため、シェイクスピア作品のさわりだけを見せる短い映画化にとどまるものが多数作られたからである。シェイクスピアの本国イギリスでは、すでに一八九九年の『ジョン王』(一分!)からシェイクスピアものが撮影されはじめ、一九一三年の『ハムレット』では約六〇分の長尺になり、伴奏音楽つきで上映されたという。[*1] ちなみに、この映画のハムレット役は十九世紀末から二十世紀初頭にかけて舞台の名優として評判をとったジョンストン・フォーブズ＝ロバートスンが演じている[*2](図1)。

『ハムレット』に関して言えば、サイレント映画時代だからこそか、映画化はイギリスのみではなく、英語圏のアメリカはもちろんのこと、フランス、イタリア、ドイツ、デンマークと広がっている。しかし、シェイクスピア戯曲がその本来の姿に近似するかたちで映画化されるには、一九三〇年代半ばのトーキー版シェイクスピアまで待たねばならなかった。なにしろ、talking movie（しゃべる映画）の短縮形 talkie を冠したトーキー映画（日本では「発声映画」とも訳された）ではせりふが字幕としてではなく、声として聞こえてきたのだから。

サイレント映画であれ、トーキー映画であれ、シェイクスピア戯曲の映画化が多いのにはいくつかの理由が考えられる。

第一に、知名度の高さゆえのイメージのわかりやすさであり、その数多い反復的製作のために〈シェイクスピアもの〉というジャンルを形成すると言ってもよいだろう。一九九八年には、シェイクスピア自身をモデルにした『恋におちたシェイクスピア』（ジョン・マッデン監督）が評判になった。劇作家をモデルにした秀作・話題作には、フランスのモリエールを主人公にした『モリエール』（アリアーヌ・ムヌーシュキン監督、八七）、女優をはさんでモリエールとラシーヌのライヴァル意識を描いた『女優マルキーズ』（ヴェラ・ベルモン監督、九七）、劇作家にして何

図1 フォーブズ＝ロバートスン主演の『ハムレット』1913

でも屋のボーマルシェを活躍させる『ボーマルシェ　フィガロの誕生』（エドゥアール・モリナロ監督、九七）等をすぐ思い浮べることができるが、大衆的人気度では『恋におちたシェイクスピア』にはかなうまい。シェイクスピアという名前の大きさは、映画の宣伝にも向いている。

第二に、シェイクスピア戯曲に備わった映画的側面、たとえば場面転換の多さ、見栄えのするスペクタクル性、ヒーローやヒロインのドラマティックな魅力等がある。場面転換が多いことは、アリストテレスを曲解したと言われるフランス古典悲劇の堅苦しい規則、いわゆる三一致の法則（時・場所・筋）とは別の、自由自在な時空への転換を容易にしており、舞台にスピードやダイナミズムをもたらしている。

第三に、語られるせりふの面白さがあり、名せりふや滑稽なせりふ、毒舌やあてこすり等にあふれていて、いまなお観客を楽しませてくれる。本格的なせりふの面白さはトーキー映画以降であるにしても、映画では時間の制約があり、ほとんどのシェイクスピア映画は大幅にせりふをカットしている。もっとも、舞台ですらせりふをカットすることが多く、『ハムレット』のような長い芝居では、たいていどこかをカットした上演が多い。

第四に、趣向を凝らしたプロット（筋立て）や役柄が見られ、これはどのようにでも現代風に置き換え、変更が可能である。舞台では一九二五年、現代服の『ハムレット』が上演されて観客の度胆を抜いたと言われているし、[*3] 一九九六年の映画では『リチャード三世』（リチャード・ロンクレイン監督）の現代的衣装と武器とが、まるでドイツの第三帝国を想起させる変貌ぶりを見せていた。二〇〇〇年のアメリカ映画『ハムレット』（マイケル・アルメレイダ監督）では、物語の場所を同時代のニューヨークへ移して、大企業内の陰謀劇へと変えている。婚礼の祝いで始まる黒澤明監督の『悪い奴ほどよく眠る』（六〇）には、ハムレッの主題が潜んでいると、欧米で指摘されたこともある。

ハムレットは女性だった――アスタ・ニールセン主演の『ハムレット』（一九二一年）

サイレント映画の『ハムレット』群から、異色作かつ評価も高いドイツの、しかもデンマーク人監督の『ハムレット　復讐のドラマ』（スヴェン・ガーデ監督）を覗いてみよう。*4 異色作というのは、デンマーク出身の当時の大女優アスタ・ニールセンがハムレット役を演じていることにある。映画界入りの前に、すでにコペンハーゲン王立劇場の舞台女優として名声を得ていたニールセンは、デンマークとドイツの両国映画界を中心に六六本の映画に出演、国際的に最も有名な映画女優の一人だった。『ハムレット』では〈女ハムレット〉（当時ニールセンは四十歳に手の届く頃）となったわけだが、彼女はそれ以前にも男役、あるいは男に扮した女役の経験がいくつもあった。しかし『ハムレット』の映画化に関してとりわけ興味深いのは、アン・トンプスンが論文「アスタ・ニールセンとハムレットの謎」で、ハムレットは実は女性であり、同性のオフィーリアを遠ざけ、親友のホレーシオに恋をしているという説を取りあげたことだ。*5 トンプスンによれば、すでに、アメリカのシェイクスピア研究家エドワード・ヴァイニングが「ハムレットの謎――古い問題を解く試み」で、ハムレット＝女性説を発表したのは一八八一年のことだから、ニールセン版より四十年も前になる。ヴァイニングは、ハムレットが行動力を欠き、男らしい決断力を欠いていること、つまりは去勢された男性に見えること、その魅力は本質的に〈女性らしさ〉からきていることを述べて、「ハムレットは女性」説を打ち出した。[*6] このずいぶん古い新説は、〈男らしさ〉の神話が生んだ時代の偏見――ハムレット＝ゲイ説では困るので――解釈にすぎないと一蹴してしまうわけにはいかず、この説をめぐって新たな論議が起こった。古来、男性優位社会においては、男性同士の熱い友情や男色関係は珍しいことではなかったのだが、新たな論議とは、アン・トンプスンがローレンス・ダンスンの論文「ハムレットを見つめて――またはデンマークのキャバレー」に言及したことである。ダンスンはローラ・マルヴィの画期的な論文「視覚的快楽と物語映画」[*7] を踏まえて、アスタ・ニールセンの『ハムレット』にも男性優位の視点（男性に見つめられる存在としての女性）が貫かれていると言う。ダンスンの解釈によれば『ハムレット』のラスト・シーンでハムレットが毒刃に倒れて息を引き取る瞬間、親友のホレーシオに抱きかかえられる、そのときホレーシオは何気なくハムレットの胸に手をふれて、ハムレットが女であることに気付き、「ハムレットの謎」が解かれる。

ダンスンはニールセンのハムレットが女性の社会的役割（ジェンダーとしての女性）を超えた女性像を示してはいるが、同時に、男性化した女性を待ち受ける孤独な運命をも示しており、男性優位の視点は変わらないと考える。一方、ダンスンに対するトンプスンの異議の一つは、ダンスンが女性観客の存在を過小評価していることにあった。ニールセンの人気は女性観客たちの間でも大きかったからである。ニールセン＝ハムレットは黒タイツ姿の脚線美ゆえに男性観客たちの視線（性的欲望による窃視）を浴びたかもしれない。一方彼女は第一次大戦後の「新しい女」、「解放されたフラッパー」を想起させたはずだとトンプスンは言い、「魅力的な両性具有の官能を味わう快楽」が観客の側にあった、そして「ニールセンのハムレットは無力な夢想家ではなく、てきぱきとした活力とアイロニックな知性でスクリーンを支配する行動と決断の女性だ」とまで讃えている*8（図2）。

図2　アスタ・ニールセン（右手を伸ばしている）主演の『ハムレット』1921

ニールセン主演の『ハムレット』は『女ハムレット』という題で大正十一（一九二二）年の暮、東京本郷座でも公開された。当時の『キネマ旬報』の批評を読むと、ヴァイニングの説から論評を始めながらも、酷評と言える。たとえば、

脚色と監督とが驚く可き程拙劣を極めている。転換接続孰れも不可。古臭くて動きが取れなくて且冗漫である。群衆は宛然《えんぜん》木偶坊の陳列であった。シエイクスピアのハムレット劇の背景たるエリスノア城を背景に使ったとか称せられるが、薄汚い貧弱な古城という感じを受けた所

が多い。それに宮殿にしては従者等の数も甚だ少いし、丁抹王〔デンマーク王〕という感じが何処にも出て来ない。オフェリアの死、クローディアスの横死、何と呆気ない事よ。撮影もあんまり賞めた出来ではない。〔略〕ポロニァスに対するハムレットの悪戯、あんな道化芝居は死ぬとも見たくない。*9

と、散々だ。ただ、評者はニールセン個人の魅力を認めており、全面否定ではない。いま映画を見なおすと、この評価は見当はずれも甚だしい。映画は二時間を超える当時の大作であり、野外や屋外シーンが多く、撮影の規模も大きい。映画は〈原ハムレット〉と思われるシェイクスピア以前のデンマークの歴史または伝説を中心にしているので、主要人物やおおまかな筋はほぼ同じであるにしても、シェイクスピア戯曲の映画化、即ちシェイクスピア原作に基づく映画化とは言えない面もある。逆に、その点が興味深くもあり、生前の父王とフォーティンブラスの父王との戦闘、エルシノア城へ帰る前のハムレット（ホレーシオとの大学生活）、母と叔父との不倫等、シェイクスピア原作以前の物語があって、むしろ合理的に納得できる伏線が敷かれている。ニールセンのハムレットとホレーシオの仲の良さ——野原でホレーシオがハムレットの膝枕で休んだり、ハムレットがふとある感情にかられたり——の描写は随所にあり、観客はニールセンが女優であることを知っていたはずだから（ホレーシオは気付いていない）、男装した女性ハムレット説にも違和感を感じなかっただろう。

ただし、ダンスンの指摘——ラスト・シーンでホレーシオはハムレットの胸に手を置いて、ハムレットが女性であることに気付く――これは観客にも画面ではっきりと示され、ドイツ語字幕にも「あなたの心は女性だった」が使われ、ホレーシオは死せるハムレットの唇に接吻する。

男装の女性といえば、『ヴェニスの商人』のポーシャ、『お気に召すまま』のロザリンド、『十二夜』のヴァイオラほか、シェイクスピア作品ではおなじみの登場人物が何人もいる。青山誠子は『シェイクスピアの女たち』の中で男装を論じながら、シェイクスピアの時代に剣を帯びた男装の女性たちが実際に闊歩していたことに言及している。男装の女性たちは、当時こちこちのピューリタン、フィリップ・スタッブズから攻撃されるのだが、シェイクスピアはスタッブズへ反論するかたちで男装の女性たちのすばらしさ、「当時の社会通念では非女性的とされていた機知・理性・雄弁などの特質を、女性的感性と結合させ、新しい女性像を生み出した」のだろうという。[10] 男装とは逆に、かつてのシェイクスピアの舞台では〈女装〉の少年役者たちがいたわけだし、[11] 日本でも歌舞伎の女形は〈女装〉している。現在の日本には女性観客が圧倒的多数を占める宝塚歌劇があり、そこでは堂々と男装のスターたちが舞台上を闊歩し、縦横に歌い、踊っている。宝塚では、麻実れい主演の女ハムレットが日本でも上演（一九九五年初演）されているが、私はこれを見ていない。女性ハムレットはフランスの大女優サラ・ベルナールが舞台で何度も演じており、映画では『ハムレットの決闘』（短編、一九〇〇年）に出演している。イギリスの舞台における女ハムレットを調べてみると、一七七七年頃から一八〇二年頃まで、マンチェスターの劇場でサラ・シドンズなる大女優が演じたのが最初らしい。シドンズに続く女優が現れたが、ロンドンでの女ハムレットは一七九六年のジェーン・パウェルが最初、ニューヨークでは一八一九年のバートリーが最初と、エドワード・ヴァイニングの「新説」が出るずっと前に、舞台ではすでに女ハムレットたちが活躍していたのである。[*12]

ハムレットは優柔不断だった——ローレンス・オリヴィエ主演の『ハムレット』（一九四八年）

『ハムレット』の映画化作品はこれまでに何本あるのだろうか。サイレント映画の一部ヴァージョンからトーキー以降の長尺ヴァージョンまで、原作に近いものから翻案ものや英語圏以外の外国語ものまで、あるいはテレビ放映用からビデオ独自の作品までと、数え方によってその数字は多様になる。また、失われたフィルム、テレビ初期の録画保存のできなかったものなど、曖昧なものもある。[*13]

トーキー以降の『ハムレット』映画の中で、もはや古典となっているのはローレンス・オリヴィエが主演と監督を兼ねた『ハムレット』（四八）だろう（図3）。だが本当は、この映画を「古典」とか「正統派」とか呼ぶにはためらいが生じる。公開当時、演劇ファンたちは驚き困惑したのだから。なにしろ、原作のせりふの半分以上がカットされ[*14]、原作にはないナレーションが加わり、ハムレットの友人のローゼンクランツもギルデンスターンも、ノルウェー王子フォーティンブラスも、まったく登場しなかったのだから。また王妃の年齢が若すぎて見え、フロイトの精神分析を下敷きにしたオイディプス・コンプレックスが強調されすぎていると思われた。王妃ガートルード役のアイリーン・ハーライは当時二十九歳、息子ハムレットのオリヴィエの年齢が四十一歳だったから、演劇の舞台ではともかく、カメラが直視する映画では、悩める中年のハムレット、息子よりもずっと若い母親と、年齢の逆転が気になってしまうところだ。

だがいまとなれば、演劇と映画とを巧妙に融合した作品として、オリヴィエ版『ハムレット』は古典と呼ばれてもいいだろう。モノクロ映像の古めかしさも、あるいは白と黒と光のグラデーションの陰影の微妙さ、絵画的構図、二十世紀を代表する俳優オリヴィエの演技とせりふ術も、歴史の浅い映画の中では古典的相貌が備わっている。オリヴィエは『ハムレット』より四年前に、同じく主演と監督を兼ねた『ヘンリー五世』(四四)では鮮やかなテクニカラーを使った。グローブ座の遠景俯瞰から始まり、観客で賑わう劇場の様子を紹介していく『ヘンリー五世』には、進行中の第二次世界大戦への国威発揚はともかく、スペクタクルとしての祝祭空間の明るさや、まだカラー映画が少なかった頃の浮き浮きした気分まで伝わってくる。『ヘンリー五世』とよく似たオープニングの日本映画に、歌舞伎の「鳴神」から題材を取った『美女と怪竜』(吉村公三郎監督、五五)があるが、これはモノクロである。

『ヘンリー五世』の華やかさから一転、オリヴィエの

図3　ローレンス・オリヴィエ監督と主演の『ハムレット』1948

『ハムレット』は暗く、わびしい。ハムレットの激しいせりやラストのフェンシング・シーンがあるにしても、全体として静かで、ややペシミスティックな雰囲気も漂う。せりふや動作がゆったりしているのは、原作のせりふを大幅に削除したための時間的余裕でもあろうが、ハムレットが椅子に座っていることが多く、この映画を「椅子に座ったハムレット」[*15]と特徴づけることができるほど、静かなハムレットがいる。椅子からゆっくり立ち上がるハムレット、彼はゆっくりと歩き、カメラもゆっくりとあとを追う。ラスト・シーンで、毒がまわったハムレットは椅子に腰を下ろし、最後のせりふのあと、椅子に座ったまま横を向いて息絶える。親友ホレーシオの「弔砲を撃て」のせりふのあと、カメラは主なき無人の椅子を映し出す。また、のちのケネス・ブラナー版が、一人のせりふでさえ細切れの画面に細分化していく〈モンタージュの映画〉であるのに対して、オリヴィエ版は〈フレーム内演出の映画〉となっている。つまり、オリヴィエ版ではせりふをしゃべる人物の全身、あるいは複数人物の全身をカメラの視野に入れているシーンが多い。ブラナー版が俳優たちの顔の演技を詳細に見せるとすれば、オリヴィエ版はある状況に置かれた人間たちの位置とそれぞれの関係を見せている。その典型がぽつんと椅子に座るハムレットであり、父親の謀りごとのため、ハムレットを待って一人佇むオフィーリアである。優雅で繊細な乙女を演ずるジーン・シモンズのオフィーリアは、ハムレットを待つ不安、その寂しさをこの短いシーンによく表している。

オリヴィエ版『ハムレット』全体の視覚的印象や雰囲気には、ジョン・コリックのように「光の劇場」または「表現主義的」と呼べるものがある。[16] コリックは『ハムレット』の中にアドルフ・アッピア以来の舞台における光、即ち「照明の演出」を見ており、〈演出家の時代〉を切り開いたゴードン・クレイグの反自然主義の影響も見ている。つまりオリヴィエの『ハムレット』にはアッピア、クレイグら象徴主義や表現主義の舞台造形の流れがあり、中世の古城を舞台にした深い霧・影の描写・階段の多用によってドイツ表現主義の流れにも接近する。さらに、エルシノア城の密閉された空間と階段、階層をなすアーチ状の天井や回廊のイメージをピラネージの牢獄と関連させる論者もいる。まさしくハムレットのせりふに「デンマークは牢獄だ」とあるように。このような視覚的形象は当然ハムレットの心理的状況、あるいは身体的・物理的・政治的状況のメタファーとも読めるだろう。

オリヴィエ版『ハムレット』が映画史の上からも古典的といえるのは、カメラ移動・長まわし撮影（ロング・テイク）・奥行き方向の視野（ディープ・フォーカス）など撮影技法と結びついて〈フレーム内演出〉が実現されているからでもある。ハムレットの孤独や人物同士の人間関係が全景（フルショット）や遠景（ロング・ショット）の画面で、しかも全焦点撮影（ディープ・フォーカス）で提示されており、カメラは人物の動き、とりわけハムレットの動きに伴ってゆっくりと移動し続ける。このカメラ移動はいまではそれほど極端には見えないが、当時としては批評家や観客を不愉快にさせるほど過剰な印象を与えたようだ。カメラ・アングル、構図、移動撮影、ディープ・フォーカスなど、映画技法と結びつく演出上の特質や意味については、アンソニー・デイヴィスが詳しく分析しているのでそれにゆずるが、彼は映画内の上下運動の意味にも注意を向けている――ハムレット自身の、またはカメラの上昇＝下降運動は、オリヴィエのハムレット解釈の倫理と心理両面の構造を形成していると。デイヴィスはジャック・ジョーガンスの言を引用しているので、それを孫引きさせてもらおう。

映画の中の高さは意味なくめまいを起させるのではない。それはハムレットの方向喪失感とつながっており、下方にある妥協・欺瞞・監禁の世界と対立して、亡霊と、神のごとき知識と、自由ならびに願望とつながっている。*17

映画の冒頭近く、ハムレットは父親らしき亡霊を追って城壁の上へとたどり着き、オフィーリアと訣別したあとも彼はらせん階段を駆け上がって、城壁の頂きで例の有名な独白"To be, or not to be"をつぶやき、ラスト・シーンで死を迎えると、その柩は城壁の上へと運ばれる。ちなみにデイヴィスは、ハムレットの独白が城壁の頂きでなされるのは、そこがハムレットの孤立とプライヴァシーを保証する場所だからであり、他の劇中人物の誰にも不可能な、ハムレット自身の想像的選択を内省する場所だからであると言う。*18

フロイトの精神分析的アプローチ、即ちハムレットが示す亡き父への強い敬慕・再婚した母親への厳しい非難（嫉妬の裏返し）・母を奪った叔父への激しい憎悪など、オイディプス・コンプレックスと称されるものは、オリヴィエ自身は露骨なかたちでの表現を避けたと言われているが、その種のメタファーを画面の中に読み取ることは可能である。デイヴィスはこれまたジャック・ジョーガンスの説を引用しており、そこには、カメラが母ガートルード王妃の寝室をさまようこと、城壁上の独白の最中にハムレットが海中へ短剣を落とすこと（性的去勢の暗示）、長剣での致命的一撃が最後まで引き延ばされること、死を恐れつつそれを願うこと、また物語冒頭近くでのガートルードとハムレットの熱っぽい接吻、男根とも見立てられる城内の柱、大砲、塔などが列挙されている。[*19] ハムレット＝女性説ではないが、オリヴィエのハムレットはまさに優柔不断の性格だ。それは映画冒頭の、シェイクスピア本人があずかりしらぬナレーション「これは自分の心を決めかねた、一人の男の悲劇である」によって、はなから観客に刷り込まれるハムレット・イメージでもある。

他の『ハムレット』映画では、ロシアのグリゴーリー・コージンツェフ監督作品（六四）も秀作として名高い。これもオリヴィエ版同様のモノクロ映画である。主演は当時三十九歳のインノケンティー・スモクトゥノフスキー。その後、来日の折、早稲田大学の演劇博物館を訪れたことがある。スモクトゥノフスキーのハムレットは端正な容貌と繊細さの点で、清純さと繊細さを合せ持つ可憐なアナスタシア・ヴェルチンスカヤのオフィーリアと好一対をなしている。この映画でハムレットは決して優柔不断ではないにしても、映画全体にペシミズムと孤独感が漂い、すぐれた視覚的造形と音（ショスタコーヴィチの音楽や音響）の表現が鮮烈な印象を与える。ハムレットの孤独を象徴するかのように、海上に舞う一羽のカモメのシーンが何度か挿入され、映画は静謐さに満ちている。「デンマークは牢獄」のせりふが〈収容所列島ロシア〉のイメージと重なるのか、西側の評者にはスモクトゥノフスキー＝ハムレットをスターリニズム（ハムレットを取り巻く世界）の囚人として解釈したがるようだ。ケネス・ロースウェルは、父の急死のあとオフィーリアが鉄のコルセットに閉じ込められたような姿で登場するのを指摘しているので、[*20]オフィーリアとハムレットは類似の関係で結ばれているといえる。コージンツェフ版『ハムレット』の完成年は、〈雪どけ期〉を導いたフルシチョフ書記長が解任され、交代したブレジネフが再凍結を進める年でもあった。

いまの観客にとっては、メル・ギブソン主演の『ハムレット』（フランコ・ゼフィレッリ監督、九〇）が親しみやすいだろう。オペラ演出にも才能を発揮するゼフィレッリ作品らしく、光や色彩（特に衣装の色調）の美しさ、群衆シーンの巧みさなど、視覚的には心地好い演出設計がなされている。アクション・スターの主演、ハリウッドの製作、イタリア人監督とが混合した、これこそ原作の人物もせりふも思い切ってそぎ落とした〈シェイクスピア絵物語〉である。メル・ギブソンは当時三十四歳。ベッド上で母親を責めるハムレットの行為はほとんど近親相姦に近い。

ハムレットはおしゃべりだった——ケネス・ブラナー主演の『ハムレット』（一九九六年）

ケネス・ブラナーは監督と主演を兼ねた大作『ハムレット』の前に、それとは対照的な『世にも憂鬱なハムレットたち』（脚本・監督、九四）を撮った。自身は出演していないが、たいへん面白い作品だ。まったく売れない役者である主人公がオーディションで自分と同類の売れない役者たちを集め、田舎の無人の教会を使って『ハムレット』を上演しようと悪戦苦闘するコメディである。主人公のマイケル・マロニーはむろんハムレット役をやるのだが、彼は翌年のブラナー版『ハムレット』ではレアティーズ役をやり、ラストでハムレット役のブラナーと激しい剣闘シーンを見せてくれる。原題はIn the Bleak of Midwinter、賛美歌の題名から採られているという。古い教会での稽古風景、クリスマス時期（冬至の頃）の上演と、賛美歌ゆえに教会と関係が深いのもさることながら、原題を直訳すると「荒涼たる真冬」または「わびしい冬至の頃」となり、アマチュアに毛が生えた程度の極貧劇団の、経済的にも演劇的にも寒々とした状況を皮肉っぽく表している。もっとも、映画は画面外からアイロニックで軽快な歌「なぜ苦労してショーを続ける?」を流しながら、ややドタバタ喜劇風に展開していく。*21

『世にも憂鬱なハムレットたち』は大作『ハムレット』と比べると、いかにも貧弱きわまる劇団の「ハムレット」騒動ではあるが、役者たち・裏方たちの人間味、悲喜こもごもの人生をユーモラスに、またてぎわよく描いていて、愛すべき作品となっている。シェイクスピアをよく知ったブラナーの脚本家兼監督としてのエンタテイナーぶりをたっぷり味わわせてくれる映画だ。すでに観客は『ハムレット』の戯曲を読んでおり、いくつかの映画なり舞台なりを見ている場合が多いだろう。『世にも憂鬱なハムレットたち』に詰め込まれた地のせりふの数々、稽古場での断片的なせりふの数々は、そのような観客たちを大いに笑わせ、楽しませるに違いない。

ケネス・ブラナーは舞台・映画両面に及ぶ活躍と才能から「オリヴィエの再来」と称せられる

ことも多い。両者が同じ作品を映画化した年齢を比べてみると、『ヘンリー五世』はオリヴィエが三十七歳、ブラナーが二十九歳、『ハムレット』はオリヴィエが四十一歳、ブラナーが三十六歳。両者ともに製作・監督・主演を兼ねる重責を担っているのだが、年齢に関してはいずれの作品もブラナーが若さで勝っており、若くして舞台での名声を得たオリヴィエをたじたじとさせる意気込みが感じられる。奇しくもブラナー版『ヘンリー五世』が世に出た一九八九年、オリヴィエは八十二歳でこの世を去った。まさに新旧の星が入れ替わったという感じがする。オリヴィエが亡くなる一年前、たまたまロンドンで劇場通いをしていた私は『タイム』というSFロック・ミュージカルで、巨大なオリヴィエの顔が、まるでジョージ・オーウェル著『一九八四年』の「ビッグブラザー」のごとく、宇宙空間とおぼしき暗い舞台に浮かんで語りかける、その迫真的映像に驚かされた。思えばオリヴィエ最後の舞台（映像で！）だったのかもしれない。

ブラナー版『ハムレット』と他の映画版『ハムレット』との一番大きな違いは、なんといっても「ことば、ことば、ことば」、即ちシェイクスピア戯曲の完全再現であろう。この映画がスピーディなせりふで会話を進めるにもかかわらず、四時間の上映時間を要するのは、脇役の小さなせりふに至るまで、原作どおりの順序で原作どおりのせりふが語られるからだ。舞台だと、幕間休憩も必要となり、四時間半を超えることになる。舞台の『ハムレット』完全上演は、私はフランスでしか経験したことがなく、アヴィニョン法王庁跡の城内広場で上演されたパトリック・シェロー演出（一九八八年）のそれは、夜の十時開演、午前三時終演、という長時間、かつフランス語ではあったが、すこぶる魅了されて見入ったことを思い出す。ヨーロッパの夏は太陽が沈むのが遅く、十時を過ぎないと暗くならないので、野外上演のシェロー版は王が亡霊として出やすい時間まで開幕を待ったことになる。

ブラナー版『ハムレット』は七〇ミリ撮影の大型映画でもある。七〇ミリ映画はいまでこそ少なくなったが、大画面の迫力と美しさでスペクタクル向きであり、壮大な光景を収めるのにふさわしい。王妃ガートルード役のジュディ・クリスティは『ドクトル・ジバゴ』(六五)のヒロイン役で七〇ミリ映画を経験ずみ、当時二十五歳だった清純派女優も美しさを残しつつ年輪を増した。映画のオープニング・ショットは雪景色の中にエルシノア城を正面から遠景にとらえて見せる。時代背景を十九世紀に移し変えたため、エルシノア城は中世の古城というこれまでのイメージから、より近代的で華麗な宮殿へと変貌した。左右対称に大きく横へ広がった宮殿はまさしく大画面に堂々とファサードを見せているが、ファサード(façade)に「見せかけ」という意味も含まれているように、この壮大な宮殿が見かけの安定ぶりや堅固ぶりとは異なる動揺・脆弱・混乱を内包していることは明らかだ。

「誰だ?」「おまえこそ誰だ?」。夜警同士の対話から始まる『ハムレット』の物語は、シェイクスピア時代の劇場が日中の青天井公演であり、舞台装置もほとんど無きに等しかったことから、すべてをせりふでわからせるように書かれている。そのため、せりふが充満する芝居でもある。七〇ミリのスペクタクル向き大画面に、せりふだらけの物語展開。ブラナーはこの矛盾をどのように解決しているのだろうか。人物たちが登場する冒頭からすでに、この映画の演出上の特徴は明白である。即ち、顔のクロースアップとその切り返し、細かいカット割によるめまぐるしいまでのモンタージュ。せりふの多い画面に動きを入れるため、また、端役の細かい役柄にまで熟練の演技達者たちをそろえ、その演技ぶりを近くから見せるため。たぶんこの両方の意味合いがあったと思われる。ブラナー版『ハムレット』は「顔のドラマ」とも言えるくらいに顔のアップをたたみかける。かつてのサイレント映画、「顔のドラマ」とも称されたカール・ドライヤー監督（デンマーク出身！）の『裁かるゝジャンヌ』（二八）が言葉を持たずに顔のアップを多用したのと対照的に。ただ、たたみかける顔のアップの連続は、ハリウッド映画的なわかりやすさ、スターたち、名優たちへの観察や親近感を観客に持たせる一方で、あまりにあわただしく、落ち着きのなさをも伴ってしまう。これに、対話する人物の周囲をぐるぐる回るカメラが加わると、観客はめまいさえ引き起こしかねない。

宮殿大広間での祝典の最中にハムレットが登場する。一人、喪服っぽい黒ずくめ。彼の顔が画面一杯に大きくなり、小声でせりふをしゃべりはじめる。そのあとの、ハムレットと夜警たち、そして亡き父の亡霊との対話等々、「ことば、ことば、ことば」に対して「顔、顔、顔」が連続する。顔がアップになるので、亡霊の白い髭、白い眉、青い瞳など表情がくっきりとわかるだけでなく、なんと、しゃべる唇だけ、さらには左眼だけの巨大なクロースアップ、それに応えてハムレットの右眼だけの巨大なクロースアップと、カメラは顔の部分、細部へと追っていく。かつては壮大な風景、華麗な空間、きらびやかな動きやスペクタクルを得意としてきた七〇ミリ映画カメラは、ここでは人間の顔の無限の表情に侵入せんと、顔の風景を切り開いていく。まるで外科用の透視カメラが亡霊とハムレットの眼から、内なる身体を覗き込むかのように。同様のクロースアップは、新王クローディアスが心の動揺から祈りをしようとする場面にも見られる。いまこそ復讐への好機か、ハムレットはクローディアスを刺殺しようと剣を密かに伸ばしていく。だがハムレットには迷いが生じる。彼の左眼だけの巨大なクロースアップ、その瞳のすばやい動きと独白とためらい（図4）。

せりふが主導する物語ではあるが、映像はそのせりふの語らないもの、うらはらにあるものを見せもする。たとえば、ポローニアスが娘のオフィーリアにハムレットとの交際に気をつけるよう、いやハムレットの言葉をうかつに信じないように忠告するくだりでは、オフィーリアとハムレットのベッド・シーンが一瞬挿入される。これはオフィーリアの内的イメージ、意識の断片として一瞬挿入されるのだろうが、それはすでに二人が性的に結びついてしまったこと、ポローニアスの忠告がもはや手遅れであることを観客に知らせることになる。これと同様の、言葉と映像との微妙な関係は、ポローニアスが息子レアティーズのフランス遊学に際してくどくどと生活上の注意を与えたあと、レナルドーにパリで息子の行状を探るよう命ずるシーンにもある。保守的で石頭に見えるポローニアスにしゃべらせながら、カメラはそのうしろにいる娼婦らしき女をさりげなくとらえている。ポローニアス自身もシャツがはだけていて、どうやら彼は娼婦との性的関係を終えたあとらしい。

ケネス・ブラナー＝ハムレットのイメージはどのように特徴づけられるだろうか。金髪・碧眼・口髭の彼はよくしゃべり、よく動き、精力的な活動家に見える。もちろん、迷いや逡巡、ためらいや苛立ちはあるものの、強い意志と行動力にも満ちている。当然、オリヴィエ＝ハムレットに根強い懐疑心、スモクトゥノフスキー＝ハムレットのペシミズム、メル・ギブソン＝ハムレットの単純な一途さとも異なっている。『ハムレット』の中の最も有名なせりふ、"To be, or not to be"は、ブラナー＝ハムレットが等身大の鏡の前で直立して全身を映し、鏡像の自己を見据えながら語っていく。それはナルシシズムとは縁遠く、鏡の中の分身へ問いかける自己確認、存在（to be）と不在（not to be）、この世にとどまるのか、あの世、鏡の向こうに行くのか。このままでいいのか、このままではいけないのか、カメラは二つの像のハムレットにゆっくりと近づき、ハムレットの迷いを私たちにも直視させる。ロシアのスモクトゥノフスキー＝ハムレットが観客にうしろ姿を見せたまま、このせりふを語るのとまったく逆である。また鏡の間の床は白と黒のまだら模様が広がり、ハムレットが立つ足元の曖昧さ、どちらかであり、どちらでもあるような視覚的

図4　ケネス・ブラナー監督と主演の『ハムレット』1996（パンフレットより、部分）

空間を際立たせる。オフィーリアが登場すると、ハムレットは万感の思いをこめて彼女を抱きしめる。鏡の間にはいくつもの鏡が壁面に並び、このあとの二人の錯乱ぶりを反響させていく。ほとばしるせりふ、渦巻くことば。ときに大きく力強く、ときに小さくか細く。声と顔の運動で充満するブラナー版『ハムレット』には、躁鬱気質の大きな振幅も見られるが、迷いの最中での決断への意志もみなぎっている。第一部の終わり、イギリスへ送られるため港へ向かうハムレット。雪景の中に仁王立ちして正面を、即ち観客を見据えた彼は力強く独白を始める。カメラは次第に後退してゆき、広大な雪原にただ一人立ちつくして復讐を決意するハムレットの姿を小さく見せる――ここには、雄弁で強い意志を持つハムレットの姿がある。

＊1 シェイクスピアの映画全般に関していくつか文献を挙げると、左記のようなものがある。とりわけ⑨はシェイクスピア映画史の観点から詳しく、関連する文献リストとフィルモグラフィもたいへん充実している。
①ロジャー・マンヴェル『シェイクスピアと映画』荒井良雄訳、白水社、一九七四年。
②狩野良規『シェイクスピア・オン・スクリーン』三修社、一九九六年。
③森祐希子『映画で読むシェイクスピア』紀伊國屋書店、一九九六年。
④*Focus on Shakespearean Fims* (ed. Charles W. Eckert), N. J., 1972.
⑤Eleanor Rowe, *Hamlet: A Window on Russia*, N.Y. U., 1976.
⑥Anthony Davies, *Filming Shakespeare's Plays*, Cambridge U., 1988.
⑦John Collick, *Shakespeare Cinema & Society*, Manchester U., 1989.
⑧*Shakespeare and the Moving Image: the plays on film and television* (ed. Anthony Davies & Stanley Wells), Cambridge U., 1994.

⑨*Shakespeare the Movie:* Popularizing the Plays on Film, TV and Video (ed. Lynda Boose & Richard Burt), London & N.Y., 1997.

⑩Kenneth Rothwell, *A History of Shakespeare on Screen*, Cambridge U., 1999.

＊2 フォーブズ＝ロバートスンは映画化時に六十歳を迎えていた。彼の名声については左記文献に紹介されている。
大井邦雄『シェークスピアをめぐる航海〔新装版〕』早稲田大学出版部、一九九八年、八七–九〇頁。

＊3 大井邦雄、前掲書、九〇–九一頁。

＊4 サイレント映画時代の『ハムレット』としては、アスタ・ニールセン主演作品が「ベスト」あるいは「最もうまく映画化された」というイギリス人の声は、アン・トンプスンの前掲論文（＊4の文献二一七頁）にも引用されている。また、当時の「ニューヨークタイムズ」紙は『カリガリ博士』ほかと並ぶ年間ベスト・テンに挙げている（＊1の文献⑩二二頁）。なお、このサイレント映画は現在（二〇二四年）、YouTubeで全編を見ることができる。インターネットでAsta Nielsen Hamletを検索。Wikipediaにリンクされたいくつかのバージョン――ドイツ語版、英語字幕版、スペイン語字幕版など――が表示され、スペイン語字幕版のセピア色画面が見やすい。いずれもピアノ伴奏の音楽つき。

＊5 Ann Thompson, *Asta Nielsen and the Mystery of Hamlet*, in Shakespeare the Movie:（＊1の⑨に収録）1997, p. 216.

＊6 Ann Thompson, ibd., p. 218.

＊7 ローラ・マルヴィの「視覚的快楽と物語映画」の邦訳（斉藤綾子訳）は左記文献に収録されている。
岩本憲児・武田潔・斉藤綾子編『新映画理論集成①』フィルムアート社、一九九八年。

＊8 Ann Thompson, ibd., p. 222.

＊9 『キネマ旬報』大正十二年一月一日号、批評は無署名。

＊10 青山誠子『シェイクスピアの女たち』研究社選書、一九八一年、七五頁。

＊11 シェイクスピア時代の少年俳優たち、あるいは異性装の問題は左記の文献が示唆に富んでいる。

スティーヴン・オーゲル『性を装う――シェイクスピア・異性装・ジェンダー』岩崎宗治・橋本恵訳、名古屋大学出版会、一九九九年。

*12 女ハムレットのパイオニアたちについては、左記の文献の注40と193を参照。

*13 *1の文献⑧第二章のフィルモグラフィには、「本格的シェイクスピア」を中心に映像作品がリストアップされている。また、*1の文献⑩の巻末には、シェイクスピア映画の年表と、題名索引が収録されている。Raymond Mander & Joe Mitchenson, *Hamlet through the Ages*, London, 1952.

*14 主要な『ハムレット』映画が原作のせりふをどのくらいカットしているのかは、以下論文参照。ただし、出版年の関係からケネス・ブラナー版以降にはふれていない。Neil Taylor, *The Films of Hamlet*(*1の文献⑧第10章)。

*15 「椅子に座ったハムレット」については、森祐希子『映画で読むシェイクスピア』の「ハムレット」の章。*1の文献③。

*16 ジョン・コリック(John Collick)*1の文献⑦。

*17 オリヴィエ版『ハムレット』の映画的分析については、アンソニー・デイヴィスを参照されたし。*1の文献⑥。ただし、引用個所はジャック・ジョーガンスからのものである。(同文献⑥の五三頁)。

*18 Anthony Davies, (*1の文献⑥) p. 53.

*19 Anthony Davies, p. 57.

*20 Kenneth Rothwell, p. 186.

*21 ドタバタ喜劇風と言えば、ハムレットをモチーフにしたロマンティック・コメディの傑作に、エルンスト・ルビッチ監督のアメリカ映画『生きるべきか死ぬべきか』(四二)がある。ナチス・ドイツに侵略されたポーランドのワルシャワ、そこの演劇人たちによるゲシュタポへの珍妙な抵抗を恋のもつれとともに描く風刺喜劇でもある。この映画はのちにカラー版でリメイクが作られた(『メル・ブルックスの大脱走』アラン・ジョンスン監督、一九八三)。

★日本の時代劇映画『炎の城』(加藤泰監督、東映、一九六〇)は『ハムレット』を下敷きにしている。ハムレットに相当する役は大川橋蔵、母親役は高峰三枝子、王の簒奪者は大河内伝次郎、オフィーリアに相当する役は三田佳子。脚本は八住利雄、音楽は伊福部昭。映画は悪しき領主の圧政に苦しむ領民の乱が中心になっており、加藤泰作品としては物足りない。なお、『悪い奴ほどよく眠る』(黒澤明監督、東宝、一九六〇)は、日本では「モンテ・クリスト」ばりの復讐劇と評されたが、欧米では『ハムレット』の復讐劇と見る評者もいた。

本論初出後に出版された重要文献と「ハムレット」がDVD化されたいくつかを挙げておく。

●ラッセル・ジャクソン編・北川重男監訳『シェイクスピア映画論』開文社出版、二〇〇四年。

【映画】(DVD版)

●『ハムレット』アメリカ映画、二〇〇〇年/二〇〇三年DVD化、日英両語、一七二分。監督・脚色=マイケル・アルメレイダ、主演=イーサン・ホーク、音楽=カーター・バーウェル。原作を二〇〇〇年のニューヨークへ移し、大企業内の陰謀劇へと翻案。

【舞台】(DVD版)

●『ハムレット』自由劇場(劇団四季)二〇〇八年/二〇〇九年DVD化、一七四分、NHKエンタープライズ。演出=浅利慶太、訳=福田恆存、出演=田邊真也、中野今日子、志村要、野村玲子。

●『ハムレット』さいたま芸術劇場二〇一五年/二〇一六年DVD化、一八〇分、ポニーキャニオン。演出=蜷川幸雄、出演=藤原竜也、鳳蘭、平幹二朗、満島ひかり。

●『ハムレット』シェイクスピア・グローブ座(ロンドン)二〇一八年/二〇二〇年DVD化、英語版、Opus Arte。演出=フェデリー・ホームズ&エル・ホワイト、出演=ミシェル・テリーほか、女性俳優がハムレットとホレーシオを演じた。

エピローグ
デンマーク・ドイツ・イギリス
299

あとがき

本書ではかつて多種の媒体に発表した小論に、補筆や訂正、新たな注を加えた。書名を何とするか、一貫した主題のもとに書かれてはおらず、頭を悩ました。多数の映画を取り上げているので、「映画周遊」を標題にして、内容には「消えた女性・ロボット・ハムレット」など主題を持つものがあるので、これらを副題に付した。

「ロボットの肖像」は新稿である。以前に発表した「ロボットと空気人形」以来、映画に見るロボット像の系譜を探ろうと書き始めたところ、おりにふれ何度か読み返してきたチャペックの戯曲『ロボット』の現代性を改めて痛感した。チャペックが批判した西洋文明と「人類の殺戮史」に戻ったかのような昨今の世界情勢、人間の文明とは何だったのか。『ロボット』ほか、彼のいくつもの著作が強く訴えかけてくる。

本書では主に外国映画を取り上げたが、私は海外で日本映画の紹介を行う役割を経験した。

国際交流基金による派遣や助成講演ではインドネシア、マレーシア、フィリピン、クロアチアなどを廻り、日本映画の歴史や現在の動向を語った。かたや日本では、東南アジア諸国やインド、韓国、台湾、アフリカ、キューバ、メキシコ、ブラジル等々の多彩な映画祭が開催され、これまでなじみのなかった国々の映画が熱気を伴いながら次々に紹介された。私もシンポジウムやトークなどに参加したことがあり、なかで強く関心を引かれた二つの潮流があった。この二つの潮流について少し補足しておきたい。

一つは、ソ連（当時）のペレストロイカ期に公開された「お蔵入り映画」の数々である。社会主義＝共産党イデオロギーによる厳しい検閲下にあったソ連映画。どんな作品がお蔵入りになっていたのか、表現の自由はどこまで進んでいくのか大きな期待を抱いた。その後、ロシア体制派の監督になった弟、ニキータ・ミハルコフに対して、すでにアメリカに渡っていた兄のアンドレイ・ミハルコフ＝コンチャロフスキーは二〇二〇年、ロシアで『親愛なる同志たちへソ連共産主義の理想と現実』を発表。この映画は、フルシチョフ政権下の一九六二年、ソ連南部の労働者スト弾圧をモノクロ映像でドキュメンタリー風に再現した作品だ。題材は長く密封されてきた〈お蔵入りの歴史的事件〉であり、監督はソ連共産党社会への疑問を観客へ突き付けた。一方、驚嘆させられたのは、アレクセイ・ゲルマン渾身の力作『神々のたそがれ』（二〇一三）であり、これはまさに「空前絶後」という言葉にふさわしい作品だ。ゲルマンは完成直前に亡くなったので、妻と息子の手によって完成されたという。ここに描かれた世界は、ストルガツキー兄弟原作のSF小説『神様はつらい』（一九六四年）が描く寓話的世界である。未来の地球人より遅れた中世的世界にある、霧深く汚泥まみれの異星、そこのヒエラルキー社会、知識人圧政と横行する暴力。原作を骨格におきながらも、ゲルマンは人物、衣装、小道具、風景などを比類なき想像力で視覚的世界に移し変えた。おそらく、ペレストロイカ挫折後のロシア社会の魑魅魍魎が塗りこめられていたのだろう。

ソクーロフ監督の『独裁者たちのとき』（二〇二二）は、プーチンがウクライナへ侵攻したため、カンヌ国際映画祭ほかで上映を拒否されたが、東京国際映画祭では上映され、そのあと一般公開された（二〇二三）。ところが、ロシアの文化省は同年、上映を禁止した。ヒトラー、スターリン、チャーチル、ムッソリーニら、第二次大戦下の彼らの実際の発言と姿を記録資料から掘り起こして、深い霧の冥界にさまよう亡霊たちの姿を描く。原題はさりげない「むかし話」(skazka) である。ソクーロフ諸作品はその独自性、創造性、多様性がきわだっており、本書ではふれなかったパラジャーノフ作品の独自性と並ぶが、作品数の多さでは群を抜いている。現代ロシアにおける表現の抑圧は映画にとどまらない。推理小説作家・日本文学翻訳者としても著名なボリス・アクーニン、そして詩人のブイコフも出版と販売が禁止された。二人はすでにロシアを脱出している。映画の外に眼を向ければ、「表現の不自由展」問題がしばしば起きる日本も他人ごとではないのだが。

もう一つは、古い中国映画の豊穣な作品群を見たときの驚き（本書中の「上海の輝き——中国映画

の回顧 一九二三～一九五二』）。この上映会以前で、戦後日本に紹介された中国映画は中華人民共和国成立（一九四九年一〇月）後の国策映画であり、映画としての魅力に欠けていた。その後中国では一九六六年に始まった文化大革命により社会が大混乱に陥り、映画製作も停滞した。新しい息吹を感じさせたのは、いわゆる第五世代の登場少し前あたり、それらが日本に紹介された一九八〇年代の中国映画祭からである。私には当時の中国社会や映画界に関して浅い知識しかなかった。まもなく、中国から日本への留学生も増えてゆき、日中現代映画の状況を知る世代が日本語で発信を始めた。その一人、劉文兵に『中国映画の熱狂的黄金期――改革開放時代における大衆文化のうねり』（岩波書店、二〇一二年）がある。同書は、私が本書で論じた映画作品の背後に、広大な中国映画界の社会的変動と熱気があったことを知らせてくれる。また同書は、第六世代の相違と新しさについてもふれており、代表の一人に『一瞬の夢』（一九九七）のジャ・ジャンクー（賈樟柯）を挙げている。ジャ・ジャンクー作品は日本でも公開され、いまでは国際的に広く知られる監督となった。『四川のうた』（二十四城記、二〇〇八）、『罪の手ざわり』（天注定、二〇一三）、『帰れない二人』（江湖儿女、二〇一八）ほか、作品には、うまく人生の波に乗れなかった人々の哀しみが漂っている。

中国映画は第五世代以降でも国策（共産党政策の根本方針）の下にあり、製作・表現・公開の自由を得たわけではない。ゴルバチョフがペレストロイカで開けたパンドラの箱と、戦車が人々を制圧した天安門事件（一九八九年）とでは、映画界の自由度は対極にあった。もっとも、ロシアで映画製作はまたも不自由度を増している。中国では製作資金の自由化が推奨され、外国資本との提携も生まれたが、内容面に関しては厳しい検閲がある。自由製作を求める監督たちは外国資本だけで作ることもできるが、中国国内では公開の保証がないのを覚悟しなければならない。とはいえ、国際的には張芸謀を筆頭に、合作資本による娯楽映画の大作が製作されるかたわら、ドキュメンタリーを含む第六世代以降の個性的監督たちの作品も注目を集めている。本書で論じた中国映画は一観客としての立場からだったが、私は一九九〇年代から二〇〇〇年代初めにかけて、埼玉県における環太平洋映画祭、そして彩の国さいたま中国映画祭（一九九六―二〇〇七）で作品選定の直接の関わりを持った。そのつどパンフも発行されたので、詳細はそれに譲りたい。

アメリカにおける同時多発テロの大事件以降、西洋圏と非西洋圏をめぐる文明・宗教・性のありかたなど、価値観の対立と視座の転換は映画の世界にも大きな変革をもたらした。これら変化の一端は、石坂健治の「制作も客も他者に思いを」の見解に示唆されている（「オピニオン＆フォーラム〈耕論〉」、朝日新聞、二〇二四年八月二日）。本書の読者には、私が論じた映画群とは異なる新たな映画群が登場していることに、目を向けている方も少なくないだろう。ロシアから独立後、二〇二二年に開催されたジョージア（旧グルジア）映画祭も、二〇二四年の現在、そしてこれから、日本各地での巡回上映が予定されているという。

＊＊＊

ところで、私は四〇歳のころ緑内障を発症、以後四〇年の経過で徐々に悪化進行し、もう映画を量的に見続けることはむろん、一本の映画でさえ視力が続かなくなった。文字は拡大鏡で短時間なら読めるので、残りの人生は映画も読書もきわめて限られたものになるだろう。大きな懸念は、国内外に山積する社会的問題、そして私たちにふりかかる不条理な生と死である。今年の初めに能登地方を襲った大地震、続く国内外各地の大雨や洪水。戦争は人災だから、起こさない努力、止める努力を続けなければならないが、自然災害をどう防げばよいのだろうか。AIを活用しながら、予防と防災、そして共助の協力体制づくりに努めることだろうか。地球と人類は共存していくほかはない。

最後に、多様な映画作品に接する機会を与えてくださった諸機関や個人の方々、国立映画アーカイブ（旧東京国立近代美術館フィルムセンター）、国際交流基金、日本海／ロシア映画社、パンドラ、イメージフォーラム社、IVC（アイ・ヴィー・シー）、当時の三百人劇場、旧岩波ホールなどのみなさんへ感謝を捧げたい。そして、本書刊行までに多くの助力を頂いた論創社編集部の松永裕衣子さん、校正担当の小山妙子さん、すてきなイラストに合わせて、装幀を仕上げてくださった平澤みのりさんと平澤智正さんへも厚くお礼を申し上げる。

二〇二四年九月末日

岩本憲児

【初出一覧】

プロローグ……「消えた女性」（『江古田文芸』七八号、二〇一一）

I…………………「ロボットの肖像」書下ろし／「ロボットと空気人形」（『エチェecce』三号、二〇一二、増補版、『北京電影学院学報』、二〇一六）

II………………「フェリーニ　人と芸術」（『GQ Japan　特集フェリーニ』二〇〇〇・五）／「『サテリコン』と『サテュリコン』」（映画パンフ、一九九四・四）／「そして船は行く」（「優秀映画」一九八五、一一・一）／「リミニの光と風」（『フェリーニを読む』フィルムアート社、一九九四）／「フェリーニの短編映画」（『日伊文化研究』XXXIII、日伊協会、一九九五）／「イタリア映画　気まま旅」（田之倉稔編『イタリアの味わい方』総合法令、一九九六）

III………………「モスクワ国際映画祭」ほか（「爽やかな旋風　モスクワ国際映画祭」、『図書新聞』一九八七・九・五）／（2）「解禁されたソ連映画」（『早稲田文学』一九八八・一〇）／（3）日本公開のロシア映画――「君たちのことは忘れない」（映画パンフ「グリゴーリー・チュフライの世界」、一九九〇・五）／「道中の点検」（『イメージ・フォーラム』一九八七・四、映画パンフ、同）／「ロマノフ王朝の最期」（『イメージ・フォーラム』一九八七・一〇）／「炎628」（『優秀映画』一九八七・一〇・一、『イメージ・フォーラム』一九八七・一二）／「ペレストロイカとネオレアリズモ　自由はパラダイス」（映画パンフ『ソビエト映画の全貌91』、一九九七・七）／「ロシア映画よ、いずこへ」（『テレビ・ロシア語会話』NHK、一九九三・二―三）／「ロシア映画はどこにいるの？」（『オーロラ』AVRORA Spring、一九九四）／「タルコフスキー断想」（「ローラーとバイオリン」、パイオニアLDC、一九九〇）／「ストーカー、水と夢」（映画パンフ、一九八一）／「ノスタルジア」（『イメージ・フォーラム』一九八四・五）／「タルコフスキーの日記」（『図書新聞』一九九一・九・七）／「タルコフスキー・アンソロジー」（パイオニアLDC、一九九〇）

IV……………「上海の輝き」（『中央公論』一九八六・一）／「文革期の空白を経て　『茶館』絶望からの再生」（『イメージ・フォーラム』一九八四・三、『摩瘋女』ほか同誌、一九八六・三）／（2）「中国映画祭一九八六」（「十年目の中国映画祭」、『イメージ・フォーラム』一九八七・二）／（3）「第五世代と新潮流」（「個性的、かつ映画的に自立しようとする野心」、『イメージ・フォーラム』一九八八・二）／「二つの棘」（『優秀映画』一九九〇・五）／「画魂」ほか（『季刊　アーガマ』一九九六、冬）／「映像の染物師　張芸謀」（佐藤忠男編『アジア映画小事典』三一書房、一九九五）

エピローグ…「映画の中のハムレットたち」（大井邦雄編『「ハムレット」への旅立ち』早稲田大学出版部、二〇〇一）

［ろ］

［わ］

［す］

［せ］

［し］

［か］

［き］

【索引】（映画・演劇・漫画・小説・関連資料など作品名）

岩本憲児（いわもと・けんじ）

1943年、熊本県八代市生まれ。早稲田大学名誉教授。映画史・映像論専攻。著書に『ロシア・アヴァンギャルドの映画と演劇』（1998年、水声社）、『幻燈の世紀 ── 映画前夜の視覚文化史』（2002年、森話社）、『光と影の世紀 ── 映画史の風景』（2006年、同）、『「時代映画」の誕生 ── 講談・小説・剣劇から時代劇へ』（2016年、吉川弘文館）、『ユーモア文学と日本映画 ── 近代の愉快と諷刺』（2019年、森話社）、『黒澤明の映画　喧々囂々 ── 同時代批評を読む』（2021年、論創社）、『日本映画とナショナリズムの時代 ── 娯楽・闘争・プロパガンダ』（2023年、森話社）ほか。編著に『日本映画とモダニズム 1920–1930』（1991年、リブロポート）、『フェリーニを読む』（1994年、フィルムアート社）、『村山知義 ── 劇的先端』（2012年、森話社）、『日本映画の海外進出 ── 文化戦略の歴史』（2015年、同）、共編に『映画理論集成』全3巻（1982年、1988–99年、フィルムアート社）、『世界映画大事典』（2008年、日本図書センター）、『日本戦前映画論集 ── 映画理論の再発見』（2018年、ゆまに書房）、『戦時下の映画 ── 日本・東アジア・ドイツ』（2019年、森話社）ほか。

映画周遊── 消えた女性／ロボットの肖像／ハムレット

2024年11月10日　初版第1刷印刷
2024年11月20日　初版第1刷発行

著者　岩本憲児
発行者　森下紀夫
発行所　論創社
東京都千代田区神田神保町2-23 北井ビル
tel. 03 (3264) 5254 fax. 03 (3264) 5232
web. http://www.ronso.co.jp/
振替口座 00160-1-155266
振替口座　00160-1-155266
ブックデザイン　平澤智正
印刷・製本　中央精版印刷
ISBN978-4-8460-2409-3 ©2024 Printed in Japan

落丁・乱丁本はお取り替えいたします。

岩本憲児著

本体2000円

黒澤明の映画　喧《けん》々《けん》囂《ごう》々《ごう》――同時代批評を読む

日本映画の先頭に立ち続け、国際的知名度の高さも群を抜く黒澤明。その映画は公開当時、国内の新聞・雑誌等でどう評価されていたのか？　賞賛や酷評も含めた侃々諤々の批評を紹介しながら、作品の真価を緻密に論じていく。50年、全30作の黒澤映画評クロニクル。